Dietz Berlin / Theorie

Loïc Wacquant

Die Erfindung der »Unterklasse«

Eine Studie zur Politik des Wissens

Aus dem Englischen von Christian Frings

Dietz Berlin

Für Bill Wilson, einem außergewöhnlichen
Vorbild für intellektuellen Mut

Bibliografische Informationen der Deutschen Nationalbibliothek.
Die Deutsche Nationalbibliothek verzeichnet diese Publikation in der Deutschen Nationalbibliografie; detaillierte bibliografische Daten sind im Internet über http://dnb.dnb.de abrufbar.

Gefördert von der Rosa-Luxemburg-Stiftung

Die englische Originalausgabe ist 2022 erschienen unter dem Titel »The Invention of the ›Underclass‹«, © Loïc Wacquant 2022.
Die Veröffentlichung erfolgt in Absprache mit Polity Press Ltd. Cambridge.

1. Auflage 2023

Franz-Mehring-Platz 1, 10243 Berlin

Gestaltung: Andreas Homann
Satz: Kerstin Davies
Druck und Bindung: Interpress Budapest
Printed in Hungary
ISBN 978-3-320-02403-1

LOÏC WACQUANT ist Professor für Soziologie an der University of California, Berkeley, und Forscher am Centre de sociologie européenne, Paris. Seine Bücher wurden in zwei Dutzend Sprachen übersetzt, in deutscher Übersetzung liegen unter anderem vor: »Elend hinter Gittern« (2000), »Leben für den Ring. Boxen im amerikanischen Ghetto« (2003), »Bestrafen der Armen. Zur neoliberalen Regierung der sozialen Unsicherheit« (2004), »Das Janusgesicht des Ghettos und andere Essays« (2006), »Die Verdammten der Stadt. Eine vergleichende Soziologie fortgeschrittener Marginalität« (2018).

CHRISTIAN FRINGS ist Autor und Übersetzer, unter anderem von David Harvey. Seit den 1970er-Jahren beschäftigt er sich mit der Kritik der politischen Ökonomie von Karl Marx und Fragen der globalen Klassenkämpfe.

Inhalt

»Die Geschichte der Wissenschaften vom sozialen Leben ist und bleibt daher ein steter Wechsel zwischen dem Versuch, durch Begriffsbildung Tatsachen gedanklich zu ordnen – der Auflösung der so gewonnenen Gedankenbilder durch Erweiterung und Verschiebung des wissenschaftlichen Horizontes – und der Neubildung von Begriffen auf der so veränderten Grundlage. Nicht etwa das Fehlerhafte des Versuchs, Begriffssysteme überhaupt *zu bilden, spricht sich darin aus: – eine jede Wissenschaft, auch die einfach darstellende Geschichte, arbeitet mit dem Begriffsvorrat ihrer Zeit, sondern der Umstand kommt darin zum Ausdruck –, dass in den Wissenschaften von der menschlichen Kultur die Bildung der Begriffe von der Stellung der Probleme abhängt, und dass diese letztere wandelbar ist mit dem Inhalt der Kultur selbst. […] Die weittragendsten Fortschritte auf dem Gebiet der Sozialwissenschaften knüpfen sich* sachlich *an die Verschiebung der praktischen Kulturprobleme und kleiden sich in die Form einer Kritik der Begriffsbildung.«*

Max Weber: Die Objektivität sozialwissenschaftlicher und sozialpolitischer Erkenntnis [1904]

Prolog

»Als vorrangiges Instrument ›epistemologischer Wachsamkeit‹ bietet sich dem Soziologen die Wissenschaftssoziologie an, ein Mittel zur fortschreitenden Erkenntnis und Präzisierung des Irrtums wie der Bedingungen, die ihn möglich und manchmal unausweichlich machen.«

Pierre Bourdieu u. a. : Soziologie als Beruf, Berlin/New York (1968)

»Die Erfindung der ›Unterklasse‹« ist eine ethnografisch fundierte Fallstudie zur Soziologie und Politik des Wissens. Sie stützt sich auf die Begriffsgeschichte von Reinhart Koselleck und auf die Theorie der symbolischen Macht und der Felder kultureller Produktion von Pierre Bourdieu, um den erstaunlichen Aufstieg, die vielseitige Blüte und das plötzliche Verschwinden des urbanen »Volksteufels« nachzuzeichnen, der in den letzten Jahrzehnten des 20. Jahrhunderts als *Unterklasse (underclass)* bekannt war.[1]

Dieser schwammige und unscharfe Begriff, der die Trope der Desorganisation mit dem Hang zur Exotik verbindet und in den Sozialwissenschaften, im Journalismus und im politisch-philanthropischen Bereich immer wieder auftaucht, beherrschte die akademische und öffentliche Debatte über »Rasse« und Armut in den amerikanischen Großstädten etwa von 1977 bis 1997. Seine Befürworter,[2] gleichermaßen Konservative wie Liberale, hielten den neuen Begriff für notwendig, um eine noch nie da gewesene Entwicklung zu erfassen: die schleichend entstehende und krebsartig wuchernde Unterschicht der schwarzen Armen. Durch ihre selbstzerstörerischen Verhaltensweisen, soziale Isolation und kulturelle Devianz unterscheide sie sich von der traditionellen unteren Klasse *(lower class)* und sei für die Verwüstung der Innenstädte verantwortlich. Im gleichen Zeitraum wurden der Begriff und seine dämonische Symbolik nach Großbritannien und Kontinentaleuropa exportiert, um die internationale Untersuchung der Ausgrenzung in den postindustriellen Metropolen voranzutreiben.

1 »In der Galerie von Figuren, die von der Gesellschaft geschaffen werden, um ihren Mitgliedern zu zeigen, welche Rollen vermieden und welche nachgeahmt werden sollten, haben diese Gruppen eine konstante Position als Volksteufel eingenommen: sichtbare Erinnerungen an das, was wir nicht sein sollten.« Stanley Cohen: Folk Devils and Moral Panics. The Creation of the Mods and Rockers, 3. Aufl., Oxford 1987 [1972], S. 10.

2 Anm. d. Ü.: Wie der Autor an späterer Stelle anmerkt, da im Englischen das Geschlecht erst bei Verwendung von Pronomen auffällt, wählt er für die Befürworter der »Unterklasse« bewusst nur die männliche Form, weil sie ausnahmslos Männer mit einer sehr männlichen Sichtweise gewesen seien, vgl. Fn 2 S. 40. Im Übrigen werden. da in der englischen Sprache die Bezeichnungen für handelnde Subjekte in vielen Fällen keine Angabe des Geschlechts beinhalten, die deutsche Sprache sie aber in der Regel enthält, in der deutschen Übersetzung abwechselnd verschiedene Geschlechter gebraucht, worunter immer alle zu verstehen sind; es sei denn, aus dem Kontext ergibt sich eine geschlechtsspezifische Aussage.

Begriffe sind wichtig

Bei näherer Betrachtung stellt sich heraus, dass dieser Begriff einen »terminologischen Filter« *(terministic screen)* darstellte. Er war weniger ein *Abbild der* Wirklichkeit, sondern vielmehr eine *Ablenkung von der* Wirklichkeit.[3] »Unterklasse« war zunächst ein Protobegriff à la Robert K. Merton, das heißt, »eine frühe, rudimentäre, partikulare und weitgehend unausgegorene Idee«,[4] entwickelte sich aber schnell zu einem Instrument der öffentlichen Anklage und der symbolischen Disziplinierung des bedrohlichen schwarzen Prekariats im Hypergetto – der neuartigen sozialräumlichen Konstellation, die aus den Trümmern des kommunalen Gettos der fordistischen Ära hervorging.[5] Daraus ergibt sich, dass dieser Begriff im Rahmen einer Soziologie der urbanen Marginalität nicht als *Werkzeug* gebraucht werden kann, sondern selbst zum *Gegenstand* der Analyse werden muss. Aus dieser Analyse können wir viel über die politische Epistemologie der Enteignung und Erniedrigung in der Stadt sowie über die Methode der Begriffsbildung im Allgemeinen lernen.

Inspiriert von der Begriffsgeschichte von Reinhart Koselleck und der reflexiven Soziologie von Pierre Bourdieu[6] bietet das vorliegende Buch eine Art »Mikrogeschichte« von »Unterklasse«, die sich auf die Zeit der Hegemonie dieses Begriffs konzentriert. Große Aufmerksamkeit schenke ich den Umständen der Erfindung, dem Zeitpunkt der Verbreitung und den verschiedenen Bedeutungen des Begriffs sowie den institutionellen Positionen derjenigen, die sich für oder (seltener) gegen seine Verwendung einsetzten. Ich erstelle eine Genealogie des Begriffs, indem ich seine Wanderungen über die Grenzen der wissenschaftlichen, journalistischen und politischen Felder von den berauschenden Tagen der progressiven 1960er-Jahre über die düsteren Zeiten der neokonservativen 1980er-Jahre bis zum späten Boom der neoliberalen 1990er-Jahre verfolge.

Was die Anatomie betrifft, so unterscheide ich drei Gesichter der »Unterklasse«: den strukturellen Begriff, der von dem schwedischen Ökonomen Gunnar Myrdal geprägt wurde, um vor den katastrophalen Auswirkungen des Postindustrialismus auf die Formierung der Arbeiterklasse zu warnen; die verhaltensorientierte Sichtweise, die von Politikforschern und Think-

3 »Selbst wenn eine bestimmte Terminologie ein *Abbild* der Wirklichkeit ist, muss sie ihrem Wesen nach eine *Auswahl* der Wirklichkeit sein; und in diesem Sinne muss sie als *Ablenkung* von der Wirklichkeit fungieren.« Kenneth Burke: Language as Symbolic Action, Berkeley, CA, 1966, S. 45.

4 Robert K. Merton: Socio-Economic Duration: A Case Study of Concept Formation in Sociology, in: Walter W. Powell/Richard Robbins (Hrsg.): Conflict and Consensus. A Festschrift in Honor of Lewis A. Coser, New York 1984, S. 262–282, hier S. 267.

5 Loïc Wacquant: Die Verdammten der Stadt. Eine vergleichende Soziologie fortgeschrittener Marginalität. Übersetzung von Alexander Frings, Wiesbaden 2018 [2008], Kap. 2–4.

6 Reinhart Koselleck: The Practice of Conceptual History. Timing History, Spacing Concepts. Translated by Todd Samuel Presner and Others. Foreword by Hayden White, Stanford, CA 2002 (Anm. d. Ü.: Es handelt sich um eine Sammlung von Aufsätzen, die in Originalsprache in einer Reihe von deutschsprachigen Sammlungen zu finden sind, nach denen im Folgenden zitiert wird). Pierre Bourdieu: Science de la science et réflexivité, Paris 2001.

tank-Experten bevorzugt wurde und durch ihre rasche Verbreitung einen hegemonialen Status erlangen konnte; und der neo-ökologische Ansatz, der von dem Soziologen William Julius Wilson entwickelt wurde, um die Rolle der Nachbarschaft als Multiplikator der Marginalität hervorzuheben. Zusammen bilden sie das, was ich als das »Bermudadreieck der Unterklasse« bezeichne – in ihm verschwindet auf wirksame Weise die historische Verflechtung von Kaste, Klasse und Staat in der Metropole aus dem Blickfeld.[7]

BEGRIFFSGESCHICHTE TRIFFT AUF REFLEXIVE SOZIOLOGIE

Zwei Stränge der Sozialforschung bieten Ressourcen für die Erforschung der Entstehung und des Schicksals eines Begriffs: die *Begriffsgeschichte*[8] des deutschen Historikers Reinhart Koselleck und die reflexive Soziologie von Pierre Bourdieu, die sich auf den angewandten Rationalismus von Gaston Bachelard und Georges Canguilhem stützt.

Kosellecks »Begriffsgeschichte«, die sich auf die historische Philologie und die Hermeneutik seines Lehrers Hans-Georg Gadamer stützt, ist exegetisch; sie konzentriert sich akribisch auf Texte, um die wechselnde semantische Aufladung von »Grundbegriffen« und »Schlüsselwörtern« als »Indikatoren« für sich entwickelnde historische Konstellationen über Konjunkturen und Epochen hinweg zu verfolgen. Sprache sei kein »Epiphänomen der sogenannten Wirklichkeit«, sondern eine »methodisch irreduzible Leitinstanz [...], ohne die keine Erfahrung und keine Wissenschaft von der Welt oder von der Gesellschaft zu haben sind«. (1) Sie fordere uns auf, »historische Begriffsarrangements« synchron in ihren »konkreten Kontexten« sowie diachron als Teil des »Sprachhaushalts« des gesamten politischen und sozialen Erfahrungsraums (2) zu erfassen, sie mit den politischen Konflikten der Zeit ihrer Zirkulation zu verknüpfen und diese Begriffe für ihre Verwendung in der Gesellschaftsanalyse kritisch zu bewerten. Eine Untersuchung von »Unterklasse« im Sinne von Koselleck muss also die Bedeutungsschichten des Begriffs freilegen, seine Quellen prüfen, seine Verbreitung untersuchen und seinen Bezug zu aktuellen gesellschaftspolitischen Fragen herstellen.

Koselleck stützt sich auf die politische Theorie Carl Schmitts, für den es in der Politik grundsätzlich um den Gegensatz zwischen »Freund und Feind« geht, um das Konzept der asymmetrischen Gegenbegriffe zu entwickeln. Er bezeichnet damit Paare gegensätzlicher Vorstellungen (Hellenen/Barbaren, Christen/Heiden, Übermensch/Untermensch), die zugleich der Selbstidentitätsbildung und dem Ausschluss anderer dienen,

7 Loïc Wacquant: Marginalität, Ethnizität und Strafen in der neoliberalen Stadt. Eine analytische Kartographie. Aus dem Englischen von Jan Wielgohs, in: Berliner Debatte Initial Jg. 25 (2014), Nr. 1, S. 87–105. In diesem Aufsatz betone ich die Rolle des Staats als einem *Produzenten* von rassialisierter Enteignung im Unterschied zu seiner Aufgabe der Kontrolle und der Unterstützung der Enteigneten.

8 Anm. d. Ü.: Deutsch im Original.

indem sie ihnen die gegenseitige Anerkennung und soziale Reziprozität versagen: »Asymmetrische Gegenkonzepte haben viel mit der Kunst des Verschweigens zu tun. Sie sind Mittel, um anderen Menschen, die nicht zu unserer Gruppe gehören, Dinge zuzuschreiben, und zwar durch eine binäre Begriffsbildung, die sie auf ein rein negatives semantisches Feld reduziert.« (3) Koselleck fordert uns dann auf zu fragen: Wer profitiert von der Verwendung (und dem Missbrauch) solcher Paare? Wer ist im Fall von »Unterklasse« die »Wir-Gruppe«, die unausgesprochen die zweite Komponente dieses asymmetrischen Gegenbegriffs bildet? (4)

Reflexivität in der Sozialwissenschaft gibt es in drei Varianten. (5) Die *egologische Reflexivität* beinhaltet eine soziologische Rückführung auf die forschende Person in dem Bemühen, zu kontrollieren, wie sich ihre soziale Position und ihr Werdegang (Geschlecht, Klasse, Ethnizität, Alter usw.) auf ihren intellektuellen Output auswirken. Die *Textreflexivität* befasst sich mit der Art und Weise, wie die von der Forschung verwendeten rhetorischen Formen (Sprache, Tropen, Metaphern, Stil usw.) ihren Gegenstand formen. Die *epistemische Reflexivität,* wie sie von Pierre Bourdieu vertreten wird, zielt darauf ab, die »scholastische Voreingenommenheit« zu kontrollieren, die durch die von Soziologinnen verwendeten Kategorien, Techniken und Theorien sowie durch die »wissenschaftliche Haltung« selbst entsteht, die sich grundlegend von der »natürlichen Haltung« des Alltags unterscheidet, die den Phänomenologen wichtig ist. Dementsprechend setzt Bourdieu die »Wissenschaft der Wissenschaft« als Vehikel für eine Reflexivität ein, die darauf abzielt, unsere kollektive Fähigkeit zu steigern, wissenschaftliche Problemstellungen angemessen zu entwerfen, zu bearbeiten und zu bewältigen. (6)

In dieser Hinsicht überträgt der französische Soziologe die Prinzipien der *historischen Epistemologie,* der Wissenschaftsphilosophie der Diskontinuität, die von seinen Lehrern Bachelard und Canguilhem entwickelt wurde, auf die Sozialwissenschaft. Demnach schreitet die Wissenschaft durch Bruch und Rekonstruktion voran, dank einer endlosen Arbeit der »Richtigstellung des bereits vorhandenen Wissens« und durch die Überwindung »erkenntnistheoretischer Hindernisse«, zu denen die Kontaminierung des wissenschaftlichen Denkens durch gewöhnliche Konstruktionen und Denkrichtungen gehört. (7) Canguilhem fordert uns auf, die Geschichte der Wissenschaft in der Genealogie der »begrifflichen Verzweigungen« zu verankern, um zu erkennen, wie diese die Probleme im Laufe der Zeit formen und verdrängen. Das vorliegende Buch ist eine Anwendung der Lehren der historischen Epistemologie auf die Thematik der »Unterklasse« – eine praktische Übung in epistemischer Reflexivität.

Bourdieu führt uns mit seiner Theorie der *symbolischen Macht und der Felder der kulturellen Produktion* über die historische Epistemologie hinaus. Seine Theorie dient dazu, den Nexus von institutionellen Positionen und symbolischen Positionierungen von Kulturproduzenten wie Künstlerinnen, Journalisten, Wissensexpertinnen, Staatsbeamten und Wissenschaftlerinnen zu kartieren. (8) So ist das *wissenschaftliche Feld* ein Raum der Kräfte, die die Strategien der Wissenschaftler (ihre Wahl der Objekte, Methoden, Theorien, Publikationsorte usw.) bestimmen, und ein Raum der Kämpfe um das Monopol der Definition wissenschaftlicher Kompetenz. Der wissenschaftliche Kosmos selbst ist in das *Feld der Macht* eingebettet, in dem die Inhaberinnen rivalisierender Kapitalformen – künstlerischer, wissenschaftlicher, religiöser, journalistischer, juristischer, bürokratischer und wirtschaftlicher – darum wetteifern, ihre Vorherrschaft und ihr Partikularinteresse als universell zu etablieren. (9) Daraus folgt, dass man, um ein Textkorpus wie die konkurrierenden Diskurse über »Unterklasse« zu entziffern, die Position ihrer Produzenten und Konsumenten nicht in der Gesellschaft als Ganzes, sondern in den jeweiligen Mikrokosmen – in diesem Fall den sozialwissenschaftlichen, journalistischen und politisch-philanthropischen Bereichen – mit der besonderen Haltung verknüpfen muss, die sie in Bezug auf die Existenz, die Beschaffenheit und die Zwangslage der »Gruppe« einnehmen.

Die Kombination von Koselleck und Bourdieu verspricht fruchtbar zu werden: Ersterer bringt einen interpretativen Fokus auf Texte und Quellen ein, Letzterer einen relationalen Rahmen, innerhalb dessen die Produzentinnen und Konsumentinnen dieser Texte verortet und ihre praktischen Auswirkungen nachgezeichnet werden können. Gemeinsam ebnen sie den Weg für eine *strukturelle Hermeneutik* von »Unterklasse«.

(1) Reinhart Koselleck: Stichwort: Begriffsgeschichte (2002), in: Reinhart Koselleck: Begriffsgeschichten. Studien zur Semantik und Pragmatik der politischen und sozialen Sprache, Frankfurt a. M. 2006, S. 99–102, hier S. 99, und ders.: The Practice of Conceptual History. Vgl. auch Niklas Olsen: History in the Plural. An Introduction to the Work of Reinhart Koselleck, New York 2012.

(2) Reinhart Koselleck: Begriffsgeschichte und Sozialgeschichte [1972], in: Reinhart Koselleck: Vergangene Zukunft. Zur Semantik geschichtlicher Zeiten, Frankfurt a. M. 1979, S. 107–129, hier S. 112.

(3) Reinhart Koselleck/Javiér Fernández Sebastián/Juan Francisco Fuentes: Conceptual History, Memory, and Identity. An Interview with Reinhart Koselleck, in: Contributions to the History of Concepts, Vol. 2 (2006), No. 1, S. 99–127, hier S. 125.

(4) Reinhart Koselleck: Zur historisch-politischen Semantik asymmetrischer Gegenbegriffe [1975], in: ders.: Vergangene Zukunft, S. 211–259.

(5) Bourdieu, Pierre/Loïc J. D. Wacquant: Reflexive Anthropologie. Übersetzt von Hella Beister, Frankfurt a. M. 1996 [1992], S. 62–67.

(6) Pierre Bourdieu: Science de la science et réflexivité, Paris 2001, und ders.: Über die »scholastische Ansicht« [1989]. Aus dem Französischen von Bernhard Dieckmann, in: Gunter Gebauer/Christoph Wulf (Hrsg.): Praxis und Ästhetik. Neue Perspektiven im Denken Pierre Bourdieus, Frankfurt a. M. 1993, S. 341–356, und: Teilnehmende Objektivierung [2000], in: ders.: Schwierige Interdisziplinarität. Zum Verhältnis von Soziologie und Geschichtswissenschaft. Herausgegeben von Elke Ohnacker und Franz Schultheis, Münster 2004, S. 172–186.

(7) Gaston Bachelard: Die Bildung des wissenschaftlichen Geistes. Beitrag zu einer Psychoanalyse der objektiven Erkenntnis. Übersetzt von Michael Bischoff, Frankfurt a. M. 1978 [1938], und Georges Canguilhem: Die Erkenntnis des Lebens. Aus dem Französischen von Till Bardoux, Berlin/Köln 2009 [1952]. Eine übersichtliche und kompakte Darstellung der Grundsätze der »his-

torischen Epistemologie« findet sich bei Hans-Jörg Rheinberger: Historische Epistemologie zur Einführung, Hamburg 2007. Wie sehr sich Bourdieu der historischen Epistemologie verpflichtet fühlt, geht aus seinem zusammen mit Jean-Claude Chamboredon und Jean-Claude Passeron verfassten Buch hervor: Soziologie als Beruf. Wissenschaftstheoretische Voraussetzungen soziologischer Erkenntnis. Deutsche Ausgabe herausgegeben von Beate Krais. Übersetzt von Hella Beister, Reinhard Blomert und Bernd Schwibs, Berlin/New York 1991 [1968].

(8) Pierre Bourdieu: The Field of Cultural Production. Essays on Art and Literature, New York 1993.

(9) Pierre Bourdieu: The Peculiar History of Scientific Reason, in: Sociological Forum, Vol. 6 (1991), No. 1, S. 3–26; ders.: Der Staatsadel. Aus dem Französischen von Franz Hector und Jürgen Bolder, Konstanz 2004 [1989], Teil 4; ders./Loïc Wacquant: From Ruling Class to Field of Power, in: Theory, Culture & Society, Vol. 10 (1993), Nr. 3, S. 19–44; Pierre Bourdieu: Champ du pouvoir et division du travail de domination, in: Actes de la recherche en sciences socials, Nr. 190 (2011), S. 126–139.

Während der zwei Jahrzehnte andauernden hitzigen Debatte, die durch die Harlem-Blackout-Riots von 1977 ausgelöst wurde, blieb »Unterklasse« ein hartnäckig inkohärenter, heterogener und spekulativer Begriff, der mit einer Vielzahl semantischer Unklarheiten, logischer Defizite und empirischer Anomalien behaftet war. Sein spektakulärer, wenn auch flüchtiger Erfolg war in erster Linie Ausdruck der Klassenangst und des Kastengrauens des Bildungsbürgertums und der Staatsmanager angesichts der sich verschlechternden Lage des schwarzen Prekariats sowie des Wunsches, dieser ausgestoßenen Gruppe die Schuld an den zunehmenden städtischen Missständen zu geben.[9] Sein plötzliches Verschwinden aus der öffentlichen Debatte Mitte der 1990er-Jahre (im Gegensatz zu seiner fortgesetzten stillen Zirkulation in den Sozialwissenschaften als beschreibender Ersatz für eine Vielzahl von Untergruppen) verweist auf die grundlegende *Heteronomie der Kategorie:* Nach der »Wohlfahrtsreform« von 1996 wandten sich die politischen Entscheidungsträger plötzlich anderen besorgniserregenden Bevölkerungsgruppen und Bedingungen zu und die Sozialwissenschaftlerinnen folgten diesem Beispiel und fanden neue Problemuntergruppen, die sie untersuchen und betreuen konnten: »instabile Familien«, von denen erwartet wird, dass sie »von der Sozialhilfe in die Arbeit« wechseln, Straftäter auf Bewährung, die einen »Wiedereintritt in den Strafvollzug« durchlaufen, und Innenstadtbewohnerinnen, die durch Wohnbeihilfen und Programme des Typs »Umzug in eine neue Wohnung« räumlich umverteilt werden.

Durch die reflexive Soziologie des Aufstiegs und Falls von »Unterklasse« biete ich eine Kritik nicht nur an der normalen Wissenschaft von »Rasse und Armut« in der amerikanischen »Innenstadt«, sondern

9 Mit *Prekariat* meine ich den *prekären* Teil des schwarzen *Proletariats*, im engeren Sinne von Verkäuferinnen von Arbeitskraft. Angehörige dieser Klassenfraktion verfügen über eine minimale oder gar keine »Marktfähigkeit« (in der Sprache Max Webers) im Hinblick auf die dualisierte Arbeitsteilung und Flexibilisierung der Arbeit. Sie sind von der Lohnarbeit ausgeschlossen oder in unsicheren und unterbezahlten Jobs gefangen, die Vektoren *sozialer Unsicherheit* sind (die sich auf alle Lebensbereiche erstreckt: Familie, Wohnen, Gesundheit, Bildung usw.). Auf den Begriff des Prekariats und seine Entstehungsgeschichte gehe ich im zweiten Teil dieses Buchs ausführlicher ein, S. 153–159.

auch an einem bestimmten Stil der Soziologie, den wir als *normalisierten Empirismus* bezeichnen könnten. Diese Soziologie ist insofern empirisch, als sie ihre Kategorien ungefiltert aus der sozialen Welt entlehnt, von Datenerhebungen und -auswertungen angetrieben wird und paradoxerweise eine maximale Distanz zum Phänomen aufweist. Und sie ist normalisiert, da ihre Parameter, Instrumente und Quellen wie selbstverständlich übernommen werden, ohne systematische Untersuchung oder explizite Rechtfertigung. In dieser Hinsicht ist das vorliegende Buch eine Erweiterung und Ergänzung meiner früheren Kritik am *moralischen Empirismus* in der normalen Praxis der Stadtethnografie in den USA.[10]

Ich nutze die seltsame Karriere von »Unterklasse«, um einige Fragen aufzuwerfen, die Licht auf die Irrungen und Wirrungen anderer Begriffe werfen können. Was ist der Grund für den »Lemmingeffekt«, der eine ganze Generation von Wissenschaftlern, die sich mit »Rasse« und Armut beschäftigen, über eine wissenschaftliche Klippe gezogen hat? Was sind die Bedingungen für die Entstehung und das Platzen von »begrifflichen Spekulationsblasen«? Welche Rolle spielen Thinktanks, Journalismus und Politik, aber auch die akademische Reproduktion, wenn es darum geht, Sozialforscherinnen »schlüsselfertige Problematiken« aufzuerlegen, die mit moralischer Doxa[11] getränkt sind? Und welches sind die besonderen Probleme, die sich aus der Benennung von mittellosen und stigmatisierten Gruppen im wissenschaftlichen Diskurs ergeben? Die Beantwortung dieser Fragen stellt eine anspruchsvolle Übung in epistemischer Reflexivität in der Tradition von Bachelard, Canguilhem und Bourdieu dar.[12] Diese Übung veranlasst mich dazu, eine minimalistische Reihe von Kriterien dafür zu entwickeln, was einen guten Begriff in den Sozialwissenschaften ausmacht, mit dem epistemische Probleme, wie sie »Unterklasse« verkörpert, verringert werden können.

Abschließend stütze ich mich auf diese erkenntnistheoretischen Kriterien, um auf die dehnbarste und entflammbarste Kategorie von allen einzugehen: »Rasse« *(race)*.[13] Ich schlage vor, *»Rasse« als ver-*

10 Loïc Wacquant: Scrutinizing the Street: Poverty, Morality, and the Pitfalls of Urban Ethnography, in: American Journal of Sociology, Vol. 107 (2002), Nr. 6, S. 1468–1532. Christopher Bryant bezeichnet diese Art der Forschung als »instrumentellen Positivismus«, in Abgrenzung zur französischen Linie des Positivismus, die von Auguste Comte begründet wurde, und zum logischen Empirismus des Wiener Kreises (Carnap, Hempel, Gödel). Ich bevorzuge den Begriff des Empirismus, weil er dem Rationalismus der historischen Erkenntnistheorie entgegensteht. Christopher G. A. Bryant: Positivism in Social Theory and Research, New York 1985.

11 Anm. d. Ü.: Mit »Doxa«, von dem altgriechischen Wort dóxa für »Meinung«, bezeichnet Bourdieu alle Überzeugungen und Auffassungen, die von der Gesellschaft oder in der Wissenschaft unhinterfragt als selbstverständlich und wahr angenommen werden.

12 Die exemplarische Studie hierzu ist Georges Canguilhem: Die Herausbildung des Reflexbegriffs im 17. und 18. Jahrhundert. Aus dem Französischen übersetzt und durch ein Vorwort eingeleitet von Henning Schmidgen, München 2008 [1955].

13 Anm. d. Ü.: Anders als im Original wird in der Übersetzung »Rasse« durchgehend in Anführungszeichen gesetzt. Zu Recht wird oft darauf hingewiesen, dass die Verwendung von *»race«*

schleierte oder denegierte Ethnizität neu zu denken, als eine Form rein symbolischer Gewalt, durch die ein klassifikatorisches Schema, das auf der Korrespondenz zwischen natürlichen und sozialen Hierarchien beruht, in die Realität umgesetzt wird – eingeschrieben in die Subjektivität vergesellschafteter Körper (Habitus) und in die Objektivität von Institutionen (sozialer Raum).[14] Die Dialektik von Klassifizierung und Schichtung, die auf einem Maß an Ehre basiert, bildet den Kern einer Analyse von »Rasse« und unterscheidet sie von anderen Spaltungslinien (Klasse, Geschlecht, Alter usw.). Ich plädiere dafür, ethnorassiale Phänomene in die *elementaren Formen rassialer Herrschaft* zu zerlegen, aus denen sie sich zusammensetzen: Kategorisierung, Diskriminierung, Segregation, Gettoisierung und Gewalt. Umgekehrt weise ich auf die Gefahren von pauschalen Begriffen wie »struktureller Rassismus« als einem Leitfaden für die Wissensproduktion und das zivile Handeln hin.

An mehreren Stellen dieser Untersuchung lasse ich einen *Weckruf gegen epistemische Promiskuität* erklingen – gegen die Tendenz von Wissenschaftlern, eine Mischung von Wissensinstrumenten und Bewertungskriterien zu verwenden, die in verschiedenen Bereichen kursieren (Wissenschaft, Journalismus, Philanthropie, Politik und öffentliche Ordnung, Alltagsleben), ohne deren Herkunft, semantische Spannweite, logische Kohärenz und das soziale Unbewusste, das sie transportieren, gebührend zu überprüfen. »Die Erfindung der ›Unterklasse‹« hat ihre Aufgabe erfüllt, wenn sie die erkenntnistheoretische Wachsamkeit ihrer Leserinnen erhöht und ihnen in bescheidener Weise bei dem »steten Umbildungsprozess jener Begriffe« hilft, »in denen wir die Wirklichkeit zu erfassen suchen«.[15]

in Nordamerika eine andere Bedeutung als »Rasse« im Deutschen hat. Im vorliegenden Text ist allerdings auch zu berücksichtigen, dass Wacquant sich explizit gegen eine zu sehr auf die USA zentrierte Begrifflichkeit von *»race«* wendet, vgl. seine Coda, S. 169–177, er mit *»race«* daher nicht nur den nordamerikanischen Sprachgebrauch meint. Adjektivisch verwendet Wacquant *»racial«, »racialized« (»racialization«)* und *»racist«* (»rassistisch«). Im neueren deutschen Sprachgebrauch wird *»racialized«* mit »rassialisiert« oder »rassifiziert« übersetzt. Da aber heute auch im Englischen *»racified« (»racification«)* gebraucht wird, übersetze ich *»racialized«* mit »rassialisiert«. In bisherigen Übersetzungen von Wacquant ins Deutsche ist *»racial«*, insbesondere das von ihm oft verwendete *»ethnoracial«*, in der Regel mit »rassisch« und »ethnorassisch« übersetzt worden. Abweichend davon übersetze ich *»racial«* in Anlehnung an »rassialisiert« mit »rassial« (wie »kolonial« oder »imperial«), auch weil »rassisch« durch das Vokabular des Nationalsozialismus erheblich vorbelastet ist.

14 Pierre Bourdieu: Der Tote packt den Lebenden [1980]. Übersetzung Jürgen Bolder, in: ders.: Der Tote packt den Lebenden. Schriften zu Politik & Kultur 2. Herausgegeben von Margareta Steinrücke, Hamburg 1997, S. 18–58.

15 Max Weber: Die Objektivität sozialwissenschaftlicher und sozialpolitischer Erkenntnis [1904], in: Max Weber: Gesammelte Aufsätze zur Wissenschaftslehre, Tübingen 1922, S. 146–214, hier S. 207. An entscheidenden Stellen meiner Ausgrabung berufe ich mich auf die Geister früherer Beobachter der städtischen Marginalität (und zeitgenössischer Wissenschaftler, die bei der Mythenbildung auf frischer Tat ertappt wurden) in Form von Zitaten in Kästen, um die ironische Beständigkeit der Darstellungen und Anliegen von »Armutsforschern« über ein Jahrhundert und mehr hinweg zu illustrieren.

Auf der Jagd nach einer urbanen Schimäre

Max Weber betont in seinen wissenschaftsphilosophischen Überlegungen, dass jede Wissenschaft »mit dem Begriffsvorrat ihrer Zeit« arbeitet – und dass in den Wissenschaften von der menschlichen Kultur »die Bildung der Begriffe von der Stellung der Probleme abhängt –, und dass diese Letztere wandelbar ist mit dem Inhalt der Kultur selbst«.[16] Im Gegensatz zu den Naturwissenschaften wird die Formulierung eines Problems in den Sozialwissenschaften also in *zweifacher* Weise durch den Zustand des wissenschaftlichen Feldes *und* den Zustand der umgebenden Gesellschaft beeinflusst. Als ein französischer Staatsbürger, der im Sommer 1985 in Chicago gelandet war, um im Mekka der amerikanischen Soziologie zu promovieren, fühlte ich mich zunächst von der intellektuellen Strömung angezogen, die von »Unterklasse« ausging. Der aufkommende Begriff war eine heiße intellektuelle Ware, die versprach, die Stadtsoziologie zu beleben, die Klassentheorie zu erweitern und kühne Argumente in der gesamten akademischen und politischen Welt zu nähren. Sein dramatischer Tenor schien zu der Mondlandschaft schwarzer Enteignung zu passen, die die reiche weiße Enklave Hyde Park, die Heimat der University of Chicago, von allen Seiten umgab.

Meine anfängliche Begeisterung für diese Thematik, die etwa ein Jahr lang anhielt, rührte von einer eingehenden Lektüre von William Julius Wilsons Buch »The Declining Significance of Race« her, in dem der Begriff eine Fraktion der Arbeiterklasse bezeichnet, die durch den Vormarsch des Kapitalismus an den Rand gedrängt wird.[17] Sie wurde außerdem durch Bills ansteckende Leidenschaft für die Untersuchung des sozialen Wandels des Gettos angeregt, die mit der Verlagerung des Brennpunkts ethnorassialer Konflikte von der Wirtschaft zum Gemeinwesen zusammenhing. Als er mir also anbot, bei seiner neuen Teamstudie zu diesem Thema eng mit ihm zusammenzuarbeiten, sagte ich bereitwillig zu. Klasse, rassiale Herrschaft, Getto, Staat, das waren die Kategorien, die ich naiv mit dem Begriff der »Unterklasse« verband. Bald entdeckte ich, was die Schlüsselbegriffe der aufkommenden Debatte zu diesem Thema waren: Sozialhilfeabhängigkeit, alleinerziehende Mütter, Teenagerschwangerschaften, konzentrierte Armut, Schulabbruch und Gewaltkriminalität.

Mein anfänglicher Enthusiasmus verwandelte sich daher schnell in eine vorsichtige Haltung prinzipieller Skepsis. Meine intellektuelle Ausbildung in einer europäischen Tradition, die zugleich theoretischer und historischer ist als die amerikanische, warnte mich vor der Gefahr, ein

16 Weber: Objektivität, S. 207.

17 William Julius Wilson: The Declining Significance of Race. Blacks and Changing American Institutions. 2nd expanded edition, Chicago 1980 [1978]. Ich untersuche Wilsons Verwendung des Begriffs »Unterklasse« in Kapitel 3.

Phänomen als neu und beispiellos zu bezeichnen, für das es sicherlich historische Vorläufer oder Analoga gibt. In der Tat genügt ein Blick in einige der klassischen Studien der vergleichenden Sozialgeschichte der Marginalität in der Industriestadt wie »Die Lage der arbeitenden Klasse in England« von Friedrich Engels, »Classes laborieuses, classes dangereuses« von Louis Chevalier oder »Outcast London« von Gareth Stedman Jones. Sie alle machen deutlich, dass das Zusammentreffen von kapitalistischer Industrialisierung und Verstädterung die arbeitende Bevölkerung wiederholt destabilisiert und in der sich vereinigenden Bourgeoisie die Überzeugung geweckt hatte, dass der Unterleib der Stadt kulturell distinkte, sozial abgeschottete und bösartige Bevölkerungsgruppen beherberge.[18] Die Vorstellung, dass die Wucherung dieser Gruppen – *Lumpenproletariat*, Unterwelt, *bas-fonds* oder wie sie auch genannt werden – eine akute moralische und physische Bedrohung für die soziale Ordnung darstelle, die eine innovative öffentliche Politik zu ihrer Bekämpfung erfordere, war ebenfalls nicht neu: Hatte nicht die Welle von Bettlerinnen und Landstreicherinnen, die die aufblühenden Städte Nordeuropas am Ende des 16. Jahrhunderts überflutete, zu der Zwillingsinnovation von Armenhilfe auf der einen und dem Strafgefängnis auf der anderen Seite geführt?[19]

Meine europäische Skepsis wuchs zu einem nagenden amerikanischen Misstrauen gegenüber »Unterklasse«, als ich mich dem Bogen von »Rasse«, Klasse und Raum in Chicago über ein Jahrhundert hinweg zuwandte. Hier kam mir die Tatsache zugute, dass die Windy City (Chicago, Anm. d. Ü.) die am meisten untersuchte Metropole Amerikas (wenn nicht der Welt) ist, und so vertiefte ich mich in die reichhaltige Reihe historischer Untersuchungen, die den Verlauf, die Struktur und die Erfahrungen von »Bronzeville«[20] rekapitulieren. Monografien zu diesem Thema umfassen ein ganzes Jahrhundert. Allan Spears bahnbrechendes Werk »Black Chicago: The Making of a Negro Ghetto, 1890–1920« erzählt von der Entstehung der »schwarzen Stadt in der weißen«, während James Grossman in »Land of Hope« die Quellen und Folgen der großen Mig-

18 Friedrich Engels: Die Lage der arbeitenden Klasse in England. Nach eigner Anschauung und authentischen Quellen [1845], in: Karl Marx/Friedrich Engels: Werke [MEW], Berlin 1956 ff., Bd. 2, S. 225–506; Louis Chevalier: Labouring Classes and Dangerous Classes. In Paris During the First Half of the Nineteenth Century. Translated from the French by Frank Jellinek, London 1973 [1958]; Gareth Stedman Jones: Outcast London. A Study in the Relationship between Classes in Victorian Society, New York 1971. Eine faszinierende Langzeitgeschichte der Entstehung der städtischen »Unterwelt« in der kollektiven Vorstellungswelt der westlichen Gesellschaft bietet Dominique Kalifa: Les Bas-fonds. Histoire d'un imaginaire. Paris 2013.

19 Georg Rusche/Otto Kirchheimer: Sozialstruktur und Strafvollzug. Übersetzt von Helmut und Susan Kapczynski, Frankfurt a. M./Köln 1974 [1939]; Catharina Lis/Hugo Soly: Poverty and Capitalism in Pre-industrial Europe, Brighton 1979; Bronisław Geremek: Geschichte der Armut. Elend und Barmherzigkeit in Europa. Aus dem Polnischen von Friedrich Griese, München/Zürich 1988 [1978].

20 Anm. d. Ü.: Weil sich viele Bewohner des afroamerikanischen Viertels in Chicago über seine Bezeichnung als »Black Belt« oder »Black Ghetto« ärgerten, wurde in den 1920er-Jahren der Name »Bronzeville« vorgeschlagen, weil er die Hautfarbe der meisten Bewohnerinnen besser beschreibe. Vgl. encyclopedia.chicagohistory.org/pages/171.html.

ration schwarzer Südstaatler nach Chicago in der Zwischenkriegszeit untersucht. St. Clair Drakes und Horace Caytons monumentales Werk »Black Metropolis« untersucht die Struktur und die Erfahrungen des afroamerikanischen gesellschaftlichen Lebens auf dem Höhepunkt des kommunalen Gettos um die Mitte des 20. Jahrhunderts. Arnold Hirschs »Making the Second Ghetto« greift die Geschichte von »Rasse«, Wohnen und Politik für den Zeitraum 1940 bis 1960 auf und konzentriert sich auf die Umgestaltung des dunklen Gettos von oben durch die Politik der Stadt, des Bundesstaats und des Zentralstaats. Bill Wilsons wegweisendes Buch »The Truly Disadvantaged« beschreibt die Ruinierung der schwarzen Innenstädte unter dem Druck der Deindustrialisierung und der Klassenspaltung nach 1970.[21]

Zusammengenommen lassen diese Studien auf Beständigkeit, Wiederkehr und Neuartigkeit bei der Entstehung der »Unterklasse« schließen. Beständigkeit der scharfen rassialisierten sozialen und räumlichen Teilung der Stadt; Wiederkehr von Phasen der Klassenkonsolidierung und -auflösung, die tektonische Verschiebungen in der Stadtpolitik verursachten; Neuartigkeit in der Virulenz des territorialen Stigmas, das die Überreste des dunklen Gettos überzog, verstärkt durch die schwefelhaltige Korona der »Unterklasse«, die in ihrer Mitte entstanden sein soll.

Ich war frustriert, denn meine Bemühungen, klar zu formulieren, was »Unterklasse« bezeichnete, erwiesen sich als vergeblich: Je mehr ich über das Thema las, desto weniger schien der Begriff soziologisch sinnvoll zu sein. Mein Misstrauen verwandelte sich bald in einen regelrechten Alarm, als ich die Arbeitsseminare, Thinktank-Treffen und politischen Konferenzen zu diesem Thema besuchte, zu denen Bill Wilson mich mitnahm oder an seiner Stelle schickte. Zwischen 1987 und 1990 befand ich mich im Auge des Sturms der »Unterklasse« und erhielt eine kleine Insiderrolle in dem, was die Historikerin Alice O'Connor auf nette Weise »die Armutsforschungsindustrie« nennt, die sich damals in einem Zustand intellektuellen Wandels und organisatorischer Neuzusammensetzung befand.[22] Bewaffnet mit meinen ausländischen Brillengläsern und abgefedert durch historische Vorbehalte habe ich in einer Art von Feldforschung untersucht, wie Wissenschaftler und Experten der Brookings Institution,

21 Allan H. Spear: Black Chicago. The Making of a Negro Ghetto, 1890–1920, Chicago 1967; James R. Grossman: Land of Hope. Chicago, Black Southerners, and the Great Migration, Chicago 1989; St. Clair Drake/Horace R. Cayton: Black Metropolis. A Study of Negro Life in a Northern City. Expanded Edition, Chicago 1993 [1945]; Arnold R. Hirsch: Making the Second Ghetto. Race and Housing in Chicago 1940–1960. New expanded edition, Chicago 1998 [1983]; und William Julius Wilson: The Truly Disadvantaged. The Inner City, the Underclass, and Public Policy, Chicago 1987. Es gab keine Monografie über »Rasse«, Klasse und Raum in Chicago in den 1960er-Jahren, dem Jahrzehnt, das sich, wie ich zeigen werde, als entscheidend für das Märchen von der »Unterklasse« erwies.

22 Alice O'Connor: Poverty Knowledge: Social Science, Social Policy, and the Poor in Twentieth-Century US History, Princeton 2001, Kap 9. Dieses Buch ist ein Muss für alle, die sich ernsthaft mit der Armut in Amerika befassen, unabhängig von ihrem jeweiligen Fachgebiet.

der Ford Foundation, der Rockefeller Foundation, der Mathematica Policy Research Inc., des Joint Center for Political and Economic Studies und des Urban Institute sowie andere Forscher von führenden Universitäten im ganzen Land das facettenreiche Problem der »Unterklasse« herausgearbeitet haben.

Als die Rockefeller Foundation 1988 dem Social Science Research Council (SSRC) sechs Millionen Dollar zur Verfügung stellte, um ein »Program of Research on the Urban Underclass« (Forschungsprogramm zur städtischen »Unterklasse«) ins Leben zu rufen, wurde ich zu den beiden Planungstreffen eingeladen. Bei der ersten Sitzung warfen der Historiker Michael Katz und ich immer wieder die Frage nach dem Ursprung, der Bedeutung und der (falschen) Verwendung der Bezeichnung »Unterklasse« auf. Die beiden Programmverantwortlichen, die die Arbeit des Ausschusses koordinierten, waren sichtlich verlegen; immer wieder wichen sie aus und wollten nicht einmal eine Arbeitsdefinition des zentralen Begriffs liefern, der unsere Anwesenheit motivierte. Andere Teilnehmerinnen waren stoisch uninteressiert daran, den semantischen Nebel um »Unterklasse« zu lüften, und ganz zufrieden damit, ihren Auftrag trotzdem weiter zu erfüllen. Über einen Zeitraum von drei Jahren hatte ich Gelegenheit, die führenden Forscher zu dem Thema zu treffen, zu hören und mich mit ihnen auseinanderzusetzen; ich traf auf hochrangige Regierungsexperten und Politikerinnen (einschließlich eines heftigen Zusammenstoßes mit keinem Geringeren als Daniel Patrick Moynihan, der Bill Wilson bestürzte) und lernte aus erster Hand die Anliegen, Stile und Strategien der politischen Institute und Philanthropien kennen, die bei der Erzeugung des akademisch-politischen Nebels der »Unterklasse« eine führende Rolle spielten.

Ich war auch schockiert, als ich feststellte, dass die große Mehrheit der führenden Experten des Landes zu diesem Thema noch nie einen Fuß in ein armes schwarzes Viertel gesetzt hatte und die Lücke zwischen ihren Daten auf der Makroebene und der alltäglichen Realität ständig mit rassistischen Allgemeinplätzen füllte, die Teil eines nationalen Common Sense sind, den ich nicht teilte. Diese Entdeckung überzeugte mich davon, dass ich, um mit dem zu brechen, was W. E. B. Du Bois als »Autofenster-Soziologie«[23] bezeichnete, bei null anfangen musste – zum einen durch eine historisch-analytische Rekonstruktion des Gettos,[24] zum anderen

23 W. E. B. Du Bois: On Sociology and the Black Community. Edited by Dan S. Green and Edwin D. Driver, Chicago 1978 [1904], S. 37. Dieser Ausdruck bezieht sich auf das karikaturistische Wissen über die afroamerikanische Gesellschaft und Kultur, das von weißen Gelehrten im Jim-Crow-Süden auf der Grundlage von Fern- und Indizienbeobachtungen produziert wurde (wie sie während einer Urlaubsreise bei der Fahrt durch den Süden im geschlossenen Wagen durchgeführt werden können).

24 Loïc Wacquant: A Janus-Faced Institution of Ethnoracial Closure: A Sociological Specification of the Ghetto, in: Ray Hutchison/Bruce D. Haynes (Hrsg.): The Ghetto. Contemporary Global Issues and Controversies, Boulder, CO 2012, S. 1–31. (Gekürzte deutsche Fassung: Das Janusgesicht des Ghettos. Zur Konstruktion eines soziologischen Konzepts. Aus dem amerikanischen

durch Nahbeobachtung der sozialen Beziehungen auf der Straße. Zu diesem Zweck beschloss ich, mir einen Beobachtungsposten im Hypergetto zu suchen, um von Grund auf herauszufinden, wie die Realitäten von Klasse, »Rasse« und Raum die sozialen Strategien und Erfahrungen junger schwarzer Männer prägten, die in den Sog der wirtschaftlichen Umstrukturierung und der staatlichen Vernachlässigung gerieten.

Durch eine Reihe zufälliger Umstände landete ich in einem Boxstudio in der zerstörten 63. Straße in Woodlawn, nur zwei Blocks von meinem Wohnort am südlichen Rand des Hyde Parks entfernt – aber im Erlebnisraum so weit entfernt wie ein anderer Planet.[25] Ich meldete mich an, um Boxen zu trainieren und die Klubmitglieder kennenzulernen. Zu meiner eigenen Überraschung wurde ich in die sinnlichen und moralischen Windungen des Faustkampfs hineingezogen und absolvierte schließlich drei Jahre lang eine Lehre in diesem Handwerk.[26] Ich folgte meinen Sportkameraden auf ihrer täglichen Runde und beobachtete, wie sie mit dem Arbeitsmarkt, der Familie, dem Sozialstaat und der Polizei umgingen. Das veranlasste mich, den bestehenden Denkapparat der Soziologie von Kaste und Klasse in der amerikanischen Metropole von Grund auf zu hinterfragen. Hier gab es eine Gruppe von Männern, die *auf dem Papier* den meisten Definitionen der städtischen »Unterklasse« entsprachen und dennoch einen persönlichen Ordnungssinn, eine Liebe zur Familie, Respekt vor Autoritäten, die Verfolgung langfristiger Ziele und eine eiserne Arbeitsmoral an den Tag legten. Es stellte sich heraus, dass Pierre Bourdieu recht hatte, als er mir damals sagte, dass ich in diesem Boxstudio und von seinen Mitgliedern mehr über die Soziologie des (Hyper-)Gettos lernen würde als in allen Büchern über die »Unterklasse«, die ich lesen konnte.

In der Zeit, in der sich meine intellektuelle Distanz zum dehnbaren Diskurs über »Unterklasse« allmählich vergrößerte, hatten Bill Wilson und ich unzählige Frühstücke und Abendessen, bei denen wir unsere epistemologischen, theoretischen und politischen Differenzen eingehend erörterten. Es war ein Soziologiekurs für Fortgeschrittene, wie ihn keine Universität anbietet. Er, geduldig, beharrlich und zuversichtlich, die politische Debatte seinen wissenschaftlichen Argumenten anpassen zu können; ich, respektlos, frenetisch und hartnäckig in meiner Forderung nach wissenschaftlicher Reinheit über alles. Mit der für ihn typischen intellektuellen Großzügigkeit bot Bill mir trotz unserer Meinungsver-

Englisch von Sabine Nuss, in: ders.: Das Janusgesicht des Ghettos und andere Essays, Basel 2006, S. 128–143.)

25 Eine ausführlichere Darstellung meines biografischen und intellektuellen Weges in die South Side und in ihr findet sich in Loïc Wacquant: The Body, the Ghetto and the Penal State, in: Qualitative Sociology, Vol. 32 (2009), Nr. 1, S. 101–129.

26 Loïc Wacquant: Leben für den Ring. Boxen im amerikanischen Ghetto. Aus dem Französischen von Jörg Ohnacker, Konstanz 2003 [2001].

schiedenheiten an, gemeinsam mit ihm die Fortsetzung von »The Truly Disadvantaged« zu verfassen, die den Titel »The American Underclass« tragen sollte (das Buch, aus dem »When Work Disappears« wurde).[27] Das war ein enorm verlockendes Angebot für einen mittellosen Doktoranden, wenn man bedenkt, welch enormer Vorschuss vom Verlag Knopf geboten wurde. Aber ich lehnte ab und bestand darauf, dass wir zuerst herausfinden, ob wir uns auf die Antwort auf diese Frage einigen könnten: Sollten wir »Unterklasse« als ein *Werkzeug für* die Analyse verwenden, als formales Konstrukt, mit dem wir die empirische Welt erforschen und analysieren können, oder als ein *Objekt der* Analyse, als eine historisch überholte diskursive Formation und kollektive Überzeugung über die Überreste des dunklen Gettos und seine Bewohnerinnen? Der vorliegende Band ist eine Fortsetzung dieses Dialogs und ein Abschluss dieses Kapitels. Aus diesem Grund ist er Bill Wilson in Dankbarkeit und Zuneigung gewidmet.

Antiurbanismus und die Angst vor dem (schwarzen) Unterleib der Stadt

Um die volle Bedeutung und die Mechanismen der Erfindung von »Unterklasse« am Ende des 20. Jahrhunderts zu erhellen, ist es *unerlässlich, sie zu historisieren*, in diesem Fall vor zwei gestaffelten Hintergründen, die Analogien und Vorläufer der Kategorie aufzeigen. Der erste und tiefere Hintergrund ist ein jahrhundertelanger Strang eines *beständigen Antiurbanismus* in der amerikanischen Kultur und Politik, der seine Wurzeln in den Ursprüngen des Landes als landwirtschaftliche Siedlerkolonie und in dem unerschütterlichen Wunsch hat, sich von Europa und seinen Großstädten abzugrenzen – die Thomas Jefferson in seiner berühmten Aussage als »schädlich für die Moral, die Gesundheit und die Freiheiten des Menschen« betrachtete. Für diese nationale Tradition ist die Metropole ein Motor von Klassenkonflikten, ethnischer Promiskuität, sozialem Zerfall und moralischer Verdammnis, die sich beispielhaft in den schrillen Anprangerungen der »verruchten Stadt« *(wicked city)* zeigt, die in der Mitte des 19. Jahrhunderts florierten.[28]

Der zweite Hintergrund ist eine jüngere historische Vision, die in den Nachkriegsjahrzehnten städtische Ängste und Wut auf die dunkle »Innenstadt« lenkte und die *»Rasse« als Schwarzsein zum wichtigsten Prisma der öffentlichen Wahrnehmung und Politik* in der Metropole machte. Dieser durch die Gettoaufstände der 1960er-Jahre ausgelöste Antiurbanismus stellte arme Schwarze als Verursacher von Gewalt, Unordnung und

27 William Julius Wilson: When Work Disappears. The World of the New Urban Poor, New York 1996.

28 Morton Gabriel White/Lucia White: The Intellectual Versus the City. From Thomas Jefferson to Frank Lloyd Wright, Cambridge (MA) 1962; Andrew Lees: Cities Perceived. Urban Society in European and American Thought, 1820–1840, New York 1985; Steven Conn: Americans Against the City. Anti-Urbanism in the Twentieth Century, New York 2014, Kap. 1.

Unmoral dar und die Stadt selbst als eine unregierbare sozialräumliche Form, die zu Krise, Zusammenbruch und unumkehrbarem Niedergang verdammt war.[29] Beide Hintergrundgeschichten deuten darauf hin, dass der Impuls zur soziomoralischen Kontrolle in der Metropole eine lange und wiederkehrende Geschichte hat und dass dieser Impuls die symbolische Abgrenzung der Zielgruppen vorantreibt, denen die Schändung der Werte der angloamerikanischen Mittel- und Oberschicht zugeschrieben wird – und nicht andersherum.

In der kollektiven Vorstellungswelt der Vereinigten Staaten und insbesondere in der gebildeten Elite wurde die Entstehung der ersten urbanen Zentren in den 1830er-Jahren als tödliche Bedrohung für die junge Nation und ihren außergewöhnlichen Charakter empfunden, da sie die mythischen Pioniertugenden der Unabhängigkeit und Selbstgenügsamkeit unterminiere. Die Stadt galt als ausschweifender Hort der »drei Ms«, der Bastarde *(mongrels)*, des Pöbels *(mobs)* und des Geldes *(money)*, als Abladeplatz für den Abschaum der europäischen Gesellschaft, als ein schmutziger und sündiger Ort, der ein würdiges Leben unmöglich mache.[30] Die Mitte des Jahrhunderts aufblühenden, im evangelischen Christentum verwurzelten städtischen Reformgesellschaften mit ihren missionarischen Hausbesuchen, den Traktatvereinen, die Bibeln verteilten, und den Sonntagsschulen, die die moralische Ordnung des Dorfes wiederherstellen wollten, waren den wogenden städtischen Massen, die gleichzeitig »lasterhaft, verlassen und entwürdigt« waren, nicht gewachsen. Die Flutwellen der Migration und der Zuwanderung aus der Arbeiterklasse lösten schon bald Befürchtungen vor einer »Wiederholung der europäischen Verhältnisse« und die Angst vor »Papismus« und »Pauperismus« aus.[31]

»DER ABSCHAUM VON EUROPA«

»Der Abschaum von Europa [...] versammelt sich in unseren großen Städten und bringt elende Nachkommen hervor, die durch die tiefe Verkommenheit ihrer Eltern zu den physischen und moralischen Aasfressern unserer Straßen herabgesunken sind. Unter sie mischen sich auch die verstoßenen Kinder der amerikanischen Ausschweifung, Trunkenheit und Laster. Eine für die Gemeinschaft gefährlichere Klasse [...] kann man sich kaum vorstellen.«

(American Bible Society, Jahresbericht, 1857)

In den 1870er-Jahren wurde das Idiom der Wildnis von der westlichen Grenze auf die städtische Grenze übertragen und der innere Ring der

29 Robert A. Beauregard: Voices of Decline. The Postwar Fate of US Cities, Cambridge (MA) 1993.

30 White/White: The Intellectual Versus the City.

31 Paul S. Boyer: Urban Masses and Moral Order in America, 1820–1920, Cambridge (MA) 1978, S. 57.

Städte als ein Abgrund von Anonymität, Verderbtheit und Künstlichkeit dargestellt, dessen »halbbarbarische« Bewohnerinnen das gesellschaftliche Gebäude *in Gänze* zum Kippen zu bringen drohten. Theorien der angeborenen Verkommenheit und der moralischen Delinquenz wurden kombiniert, um die Doktrin und Praxis der »wissenschaftlichen Philanthropie« zu entwickeln, die auf der Unterteilung der städtischen Armen in würdig und lasterhaft beruhte.[32] Besonders besorgniserregend waren die Größe, das Wachstum und die Gefahr einer untergetauchten Schicht des städtischen Proletariats, die als *Residuum* bezeichnet wurde – ein Begriff, der Charles Booths Mammutstudie über die Londoner Armen[33] entlehnt war –, und die in den schäbigsten Mietskasernen der Metropole hauste. Kriminalität, Gelegenheitsarbeit, moralische Verwahrlosung und der Zerfall von Familien waren die charakteristischen Merkmale dieser furchterregenden und unverbesserlichen Bevölkerungsgruppe, was sie zu einem unmittelbaren Vorläufer der »Unterklasse« macht.

Während des Vergoldeten Zeitalters (etwa 1870–1900, Anm. d. Ü.) nahm die Angst des angelsächsischen Bürgertums angesichts der »dreifachen Bedrohung durch Klassenkampf, ausländischen Radikalismus und städtische Massengewalt« hysterische Ausmaße an.[34] Kolossale demografische Veränderungen verwandelten die alten städtischen Zentren in die Provinz ausländischer Migranten, die durch Sprache und Religion gespalten waren, brachten das Elend der Slums hervor und förderten das Wachstum der Klientelpolitik. Religiöse Gruppen wie die Heilsarmee und ihre »Slumbrigade« sowie die Bewegung der Wohlfahrtsverbände traten in Aktion, basierend auf »der Annahme, dass die städtischen Armen moralisch verkommen waren, weil die Umstände des Stadtlebens sie von dem erbauenden Einfluss ihrer moralisch höherstehenden Mitmenschen abgeschnitten hatten« – was an die ein Jahrhundert später geäußerten Klagen erinnert, der »Unterklasse« fehle es an geeigneten »Vorbildern«.

Der Kampf gegen den Müßiggang und die Verbesserung des Charakters der Armen erforderte Untersuchungen, Besuche und die Zusammenstellung von Dossiers, die potenziellen Vermieterinnen, Arbeitgebern, Banken und sogar der Polizei zur Verfügung gestellt wurden.[35] Die aus London importierte Siedlungshausbewegung unter der Leitung von Jane Addams bevorzugte die Verbesserung der Umweltbedingungen gegenüber individuellen Lösungen und machte die Nachbarschaft zum Mittel-

32 David Ward: Poverty, Ethnicity, and the American City, 1840–1925. Changing Conceptions of the Slum and the Ghetto, Cambridge (MA) 1989, S. 53–61.

33 Christian Topalov: The City as *Terra Incognita:* Charles Booth's Poverty Survey and the People of London, 1886–1891 [1991], in: Planning Perspective, Vol. 8 (1993), Nr. 4, S. 395–425.

34 Boyer: Urban Masses, S. 126.

35 Ebd., S. 153. Diese Praxis ist ein Vorläufer der öffentlichen Systematisierung und privaten Verbreitung von Strafregistern am Ende des 20. Jahrhunderts, wie sie von James B. Jacobs: The Eternal Criminal Record, Cambridge (MA) 2015, analysiert wird.

punkt der Untersuchungen und lindernden Maßnahmen, was den Ansatz der Chicagoer Schule der Soziologie vorwegnahm, der zwei Jahrzehnte später entwickelt wurde. Die Stadtreform der 1890er-Jahre folgte somit zwei Wegen: einem Ansatz des Zwangs, der versuchte, das unmoralische Verhalten der Armen durch Überwachung und Kontrolle in ihrem eigenen Interesse zu zügeln (Jacob Riis fasste diese Perspektive mit der Formel zusammen: »Wer *für* die Armen kämpfen will, muss *gegen* die Armen kämpfen, damit sie es tun«), und einem umweltorientierten Ansatz, der darauf abzielte, mit einer Verbesserung der Mietskasernen durch die Einrichtung von Badehäusern, Parks und Spielplätzen die moralische Gesundheit des Proletariats wiederherzustellen.[36]

Angesichts der Pestilenz und der Gewalt der die Innenstädte überfüllenden eingewanderten Arbeiterklasse floh das Bürgertum in die entstehenden Vorstädte, die ebenfalls aus England importiert und bewusst als soziomoralisches Gegenstück zur Innenstadt konzipiert worden waren. Inspiriert vom Puritanismus war das Ideal des urbanen Lebens der amerikanischen Bourgeoisie immer suburban, das heißt sozial homogen, ethnisch exklusiv, räumlich getrennt und bäuerlich.[37] Die Vorstadt förderte und schützte die Ideale der Mittelklasse von Eigentum, familiärer Privatsphäre und moralischem Anstand; sie ermöglichte es dem anmutigen Einfamilienhaus, das in seinem großen grünen Rasen lag und von profanen Belangen befreit war, als Wiege der Häuslichkeit und Religiosität zu fungieren. Sie drückte nicht nur den Wunsch nach Abgeschiedenheit aus, sondern auch die Angst vor dem klassenmäßig und ethnisch Anderen sowie die Furcht vor den raschen sozialen Veränderungen durch den Markt.[38] Die Vorstadt definierte sich also durch eine Reihe homologischer Gegensätze, die den ersten Begriff systematisch abwerteten: Stadt/Vorstadt, Industrie/Familie, arm/reich, ethnische Vermischung/ethnische Reinheit, Heidentum/Religiosität, künstlich/natürlich und Verderbtheit/Moral. Sie ist ein zentraler »asymmetrischer Gegenbegriff« der amerikanischen Vorstellung von Urbanität.[39]

Während der Progressiven Ära (1896–1917, Anm. d. Ü.) nahm die Zähmung der Stadt, die als ständige Bedrohung für den Staat und die Nation angesehen wurde, zwei Formen an. Der erste Strang intensivierte Zwangsmaßnahmen und moralische Appelle, mit denen Kreuzzüge gegen solche Übel des städtischen Lebens wie sexuelle Devianz (das Bordell) und Ausschweifungen (der Saloon) initiiert wurden. Die zweite Bewegung mit

36 Boyer: Urban Masses, S. 176.

37 Robert Fishman: Bourgeois Utopias. The Rise and Fall of Suburbia, New York 1988. Dies steht in krassem Gegensatz zum Bürgertum in Kontinentaleuropa, das die Stadt als Quelle der Zivilisation und des Bürgersinns ansah und danach strebte, in ihrem historischen Zentrum zu wohnen.

38 Robert M. Fogelson: Bourgeois Nightmares. Suburbia, 1870–1930, New Haven (CT) 2007, Teil 2.

39 Reinhart Koselleck: Zur historisch-politischen Semantik asymmetrischer Gegenbegriffe [1975], in: ders.: Vergangene Zukunft. Zur Semantik geschichtlicher Zeiten, Frankfurt a. M. 1979, S. 211–259.

Jane Addams als Galionsfigur stützte sich auf eine optimistischere Sicht der Metropole; sie setzte auf eine positive Umweltpolitik, um das städtische Umfeld so umzugestalten, dass gesunde Gewohnheiten und gutes Benehmen in der Arbeiterklasse gefördert wurden. Die Entwicklung von Mietskasernenreformen, Parks und Spielplätzen, Bürgerfesten und städtischer Kunst – nicht zu vergessen die »Abstinenzsaloons«, die männliche Kameradschaft ohne Alkohol boten – gehörte zu diesem Ansatz. Das Gleiche gilt für die Vermittlung der englischen Sprache, traditioneller handwerklicher Arbeit, beruflichen und häuslichen Fertigkeiten. Eine solche Siedlungsarbeit hatte zudem den Vorteil, dass sie die Isolation der städtischen Armen von den sozial Bessergestellten verringerte, die zusammen mit der Überfüllung als Hauptursache für ihren moralischen Zustand angesehen wurde.[40]

»DIE GEFÄHRDUNG DIESER REPUBLIK«

»Die Laster der Städte waren das Verhängnis vergangener Reiche und Zivilisationen. Sobald die Stadtbevölkerung die Landbevölkerung überstieg, sind zerrüttete Republiken untergegangen [...] Auch die Gefahr für diese Republik liegt nun eindeutig in ihren Städten. Es gibt keine größere Bedrohung für die demokratischen Institutionen, als dass ein großer Teil des Volkes seine Vorstellungen von Patriotismus und Staatsbürgerschaft aus den billigen Schnapsläden bezieht.«

(Anti-Saloon League, Jahrbuch, 1914)

Wichtig ist, dass die Stadtreform von nun an auf wissenschaftlichen Erkenntnissen und technischem Fachwissen beruhte. Sie stützte sich auf staatswissenschaftliche und soziologische Untersuchungen, um die negativen Merkmale der städtischen Umwelt zu charakterisieren, die es zu beseitigen galt. Die frühe amerikanische Soziologie befriedigte dieses Interesse an der Untersuchung problematischer Bevölkerungsgruppen, um sie besser verwalten zu können.[41] Der Wechsel von »moralischer Reinheit« zu »sozialer Hygiene« markierte die Säkularisierung und Professionalisierung der soziomoralischen Kontrolle in der Metropole. Er führte zur Entstehung der Stadtplanung als einem Beruf, der sich der Schaffung einer neuen Umgebung widmete, die moralische Einheit und Bürgerstolz stärken und so in der Metropole den imaginären sozialen und kulturellen Zusammenhalt des Dorfes wiederherstellen sollte. Für einen kurzen Moment in der amerikanischen Geschichte schien die Stadt in der Lage zu sein, die Heilmittel für ihre eigenen Übel zu produzieren und die sozialen Standards der Massen zu heben.

40 Michael B. Katz: In the Shadow of the Poorhouse. A Social History of Welfare in America, New York 1996, S. 166.

41 Boyer: Urban Masses, S. 200, 222–232.

Dieser städtische Optimismus erstreckte sich nicht auf das andere Territorium der Sorgen und Mysterien, das zwischen 1910 und 1930 neben den Slums der europäischen Einwanderer im Zentrum der Metropole aus dem Boden schoss: »den Black Belt[42] und seine Ausläufer, die zwar auch Slums waren, aber etwas mehr: Gettos, in denen die Eingrenzung vollständig war und auf Hautfarbe und nicht auf Klasse beruhte«.[43] Die materiellen und moralischen Bedingungen des zusammenwachsenden Gettos waren entsetzlich: Überbelegung, Krankheit, Sterblichkeit, Illegitimität und Kriminalität standen an der Spitze der städtischen Hitlisten, aber diese Probleme sollten durch separate Siedlungshäuser und Dienstleistungsagenturen gelöst werden, die von »farbigen« Frauen der Mittelschicht geleitet wurden. Denn wenn es um Bronzeville ging, priorisierten die weißen Reformer aus der Mittelschicht *Eindämmung statt Verbesserung*.[44] Zu den Mitteln zur Durchsetzung einer rigiden ethnorassialen Einschließung gehörten restriktive Auflagen, rassiale Lenkung durch Immobilienmakler, Druck durch weiße Eigentümervereinigungen, um die Vermietung oder den Verkauf von Häusern an Schwarze zu verhindern, Übergriffe weißer »Sportvereine« auf der Straße und die Bombardierung afroamerikanischer Häuser, die regelmäßig in Pogromen gipfelten, wie den »Rassenunruhen« des »Red Summer« von 1919, als Weiße in drei Dutzend Städten farbige Viertel angriffen, um ihre Eingrenzung durchzusetzen.[45]

Trotz bescheidener Erfolge bei der Reform der Schulen und Gerichte, der Arbeitsbedingungen, der Hygiene und Lebensmittelsicherheit, des Wohnungswesens und der Stadtverwaltung gelang es den Politikern und Fachleuten der Progressiven Ära nicht, die Bürger davon zu überzeugen, dass Städte gesunde Orte und die Stadtverwaltung eine Kraft für das Gemeinwohl sind. In der Zwischenkriegszeit gewannen »Dezentralisten« wie Lewis Mumford, Frank Lloyd Wright und Ralph Borsodi die Oberhand und empfahlen die Zerstreuung der Bevölkerung und der Industrie als Lösung für die Probleme der Überfüllung, der Armut und der sozialen Vermischung in den überfüllten Stadtzentren und ebenso als Mittel, um eine zu sehr intervenierende Regierung zu zügeln.[46] Der New Deal griff

42 Anm. d. Ü.: Von der Jahrhundertwende bis nach dem Zweiten Weltkrieg wurde der Begriff »Black Belt« (Schwarzer Gürtel oder schwarze Zone) häufig verwendet, um die überwiegend afroamerikanische Gemeinde an der South Side Chicagos zu bezeichnen.

43 Thomas Lee Philpott: The Slum and the Ghetto. Neighborhood Deterioration and Middle-Class Reform, New York 1978, S. x.

44 Ebd., S. 346-347; Spear: Black Chicago, S. 169-179; Drake/Cayton: Black Metropolis, Kap. 8.

45 William M. Tuttle: Race Riot. Chicago in the Red Summer of 1919, Urbana (IL) 1970; Lee E. Williams: Anatomy of Four Race Riots. Racial Conflict in Knoxville, Elaine (Arkansas), Tulsa, and Chicago, 1919–1921, Jackson (MI) 2008. Vgl. auch Chicago Commission on Race Relations: The Negro in Chicago. A Study of Race Relations and a Race Riot, Chicago (IL) 1923, eine der bemerkenswertesten Darstellungen der Verflechtung von »Rasse«, Klasse und Raum, die je geschrieben wurde (größtenteils vom Soziologen Charles S. Johnson).

46 Conn: Americans Against the City, Kap. 3.

auf die Ideen der Dezentralisten zurück und richtete seine transformative Kraft auf ländliche Regionen und die kleinstädtische Gesellschaft, die er als ein gesundes Umfeld betrachtete, in dem sich bürgerliche Tugenden entwickeln könnten. So war Roosevelt, »ein Kind vom Land«, besonders vom Civilian Conservation Corps begeistert, weil es »den Männern aus der Stadt nicht nur die Chance auf einen Job, sondern auch auf die erholsame Wirkung des Landlebens, nah am Boden, bot«.[47] Die Resettlement Administration war in ähnlicher Weise mit der Wiederherstellung des ländlichen Amerikas und der Planung von Grüngürtelstädten betraut, um Ebenezer Howards Entwurf der Gartenstadt, einer autarken Siedlung auf dem Lande, weit entfernt von den Slums und dem Rauch der Metropolen, zu verwirklichen.[48]

Unmittelbar nach dem Zweiten Weltkrieg dominierte ein ungebrochener Antiurbanismus die Stadt- und Regionalplanung sowie die Bundespolitik. Die massive öffentliche Subventionierung der Vorstadtentwicklung bot Wohnraum und Transportmöglichkeiten für die Millionen von Weißen, die aus den Stadtzentren flohen, als schwarze Migrantinnen aus dem Süden zuzogen. Von oben verordnete Programme zur »Slumbeseitigung« und »Stadterneuerung« gemäß dem Housing Act von 1949 konnten die Abwanderung von Haushalten der Mittelschicht und von Fabriken nicht aufhalten, auch wenn sie das Gefüge der als »baufällig« deklarierten schwarzen Viertel aufrissen, um weiße Viertel zu retten, die Immobilienwerte zu steigern und die Steuerbasis wiederherzustellen.[49]

In den 1960er-Jahren traf dann eine *doppelte rassiale Welle* die amerikanischen Metropolen mit voller Wucht und verlieh dem Antiurbanismus eine neue Färbung: eine Welle schwarzer Migranten, die im Rahmen der zweiten Great Black Migration (großen Wanderung von Schwarzen) aus dem Süden einströmten, und eine Welle von Riots, die von der »Urbanisierung« der Bürgerrechtsbewegung und der Weigerung der Afroamerikanerinnen, sich weiter in die Grenzen des zerfallenden Gettos einsperren zu lassen, angefacht wurde. Diese doppelte Welle lenkte die *Angst* der weißen Mittelschicht vor der Metropole von der multiethnischen »verruchten Stadt« auf die schwarze »Innenstadt« um und legte den Grundstein für das abscheuliche Bild der »Unterklasse«, das sich in den folgenden zwei Jahrzehnten entwickeln sollte.

Die massenhafte Abwanderung von Weißen in die Vorstädte und der starke Zustrom von Schwarzen aus dem Süden lösten die Besorgnis aus, die etablierte ethnorassiale Ordnung könne damit gefährdet

47 Ebd., S. 94–95.

48 Peter Hall: Cities of Tomorrow. An Intellectual History of Urban Planning and Design Since 1880. 4. Auflage, Malden (MA) 2014, Kap. 4.

49 Kenneth T. Jackson: Crabgrass Frontier. The Suburbanization of the United States, New York 1987, Kap. 11 und 12; Jon C. Teaford: The Rough Road to Renaissance. Urban Revitalization in America, 1940–1985, Baltimore (MD) 1990.

sein. Zwischen 1950 und 1960 verließen 678 000 Weiße Chicago, während 153 000 Afroamerikaner zuzogen. Aufgrund dieses Trends stand zu erwarten, dass die Schwarzen bis zum Jahr 2000 nicht nur in der Windy City, sondern in acht der zehn größten Städte des Landes die zahlenmäßige Mehrheit bilden und damit eine schwarze Kontrolle – (»Negro Control«) – über das urbane Amerika etablieren würden. Und dieser demografische Absturz war nicht aufzuhalten, solange die Anwesenheit von Schwarzen in den Metropolen »in den Köpfen der Weißen mit Verbrechen, Drogensucht, Jugendkriminalität und Slums assoziiert wurde«.[50]

Die Besorgnis wurde zu regelrechter Panik, als eine Welle von »Rassenkonflikten« durch das Land schwappte und von Küste zu Küste Städte in Brand setzte. In den zehn Jahren von 1963 bis 1972 wurden in den Vereinigten Staaten mehr als 750 Riots von Schwarzen registriert, von denen mehr als 525 Städte betroffen waren, darunter fast alle Städte mit einer afroamerikanischen Bevölkerung von mehr als 50 000 Menschen. Was der Historiker Peter Levy als *The Great Uprising* (Der Große Aufstand) bezeichnet, markierte einen noch nie da gewesenen historischen Bruch im Verlauf der Kastenherrschaft[51] und fügte der weißen Bevölkerung des Landes ein unsägliches *symbolisches Trauma* zu. Er griff ihr Gefühl der ethnorassialen Vorherrschaft frontal an und aktivierte schlummernde Vorstellungen vom »bösen Nigger«, die aus den Tagen der Sklaverei und der Jim-Crow-Unterwerfung stammten – widerspenstig, wild, gewalttätig, der »Negro«, der seinen »Platz« nicht kennt und beibehält. Nach 1966, so stellte ein liberaler Politikwissenschaftler fest, der für die Präsidenten Kennedy und Johnson arbeitete, »war das Bild des ›Negro‹ nicht mehr das des betenden, geduldig leidenden, gewaltlosen Opfers der Südstaatensherrifs, sondern das eines trotzigen jungen Rowdys, der ›Black Power‹ schreit und Molotowcocktails in einem städtischen Slum wirft«.[52] Ersetzen wir die gewalttätige politische Bedrohung durch eine ebenso gewalttätige, aber nihilistische kriminelle Bedrohung auf den Straßen, und wir erhalten eine erste Annäherung an die »Unterklasse«. Von da an waren die »Krise der Stadt« und die »Negro Question« untrennbar miteinander verwoben.

Das Auftauchen der Black-Power-Aktivistinnen in den Städten des Landes löste einen regelrechten rassistischen Terror aus. Mit ihrer militanten Rhetorik des schwarzen Separatismus, ihrer lautstarken Feindseligkeit gegenüber »Weißen« und »Schweinen«, ihren Beschwörungen der marxistischen Revolution und der kolonialen Unterdrückung sowie ihren Aufrufen zum bewaffneten Kampf »gegen Ameri-KKK-a« schienen sie die

50 Beauregard: Voices of Decline, S. 137.

51 Peter B. Levy: The Great Uprising. Race Riots in Urban America during the 1960s, New York 2018.

52 Zitiert in Thomas Byrne Edsall/Mary D. Edsall: Chain Reaction. The Impact of Race, Rights, and Taxes on American Politics, New York 1991, S. 52.

schlimmsten Befürchtungen über die Stadt als Schmelztiegel der sozialen Gewalt und der höllischen Auflösung zu bekräftigen. Für viele der Beteiligten, vor allem für junge schwarze Männer am Rand der Arbeitswelt, erzeugte die Rebellion ein lebendiges, wenn auch flüchtiges kollektives Gefühl von Handlungsfähigkeit, Rassenstolz und Einheit.[53] In den Augen der Weißen bedeutete das Ineinandergreifen von Black-Power-Slogans und Straßenunruhen eine rassiale Apokalypse; für die Regierungsbeamten bestand darin die Bedrohung durch einen gewaltsamen Umsturz, wie es sie seit dem Bürgerkrieg nicht mehr gegeben hatte.

DIE »SPIRALE ZUR STÄDTISCHEN APARTHEID«

»Wenn die Bevölkerung der Negroes als Ganzes ein noch stärkeres Gefühl des ›Eingesperrtseins‹ und der Diskriminierung entwickelt, könnten viele ihrer Mitglieder nicht nur Riots, sondern auch die Rebellion unterstützen, die jetzt nur von einigen wenigen gepredigt wird. Wenn es zu massiver Gewalt käme, könnten weiße Vergeltungsmaßnahmen folgen. Diese Spirale könnte durchaus zu einer Art städtischer *Apartheid* führen, mit halbem Kriegsrecht in vielen Großstädten, erzwungenem Aufenthalt von Negroes in segregierten Gebieten und einer drastischen Einschränkung der persönlichen Freiheiten für alle Amerikaner, insbesondere für Negroes.« *(The Kerner Report. The 1968 Report of the National Advisory Commission on Civil Disorders, 1989 [1968])*

Paradoxerweise fixierte sich Amerikas Besessenheit von der städtischen Pathologie auf das schwarze »Getto« genau zu dem Zeitpunkt, als dieses unter dem Druck der Deindustrialisierung, des demografischen Wandels und des schwarzen Protests *implodierte* – sodass der Begriff selbst zur abwertenden Bezeichnung eines städtischen Gebiets des sozialen Zerfalls wurde, was im Widerspruch zu seiner *doppelten* historischen Realität als Instrument der ethnorassialen Abschließung durch die Weißen und als *Vektor des sozialen Zusammenhalts und Aufstiegs der Afroamerikaner* während eines halben Jahrhunderts stand.[54] Als sich die Riots ausbreiteten, verängstigten sie nicht nur die Weißen in und außerhalb der Stadt, sondern auch die afroamerikanische Bourgeoisie, die sich für einen friedlichen und allmählichen Wandel mit institutionellen Mitteln einsetzte, und damit führten sie zu einem sozialen Riss zwischen der schwarzen Mittelschicht und der schwarzen Arbeiterklasse, der sich in den folgenden Jahrzehnten noch vergrößern sollte.[55] Angesichts der brennenden

53 Thomas J. Sugrue: Sweet Land of Liberty. The Forgotten Struggle for Civil Rights in the North, New York 2008, S. 334–351; William L. Van Deburg: New Day in Babylon. The Black Power Movement and American Culture, 1965–1975, Chicago (IL) 1992.

54 Wacquant: A Janus-Faced Institution, S. 10–12.

55 Eldridge Cleaver: Seele auf Eis. Aus dem amerikanischen Englisch übersetzt von Céline Bastian und Heiner Bastian, München 1969 [1968]; Robert M. Fogelson: White on Black: A Critique of

Gebäude, der ausufernden Plünderungen, der Berichte über Scharfschützen, der ständigen Zusammenstöße auf den Straßen und der Panzer, die durch die Straßen patrouillierten, ist es kein Wunder, dass die Metropole als akut »krank«, geradezu »sündhaft« und, um es auf den Punkt zu bringen, wieder einmal »in der Krise« diagnostiziert wurde.[56] Ahnungsvolle Beschwörungen von »Dschungel«, »Wildnis«, »Gesetzlosigkeit«, »psychischer Entkräftung« und »Verderbtheit« kehrten mit aller Macht zurück und bevölkerten die öffentliche Diskussion über das Schicksal der Stadt, während das Land vor der Aussicht auf einen umfassenden »Rassenkrieg« in den Straßen seiner großen Ballungszentren erschauderte.

Als die tief verwurzelte Angst vor der Metropole in verachtungsvolle Feindseligkeit, stille Wut und einen lautstarken Antagonismus gegenüber den zuchtlosen Schwarzen umschlug, wich die staatliche Politik der »wohlwollenden Vernachlässigung« von »Rasse« und städtischer Ungleichheit einer umfassenden Kampagne der Disziplinierung durch *Workfare*, strafende Eindämmung und brutale Kriminalisierung, die auf die Bewohnerinnen des (Hyper-)Gettos zielte.[57]

Das kollektive weiße Trauma der explodierenden Stadt aus den 1960er-Jahren wurde durch die Riots in Los Angeles 1992 reaktiviert, die nach dem Freispruch der Polizisten ausbrachen, die den Autofahrer Rodney King brutal verprügelt hatten.[58] Zu diesem Zeitpunkt war »urbane Krise« zu einem höflichen wissenschaftlichen und politischen Synonym für die brisante, aber unentwirrbare Überschneidung von Kastensegregation, afroamerikanischer Marginalität und Straßengewalt geworden. Das Wort drückte die wachsende »Angst vor einem schwarzen Planeten« aus – um den Titel des 1990 erschienenen Albums der Rap-Gruppe *Public Enemy* aus Compton zu zitieren –, die im Herzen der verfallenden Metropole schlummerte, ein passender Fin-de-Siècle-Avatar der langen amerikanischen Tradition des Antiurbanismus.[59] *Als kollektives Gefühl katapultierte diese Angst die »Unterklasse«* aus dem Schatten der »Rassenunruhen« in den Vordergrund der akademischen und öffentlichen Debatte.

the McCone Commission Report on the Los Angeles Riots, in: Political Science Quarterly, Vol. 82 (1967), Nr. 3, S. 337–367, hier S. 363–364. Vgl. die Verurteilung der »separatistischen Scharade« als »eine Kopie der weißen Vorherrschaft« und eine »Lorelei des schwarzen Rassismus« von Kenneth B. Clark: The Black Plight, Race or Class?, in: New York Times Magazine, 5.10.1980.

56 Beauregard: Voices of Decline, S. 185–216. In den 1960er- und 1970er-Jahren erschien eine Flut von wissenschaftlichen und journalistischen Büchern mit dem Wort »Urban Crisis« (Krise der Stadt) im Titel.

57 Lillian B. Rubin: Quiet Rage. Bernie Goetz in a Time of Madness, Berkeley (CA) 1986; Katz: In the Shadow of the Poorhouse, Kap. 11; Michael Tonry: Malign Neglect. Race, Crime and Punishment in America, New York 1995; Loïc Wacquant: Bestrafen der Armen. Zur neoliberalen Regierung der sozialen Unsicherheit. 2., durchgesehene Aufl. Aus dem Französischen von Hella Beister, Opladen/Berlin/Toronto 2013 [2004], Kap. 2, 3 und 7.

58 Robert Gooding-Williams (Hrsg.): Reading Rodney King, Reading Urban Uprising, New York 2013.

59 Eine Analyse der Art und Weise, wie Rapper die Bilder des Antiurbanismus als Anti-Blackness sowohl spielerisch verwenden als auch verstärken, bietet Tricia Rose: Black Noise. Rap Music and Black Culture in Contemporary America, Middletown (CT) 1994, Kap. 4.

Teil 1 —— Das Märchen von der »Unterklasse«

»Nichts wird so fest geglaubt wie das, was wir am wenigsten wissen.«
Michel de Montaigne: Essais, 1580

»Die Tendenz war schon immer stark, zu glauben, dass alles, was einen Namen erhielt, eine Entität oder ein Wesen sein müsste, das eine unabhängige Existenz hat. Und wenn keine wirkliche Entität gefunden werden konnte, die dem Namen entsprach, nahmen die Menschen deshalb nicht an, dass es keine gab, sondern stellten sich vor, dass es sich um etwas besonders Abstruses und Geheimnisvolles handeln müsse.«
John Stuart Mill: Analysis of the Phenomena of the Human Mind, 1829

Einstieg

Ende der 1970er-Jahre fiel ein neues soziales »Tier« über die urbanen Landschaften der USA her, das bald Angst und Abscheu in der Bürgerschaft verbreitete und auch bei den Behörden zu großer Besorgnis führte. Seine Entdeckung löste einen regelrechten Medien-Tsunami aus: Große nationale Zeitungen brachten reißerische Artikel, wütende Leitartikel und alarmierende Berichte über die schädlichen und räuberischen Verhaltensweisen, die ihm nachgesagt wurden. Politiker aller Couleur beeilten sich, seine unheilvolle Präsenz im Herzen der Metropole anzuprangern, in denen sie mal das Symptom, mal die Ursache für den Niedergang der heruntergekommenen Stadtviertel erkannten, die die Großstädte der Nation verunstalteten. Sozialwissenschaftler und Politikexperten wurden einberufen, um die geografische Lage des Phänomens zu ermitteln, seinen sozialen Lebensraum zu spezifizieren, seine Schichten aufzuzählen und seine Sitten zu erläutern, damit umgehend Mittel zur Eindämmung seiner bösartigen Ausbreitung gefunden werden konnten. Legislative Anhörungen wurden abgehalten, akademische Konferenzen organisiert und in rasantem Tempo erschienen wissenschaftliche und populäre Berichte.[1]

Dieses »Tier« ist die urbane »Unterklasse«, ein Begriff mit schwammigen Konturen und infernalischen Konnotationen (siehe Kasten »Ein nebulöser Begriff« auf S. 37), der am besten in Anführungszeichen gehal-

1 Es würde ein ganzes Heft erfordern, um alle Printartikel, Fernsehberichte und akademischen Veröffentlichungen aufzulisten, die sich in den beiden hier behandelten Jahrzehnten (1977–1997) mit der »Unterklasse« befassten. Ein kurzer Rundgang, um der Leserschaft eine Vorstellung von der Intensität und Vielfalt der Besorgnisse zu vermitteln, die unter diesem Oberbegriff im Journalismus behandelt wurden, umfasst Ken Auletta: The Underclass, New York 1982 (2. überarb. Auflage 1999); Chicago Tribune: The American Millstone. An Examination of the Nation's Permanent Underclass, Chicago (IL) 1986; Myron Magnet: The Dream and the Nightmare. The Sixties, Legacy to the Underclass, New York 1993; und Peter Davis: If You Came This Way. A Journey Through the Lives of the Underclass, New York 1995. Eine Auswahl von wissenschaftlichen Ansichten ist Christopher Jencks/Paul E. Peterson (Hrsg.): The Urban Underclass, Washington (DC) 1991; William Julius Wilson (Hrsg.): The Ghetto Underclass. Social Science Perspectives, Newbury Park (CA) 1993; Michael B. Katz (Hrsg.): The »Underclass« Debate. Views from History, Princeton (NJ) 1993; und William A. Kelso: Poverty and the Underclass. Changing Perceptions of the Poor in America, New York 1994. Die verschlungene Überschneidung von wissenschaftlichen, journalistischen und politischen Sichtweisen wird in lebendiger Weise dargestellt in: Joint Economic Committee: The Underclass, Hearing Before the Joint Economic Committee of the 101st Congress of the United States, 25 May 1989, Washington (DC) 1989, auf das ich in Kapitel 2 genauer eingehe.

ten wird, da er sich auf eine soziosymbolische Konstellation bezieht, die für die Vereinigten Staaten in den zwei Jahrzehnten nach den New Yorker Blackout-Riots vom Juli 1977 charakteristisch ist. Diese Riots veranlassten das *Time Magazine* dazu, seine Titelseite dieser furchterregenden »Minderheit innerhalb einer Minderheit« zu widmen (siehe Abb. 1). Wie wir sehen werden, gibt es in der amerikanischen Geschichte aufgrund des *dreifachen Stigmas von Klasse, Kaste und Ort*, mit dem sie behaftet ist, keinen wirklichen Vorläufer, und auch in den westeuropäischen Ländern existiert aufgrund der großen Unterschiede in der Art und Weise, wie diese beiden Kontinente städtische Marginalität begreifen und politisch behandeln, kein Pendant dazu.[2]

Abb. 1: Titelseite des Time Magazine nach dem »Harlem blackout riot« vom August 1977

2 Alberto Alesina/Edward L. Glaeser: Fighting Poverty in the US and Europe. A World of Difference, New York 2004, und Jonas Pontusson: Inequality and Prosperity. Social Europe vs. Liberal America, Ithaca (NY) 2005.

Denn die »Unterklasse« ist weder das »Subproletariat« der marxistischen Theorie (ein irreführender Begriff in dieser Hinsicht, weil das Subproletariat keine Klasse ist), noch die »vierte Welt« der vom reformistischen Katholizismus inspirierten Armutssoziologie (sie ist eher Gegenstand von Verachtung und Terror als von Mitgefühl), noch die »neuen Armen« oder »Ausgeschlossenen«, die in den zeitgenössischen europäischen Debatten über städtische Ungleichheit eine wichtige Rolle spielen (der erste Begriff war Anfang der 1960er-Jahre für kurze Zeit in Mode, der zweite kommt im amerikanischen Vokabular zu diesem Thema kaum vor).[3] Es handelt sich um ein diffuses und buntes Aggregat – »ein Mischmasch sozialer Außenseiter«, wie die Soziologin Carole Marks nach einer breit angelegten Untersuchung vorliegender wissenschaftlicher Studien zu diesem Thema feststellt[4] –, das sich aus grundlegend inkongruenten Kategorien zusammensetzt, die nur deshalb in einen Topf geworfen werden, weil sie als eine gleichermaßen physische, moralische wie fiskalische *Bedrohung* für die Integrität der städtischen Gesellschaft *wahrgenommen* werden.

EIN NEBULÖSER BEGRIFF MIT »BÖSARTIGEN« ASSOZIATIONEN

»Der Begriff ist wirkmächtig, weil er die Aufmerksamkeit auf die Verbindung zwischen den Charakteren der Individuen und den unpersönlichen Kräften der größeren sozialen und politischen Ordnung lenkt. ›Klasse‹ ist die uninteressanteste Hälfte des Wortes. Obwohl es eine Beziehung zwischen einer sozialen Gruppe und einer anderen impliziert, bleiben die Umstände dieser Beziehung undefiniert, bis es mit dem bekannten Wort ›unter‹ kombiniert wird. Diese Umwandlung einer Präposition in ein Adjektiv hat nichts von der Robustheit von ›Arbeiter‹(klasse), der Banalität von ›Mittel‹(klasse) oder der Abgehobenheit von ›Ober‹(klasse). Stattdessen verweist ›unter‹ auf das Niedrige, Passive und Unterwürfige, gleichzeitig aber auch das Anrüchige, Gefährliche, Störende, Dunkle, Böse und sogar Höllische. Abgesehen von diesen persönlichen Attributen suggeriert es Unterwerfung, Unterordnung und Entbehrung. All diese Bedeutungen werden vielleicht am besten in Richard Wagners *Der Ring des Nibelungen* zusammengeführt. Wotan begibt sich unter die Erde, um dem bösartigen

3 Zum »Subproletariat« siehe Pierre Bourdieu: Die zwei Gesichter der Arbeit. Interdependenzen von Zeit- und Wirtschaftsstrukturen am Beispiel einer Ethnologie der algerischen Übergangsgesellschaft. Aus dem Französischen übersetzt und mit einem Nachwort von Franz Schultheis, Konstanz 2000 [1977]; der Begriff der »vierten Welt« ist entwickelt worden von Jean Labbens: Le Quart-monde. La condition sous-prolétarienne, Paris 1969, und ders.: Sociologie de la pauvreté. Le tiers-monde et le quart-monde, Paris 1978. Die gleichzeitig zunehmende Popularität von »Exklusion« in Europa wird dokumentiert bei Graham Room (Hrsg.): Beyond the Threshold. The Measurement and Analysis of Social Exclusion, Bristol 1995, und Serge Paugam (Hrsg.): L'Exclusion. L'état des savoirs, Paris 1996.

4 Carole Marks: The Urban Underclass, in: Annual Review of Sociology, Vol. 17 (1991), S. 445–466.

Alberich den Ring zu entreißen, der ihn zur Versklavung einer niederträchtigen und entwürdigten Untermenschenbevölkerung benutzt hatte.«
Paul Peterson: Henry Shattuck, Professor of Government an der Harvard University und Vorsitzender des Committee for Research on the Urban Underclass beim Social Science Research Council, berichtet anerkennend über die Ergebnisse einer großen Konferenz zu diesem Thema, in: Christopher Jencks/Paul E. Peterson (Hrsg.): The Urban Underclass, Washington (DC) 1991, S. 3.

1 —— Zwischen Begriff und Mythos: Genealogie einer schillernden Kategorie

Die »Unterklasse«, die abwechselnd als »wilde Subkultur«, »Brutstätte der Devianz« und »Gewirr von Pathologien« oder als »Seuche der Unordnung« und »abgesonderte Nation« auf dem Sprung zur Bildung von »permanenten Enklaven der Armut und der Gewalt« beschrieben wird (alles Ausdrücke, die querbeet in Texten von Journalisten und in führenden wissenschaftlichen Publikationen zu finden sind), umfasst nicht alle Armen, nicht einmal die Marginalisiertesten von jenen, die an den Rändern der Stadt hausen. In Anlehnung an die viktorianische Unterscheidung zwischen den tugendhaften und den lasterhaften Armen, die aus dem 19. Jahrhundert übernommen wurde,[1] sollten mit »Unterklasse« die *»unwürdigen« (undeserving) und bedrohlichen schwarzen Armen aus den verfallenen Überresten des historischen Bronzeville* bezeichnet werden. Aufgrund ihres »antisozialen« Verhaltens, ihres »dysfunktionalen« Lebensstils und ihrer »abweichenden« Werte waren die im Hypergetto gefangenen mittellosen Afroamerikaner sowohl für ihr eigenes erbärmliches Schicksal als auch für den Niedergang der Metropole verantwortlich. Dies belastete sie mit einer ganzen Reihe von »sozialen Verwerfungen«, die zu ihrem Wesen zu gehören scheinen: dauerhafte Arbeitslosigkeit und langfristige Abhängigkeit von öffentlicher Hilfe, Auflösung von Ehen und sexuelle Anomie, Bildungsversagen und kulturelle Abweichung, Drogenhandel und -konsum, Straßenkriminalität und Gewaltverbrechen, gekrönt von wiederholter Inhaftierung.

Gefährlichkeit und *Unmoral* in der Stadt sowie die Zugehörigkeit zu einer *stigmatisierten ethnorassialen Kategorie* (Afroamerikanerinnen und, für einige Autoren, Puertoricanerinnen) sind die charakteristischen Merkmale, die die autoritative (ja autoritäre) Zuweisung zu dieser »Gruppe« der Armen motivieren, deren Entstehung den anhaltenden Verfall der »Gettos« der amerikanischen Metropolen erkläre. Wir werden jedoch sehen, dass dieses Kollektiv *als solches nur auf dem Papier*

1 Robert Castel: La ›guerre à la pauvreté‹ et le statut de l'indigence dans une société d'abondance, in: Actes de la recherche en sciences socials, Vol. 19 (1978), S. 47–60; Michael B. Katz: In the Shadow of the Poorhouse. A Social History of Welfare in America, New York 1996; und Stephen Pimpare: The New Victorians. Poverty, Politics, and Propaganda in Two Gilded Ages, New York 2004.

oder in den Köpfen derjenigen existiert, die mit ihm eine Bevölkerung ins Rampenlicht rücken wollen, die gegen ihre Vorstellung von soziosymbolischem Anstand verstößt.

Als statistisches Artefakt, das aus der willkürlichen Vermengung von Bevölkerungsteilen entsteht, die durch völlig verschiedene soziale Verhältnisse und Mechanismen definiert werden – Ethnizität, Arbeitsmarkt, Familie, Geografie und staatliche Maßnahmen im sozialen und strafrechtlichen Bereich –, ist »Unterklasse« ein *schreckenerregender Ort* im symbolischen, sozialen und physischen Raum, eine geschmähte und gemiedene Entität, die aus der Ferne (und von oben) wahrgenommen wird und auf die jeder seine Rassen- und Klassenfantasien projizieren kann.2 »Unterklasse« ist keine soziologische Kategorie, die der Wissensproduktion dient, sondern *ein soziales Kategorem* (aus dem Griechischen *katēgoreisthai*): ein Instrument der »öffentlichen Beschuldigung«.[3] »Unterklasse« gerät also in die Soziologie der städtischen Marginalität nicht als analytisches *Werkzeug*, sondern als ein *Objekt* der Untersuchung: eine kollektive Überzeugung (oder rhetorische Schimäre), die es aufzuklären gilt, eine verworrene, aber folgenreiche Klassifizierung, die die städtische Realität beeinflusst, indem sie ihre kollektive Repräsentation verdreht, eine Trope der Beschuldigung, die mehr über diejenigen verrät, die sie anwenden, als über die, die sie vorgeblich bezeichnet.

Woher kommt diese trübe Vorstellung von »Unterklasse«, wie ist der von diesem Begriff beschriebene semantische Raum gestaltet und was sind die Gründe für seinen plötzlichen, wenn auch kurzlebigen Erfolg an der Spitze der Stadt- und Politikforschung? Und welche Lehren lassen sich aus der seltsamen Karriere dieses Begriffs für die Soziologie von Kaste und Klasse in der polarisierenden Metropole ziehen? Eine kurze Genealogie führt uns von der Welt der Wissenschaft über die Philanthropie und die politischen Institute bis hin zum Journalismus und dem bürokratischen Staat und zurück zu den Thinktanks und der Universität, wobei jede Gruppe von Protagonisten einen symbolischen Gewinn aus der Bestätigung der Kategorie durch die anderen zieht, sodass die Fiktion *der »Unterklasse« an Glaubwürdigkeit gewinnt, indem sie über die Grenzen des akademischen, politisch-philanthropischen und journalistischen Bereichs hinweg zirkuliert.*[4]

2 Ich verwende hier bewusst die männliche Form: Fast alle führenden Autoren zur »Unterklasse« sind Männer, die aus einer männlichen Perspektive schreiben und beispielsweise davon ausgehen, dass der patriarchalische Kernhaushalt die normale Form der Familie ist.

3 Pierre Bourdieu: Sociologie générale. Cours du Collège de France 1981–1983. Bd. 1, Paris 2015, S. 35–36. »Der Richter ist jemand, der klassifiziert und der sagt: ›Sie werden zu so und so vielen Jahren verurteilt‹, ›Sie werden degradiert‹ usw., und seine Klassifizierung hat Gesetzeskraft. Jemand, der von einem öffentlichen Ankläger eingestuft wird, der von der gesamten Gruppe beauftragt wird und der sein Urteil vor der gesamten Gruppe im Namen der Gruppe verkündet, hat kein Recht zu argumentieren. Er ist objektiv stigmatisiert.«

4 Zum triadischen Austausch zwischen diesen drei Räumen der symbolischen Produktion und ihrem Beitrag zur Herstellung »sozialer Probleme« siehe Pierre Bourdieu: Politik, Sozialwis-

Ausgehend von den wissenschaftlichen und öffentlichen Debatten der 1960er-Jahre, die zu dem von Präsident Johnson proklamierten »Krieg gegen die Armut« führten, wurde der Begriff 1963 von dem schwedischen Wirtschaftswissenschaftler Gunnar Myrdal in einem Buch geprägt, in dem er Amerika auf die unheilvolle Entstehung einer Schicht der Arbeiterklasse aufmerksam machte, die durch die Postindustrialisierung dauerhaft an den Rand gedrängt werde.[5] Myrdal verwendete den Begriff, um eine neue Position auf dem Arbeitsmarkt und in der Klassenstruktur zu bezeichnen. »Unterklasse« konnte sich jedoch in Universitäts-, Medien- und Regierungskreisen nicht durchsetzen, weil damals zwei konkurrierende Begriffe die öffentliche Meinung beherrschten: das »Gewirr von Pathologien« von Daniel Patrick Moynihan und die »Kultur der Armut« von Oscar Lewis. Unter Anwendung von Kosellecks Empfehlungen für Begriffsgeschichte sollten wir diese drei Begriffe in ihren Wechselbeziehungen als Teil eines einzigen »historischen Arrangements« mentaler Konstrukte verstehen, das in den politischen Turbulenzen Mitte der 1960er-Jahre entstand. Und im Sinne von Bourdieus Theorie der Klassifikationskämpfe müssen wir uns auf den Wettbewerb um die Etablierung des einen oder anderen Etiketts als der richtigen Diagnose für die Übel des kollabierenden Gettos konzentrieren.

Der brisante Ausdruck »Gewirr von Pathologien« *(tangle of pathology)* stammt nicht von Moynihan; er wurde von dem renommierten schwarzen Psychologen Kenneth B. Clark in einem Bericht an Harlem Youth Opportunities Unlimited, einem kommunalen Aktionsprogramm, geprägt, der als Grundlage für sein Buch »Dark Ghetto. Dilemmas of Social Power« (dt. Schwarzes Getto) diente, das 1965 inmitten der »Rassenunruhen«, die das Land von Küste zu Küste erschütterten, unter großem Beifall veröffentlicht wurde. In diesem Buch schreibt Clark düster:

> »Das Schwarze Getto ist institutionalisierte Pathologie, es ist chronisch, sich selbst verewigende Pathologie; es ist ein vergeblicher Versuch derjenigen, die die Macht haben, diese Pathologie zu isolieren, um die Verbreitung ihres Bazillus auf die ›größere Gemeinschaft‹ zu verhindern. [...] Die Krankhaftigkeit des Gettos hat nicht nur die Eigenschaft, sich selbst zu verewigen, sondern die eine Art von Krankheit bringt die andere hervor.«[6]

senschaften und Journalismus [1996]. Übersetzt von Eva Kessler, in: ders.: Politik. Schriften zur Politischen Ökonomie 2. Herausgegeben von Franz Schultheis und Stephan Egger, Konstanz 2010, S. 265–290.

5 Gunnar Myrdal: Challenge to Affluence, New York 1963. Auf den Gehalt von Myrdals Argumentation sowie auf konkurrierende Begriffe von »Unterklasse« gehe ich im nächsten Kapitel ein. Hier zeichne ich nur die wichtigsten Etappen seines Werdegangs nach.

6 Kenneth B. Clark: Schwarzes Getto. Übertragung aus dem Amerikanischen, Düsseldorf/Wien 1967 (Originaltitel: Dark Ghetto. Dilemmas of Social Power. Vorwort von Gunnar Myrdal, New York/Evanston/London 1965), S. 113.

In Bezug auf die delinquenten Jugendlichen, die im Mittelpunkt seiner Untersuchung stehen, spricht Clark auch von einem »Gewirr antisozialer Haltungen« und einem Leben, »das von Apathie und Verzweiflung charakterisiert ist«, und er greift wiederholt auf die biologischen Begriffe Krankheit und Epidemie zurück, um die sozialen Bedingungen zu beschreiben.[7] Wie wir im nächsten Kapitel sehen werden, war seine Aufzählung der Leiden des Gettos – »geringe Ambitionen, mangelhafte Erziehung, Instabillität der Familie, Unehelichkeit, Arbeitslosigkeit, Kriminalität, Rauschgiftsucht und Alkoholismus, häufige Krankheit und geringe Lebenserwartung« – in der Tat eine vorausahnende Antizipation des Märchens von der »Unterklasse«.[8]

Daniel Patrick Moynihan, der damals als stellvertretender Arbeitsminister die Johnson-Regierung beriet, griff das Schlagwort »Gewirr von Pathologien« auf und nutzte es für einen Bericht des Weißen Hauses mit dem Titel »The Negro Family: The Case for National Action«.[9] Noch bevor der Bericht veröffentlicht werden konnte, entfachte der 76-seitige Text, der voller Statistiken und vorsichtiger Formulierungen war, die die Klassenspaltung unter den Afroamerikanerinnen betonten, einen politischen und wissenschaftlichen Feuersturm.[10] Seine zentrale These lautete, dass der Zerfall der schwarzen Familie – die als Folge von Sklaverei und Jim Crow die Form eines erzwungenen Matriarchats annehme – die schwarze Gemeinschaft von innen heraus untergrabe. Dadurch seien auch die von dem gerade verabschiedeten Bürgerrechtsgesetz, das die Rechtsgrundlage für Segregation und Diskriminierung beendete, erhofften Fortschritte bei der Gleichstellung gefährdet.[11] Moynihan skizzierte ein düsteres Profil der »Negro family«, gemessen an der Auflösung von Ehen in der Stadt (23 Prozent gegenüber acht Prozent bei den Weißen), dem Anstieg unehelicher Geburten (achtmal so hoch wie bei den Weißen), der Zunahme des Anteils von Ein-Eltern-Familien (25 gegenüber sieben Prozent bei den Weißen) und »einer erschreckenden Zunahme der Abhängigkeit von Sozialhilfe«.[12] Im patriarchalischen Kontext der amerikanischen Gesellschaft war eine Familie, in deren Mittelpunkt die Frau

7 Ebd., S. 120.

8 Ebd., S. 43 (Übersetzung angepasst).

9 Daniel Patrick Moynihan: The Negro Family. The Case for National Action. Office of Policy Planning and Research, US Department of Labor, Washington (DC) 1965, unter: https://www.dol.gov/general/aboutdol/history/webid-moynihan. Moynihan, der einen Abschluss in Soziologie und Diplomatie und einen Doktortitel in Geschichte erworben und zuvor an der Syracuse University gelehrt hatte, sollte später als Berater für Präsident Nixon, Botschafter, Harvard-Professor und Senator tätig sein. Zu dieser Zeit war er bereits als Co-Autor des umstrittenen Buches »Beyond the Melting Pot. The Negroes, Puerto Ricans, Jews, Italians and Irish of New York City, Cambridge (MA) 1963« bekannt, das er zusammen mit Nathan Glazer verfasst hatte und in dem er die These vertrat, dass es dem städtischen Schmelztiegel nicht gelungen sei, die Ethnizität aufzulösen.

10 Lee Rainwater/William L. Yancey (Hrsg.): The Moynihan Report and the Politics of Controversy, New Brunswick (NJ) 1967.

11 Moynihan: The Negro Family, Vorbemerkung, unpaginiert.

12 Ebd., S. 10–17.

stand, dysfunktional. Zusammen mit dem »rassistischen Virus im amerikanischen Blutkreislauf« führe sie zur Ausgrenzung schwarzer Männer, zur Desorientierung schwarzer Jugendlicher und zu Schulversagen. Wenn die Bundesregierung nicht einen Frontalangriff starte, um die patriarchalische Familie unter den Schwarzen zu etablieren, werde sich das Matriarchat reproduzieren und die schwarze Unterschicht in die völlige soziale Verwüstung stürzen: »Ohne Unterstützung von der weißen Welt kann sich das gegenwärtige Gewirr von Pathologien weiter reproduzieren.«[13]

Obwohl er nie veröffentlicht wurde, löste der Moynihan-Report eine wütende politische und intellektuelle Gegenreaktion aus. Kritische Stellungnahmen betonten, er mache die »desorganisierte Familie«, an deren Spitze die alleinerziehende Mutter mit ihren unehelichen Kindern steht, »zur Hauptquelle der meisten abnormen, unangemessenen oder antisozialen Verhaltensweisen«, die zur Verewigung der Marginalität schwarzer Menschen in den städtischen Zentren führen würden,[14] und damit letztlich die armen schwarzen Männer zu Opfern der armen schwarzen Frauen machten. Nicht weniger problematisch sei die vorgeschlagene Abhilfe, die darin bestand, das Patriarchat unter den Afroamerikanern zu etablieren, damit die schwarzen Männer ihre scheinbar natürliche Rolle als Ernährer und Disziplinierer erfüllen konnten. Über Nacht hatte diese heftige Kontroverse die öffentliche und akademische Debatte über »Rasse« und städtische Armut in Amerika verändert – und damit auf wirksame Weise für mehr als zwei Jahrzehnte eine nachhaltige empirische Forschung über das Hypergetto verhindert.[15]

Ungeachtet der Vorbehalte gegen und des Lobs für den Bericht hatte seine Sprache der Pathologie den Effekt, dass der Fokus der Politik von den wirtschaftlichen und politischen Ursachen der sich verschlechternden Lage des schwarzen Prekariats abgelenkt wurde – die durch die Rassialisierung verzerrte Funktionsweise des Arbeits- und Wohnungsmarktes wurde beispielsweise nicht als pathologisch bezeichnet. So konnte Moynihan den Unterschied zwischen empirischer Beobachtung und moralischem Urteil verwischen und die Kernfamilie der weißen Mittelschicht zur absoluten Norm erheben, an der die afroamerikanische Familie im Hypergetto zu messen und in deren Sinne sie neu zu gestalten sei. In dieser Vorwegnahme des Diskurses über die »Unterklasse« lag das asymmetrische Gegenstück zur desorganisierten schwarzen Unterschicht in der Innenstadt offen zutage.

Die Kontroverse um den Moynihan-Bericht etablierte »Gewirr von Pathologien« als Schlüsselwort in der vorherrschenden Herangehens-

13 Ebd., S. 47.

14 Ebd., S. 30.

15 James T. Patterson: Freedom Is Not Enough. The Moynihan Report and America's Struggle over Black Family Life – From LBJ to Obama, New York 2010.

weise an die rassialisierte Armut in der postindustriellen Metropole. Tatsächlich tauchte der Ausdruck zwei Jahrzehnte später in dem Buch »The Truly Disadvantaged« (Die wirklich Benachteiligten) des schwarzen Soziologen William Julius Wilson wieder auf.[16] In Anlehnung an die Analysten der 1960er-Jahre vertrat Wilson die Ansicht, dass es notwendig sei, »die sozialen Pathologien der Innenstadt offen zu diskutieren« – darunter Gewaltverbrechen, »Familienauflösung und Sozialhilfeabhängigkeit« –, um die Aufmerksamkeit der politischen Entscheidungsträger zu gewinnen und auf öffentliche Interventionen zu drängen, mit denen der sich reproduzierende Verfall des schwarzen Prekariats aufgehalten werden könnte. Der Chicagoer Soziologe führte den schwindenden Einfluss der liberalen Perspektive in der öffentlichen Debatte über »Rasse« und städtische Armut auf die Abneigung progressiver Wissenschaftler zurück, »jegliches Verhalten zu beschreiben, das als wenig schmeichelhaft oder stigmatisierend für Gettobewohner aufgefasst werden könnte«, und auf ihre Weigerung, den Begriff »Unterklasse« zu verwenden, obwohl dieser benötigt werde, um »eine Realität zu erfassen, die mit der Standardbezeichnung ›untere Klasse‹ nicht erfasst wird«.[17]

Der Sturm um das »Gewirr von Pathologien« tobte noch, als ein anderer Begriff auftauchte, der die intellektuelle Szene an der Schnittstelle zwischen Wissenschaft und Politik besetzte und verhinderte, dass sich »Unterklasse« durchsetzte: die »Kultur der Armut«. Der Anthropologe Oscar Lewis entwickelte diesen Begriff, um zu erklären, was er als die sich selbst erhaltende Dynamik des Elends in den westlichen Nationen ansah. Auf der Grundlage einer Feldstudie über das Alltagsleben von fünf Familien in einem mexikanischen Dorf und einer Team-Ethnografie puertoricanischer Familien in San Juan und New York City behauptete Lewis, dass die Armen in kapitalistischen Gesellschaften eine eigene »Subkultur« oder einen eigenen Lebensstil entwickeln, um »mit den Gefühlen der Hoffnungslosigkeit und Verzweiflung« fertig zu werden, die sich aus der »Unwahrscheinlichkeit ihres Erfolgs« gemäß den vorherrschenden Werten ergeben.[18] Diese Subkultur, die »als Anpassung und Reaktion auf ihre marginale Position in einer klassengeschichteten, hochgradig individualisierten, kapitalistischen Gesellschaft« entstanden sei, neige dazu, die Armen über Generationen hinweg in der Marginalität zu halten, da sie an ihre Kinder weitergegeben werde, auch wenn sie »den gepriesenen Idealen der Gesamtgesellschaft zuwiderläuft«.

16 William Julius Wilson: The Truly Disadvantaged. The Inner City, the Underclass, and Public Policy, Chicago 1987, S. 21–29.

17 Ebd., S. viii, 8 und 6.

18 Oscar Lewis: The Culture of Poverty, in: Scientific American, Vol. 215 (1966), Nr. 4, S. 19–25, hier S. 19 und 21; ders.: La Vida. Eine puertoricanische Familie in der Kultur der Armut. San Juan & New York. Übertragung aus dem Amerikanischen: Mieke Lang, Düsseldorf/Wien 1971 [1966].

Lewis zählte etwa 70 für diesen »Lebensentwurf« der Armen charakteristische Merkmale auf, die zur »unerbittlichen Reproduktion und eisernen Verankerung ihrer Lebensweise« beitragen. Unter diesen Merkmalen schienen »der niedrige Organisationsgrad«, »die Abkopplung von der Gesamtgesellschaft« und »die Feindseligkeit gegenüber ihren grundlegenden Institutionen«, einschließlich der Polizei, gut zu den armen Schwarzen zu passen, die damals in den amerikanischen Städten von Küste zu Küste randalierten.[19] Aber die These, Letztere würden einem bestimmten Lebensentwurf gehorchen, der ihre Enteignung perpetuiere, schien die sie unterdrückenden materiellen Kräfte zu ignorieren und die Bewohnerinnen des (Hyper-)Gettos für ihr eigenes erbärmliches Schicksal selbst verantwortlich zu machen. In einer scharfen Kritik am Moynihan-Report und ähnlichen Patentlösungen aus der Mittelschicht, deren Anwendung die Realitäten von Kaste und Klasse verleugnete, sollte diese These von dem Psychologen William Ryan später als »Blaming the Victim« (dem Opfer die Schuld geben) bezeichnet werden.[20]

Infolgedessen wurde die »Kultur der Armut« zum Epizentrum einer zweiten giftigen Debatte unter Sozialforschern, in ähnlicher Weise wie die auf das »Gewirr von Pathologien« fixierte Diskussion unter politikorientierten Wissenschaftlern. Diese beiden Begriffe wirkten zusammen, um die Aufmerksamkeit auf die *internen* Eigenschaften des (Hyper-)Gettos und seine Bewohner zu lenken und das Netz der *externen* Beziehungen, das letztere mit der breiteren Struktur der Stadt, der Wirtschaft und des Staates verbindet, wirksam auszublenden. Insbesondere verschleierten diese beiden Begriffe die anhaltende Bedeutung der Kaste als aktives Prinzip der sozialen Vision und Division, die den sozialen und physischen Raum in der Metropole in zwei Hälften teilte. Myrdals »Unterklasse« fand keinen Eingang in das akademische, journalistische und politische Vokabular, weil es den beiden rivalisierenden Begriffen zuwiderlief: Das »Gewirr von Pathologien« räumte »Rasse« den Vorrang vor Klasse ein, wobei »Rasse« als substanzialistische Eigenschaft und nicht als relationales Konstrukt verstanden wurde;21 die »Kultur der Armut« stellte die Kultur über die Struktur. Die Klasse trat in beiden wissenschaftlich-politischen Auseinandersetzungen in den Hintergrund; der Staat als Erzeuger von Kriminalität geriet fast völlig aus dem Blick.

Doch die »Unterklasse« verschwand nicht, sondern tauchte in den Untergrund ab und wurde ein Jahrzehnt später von philanthropischen Stiftungen aufgegriffen. Letztere bemühten den Begriff als rhetorisches Mittel, das sich in idealer Weise dazu eignete, ihr Handeln angesichts des

19 Lewis: The Culture of Poverty, S. 23.

20 William Ryan: Blaming the Victim, New York 1971; vgl. auch Charles A. Valentine: Culture and Poverty, Chicago (IL) 1968.

21 Mustafa Emirbayer/Matthew Desmond: The Racial Order, Chicago (IL) 2015.

angeblichen Scheiterns des »Kriegs gegen die Armut« bei der Verbesserung der Bedingungen in den Innenstädten erneut zu legitimieren. Für sie stellte die »Unterklasse« eine neue Zielgruppe dar, die für die traditionellen Mittel der Armutsbekämpfung anscheinend unempfänglich war und daher eine neue Art der Beobachtung und Intervention erfordere. Zwei Jahrzehnte später vertraute ein leitender Mitarbeiter der Rockefeller Foundation, der für das Programm »Unterklasse« unter der Ägide der Abteilung für Chancengleichheit der Stiftung zuständig war, dem Soziologen Herbert Gans an, dass sich »Armut nicht mehr verkaufen« ließ, während »Unterklasse« ein »anregender« Begriff gewesen sei.[22]

Die Schlüsselrolle spielte dabei Mitchell Sviridoff, der Vizepräsident für nationale Angelegenheiten bei der Ford Foundation und später Professor für Stadtpolitik an der New School for Social Research. Bereits 1966 stellte Sviridoff einen großen Zuschuss zur Verfügung, um das Vera Institute of Justice zu gründen und zu finanzieren, das »Demonstrationsprojekte im Bereich der Strafjustiz und der Unterklasse« durchführen sollte – die erste Erwähnung dieser Kategorie in den Archiven der Stiftung.[23] Er fungierte daraufhin als der eigentliche Architekt der im Jahr 1974 gegründeten Manpower Development Research Corporation (MDRC). Die Aufgabe der MDRC bestand darin, in Zusammenarbeit mit dem US-Arbeitsministerium Beschäftigungs- und Berufsausbildungsprogramme zu entwickeln und zu evaluieren, die Wege zu einer schrittweisen Veränderung präsentieren sollten. Sviridoff war der Ansicht, »die aktivistischen Experimente« der 1960er-Jahre seien »zu weit und zu schnell« vorgegangen und die Armut könne am besten dadurch bekämpft werden, dass man armen Menschen gute »Arbeitsgewohnheiten« beibringe und ihnen den Weg zur Selbstständigkeit frei mache. Um die liberale Agenda nicht zu provozieren, sei es am besten, »eine direkte Konfrontation mit der Rassenfrage zu vermeiden«.[24] Das erste von der MDRC verwaltete Ausbildungsprogramm richtete sich an »chronisch Arbeitslose«, vor allem an Sozialhilfeempfängerinnen, kürzlich entlassene Strafgefangene und Drogenabhängige, die Sviridoff als den »Kern einer neuen ›Unterklasse‹« ansah.[25] Diese Entwicklung legte den Grundstein für das energische Eingreifen der Ford Foundation in die Forschung über die städtische »Unterklasse« ein Jahrzehnt später, nachdem Letztere über die populären Medien ihren Weg in Amerikas soziale Vorstellungswelt gefunden hatte.

22 Zitiert bei Herbert J. Gans: The War Against the Poor. The Underclass and Anti-Poverty Policy, New York 1995, S. 51.

23 Dies ist der Titel des geförderten Programms, der in den Archiven der Ford Foundation aufgeführt ist. Die biografischen Daten zu Sviridoff stammen aus dem Nachruf auf ihn in der *New York Times* vom 23.10.2000 und aus einem Stiftungsprofil.

24 Alice O'Connor: Poverty Knowledge. Social Science, Social Policy, and the Poor in Twentieth-Century US History, Princeton 2001, S. 232.

25 Ebd. Der Begriff »Unterklasse« wird im Jahresbericht der MDRC für 1977 verwendet. Es ist der Begriff, den die Organisation zur Definition ihres Ziel-»Klientel« verwendete.

Im Sommer 1977 platzte die »Unterklasse« durch einen Titel des *Time Magazine* in die Öffentlichkeit. Der dazugehörige Artikel warnte das Land vor der bedrohlichen Präsenz dieser neu entdeckten Gruppe:

> »Hinter den bröckelnden Mauern [des Gettos] lebt eine große Gruppe von Menschen, die widerspenstiger, sozial fremder und feindseliger ist, als es sich kaum jemand hätte vorstellen können. Sie sind die Unerreichbaren: die amerikanische Unterklasse [...] Ihr trostloses Umfeld nährt Werte, die oft im Widerspruch zu denen der Mehrheit stehen – sogar zu denen der Mehrheit der Armen. So produziert die Unterklasse einen unverhältnismäßig hohen Anteil an jugendlichen Straftätern, Schulabbrechern, Drogensüchtigen und Müttern, die von Sozialhilfe leben, sowie einen Großteil der Kriminalität im Erwachsenenalter, der Zerrüttung der Familien, des Verfalls der Städte und des Bedarfs an Sozialausgaben.«[26]

Der Artikel stellt fest, dass »schon der Begriff Unterklasse«, den man von dem Schweden Gunnar Myrdal übernommen habe, »schockierend für das aufstrebende und mobile Amerika« sei (irrtümlicherweise wird behauptet, der Begriff werde »im klassengeplagten Europa schon seit Langem verwendet«). Doch trotz eines starken Arbeitsmarktes und Milliarden von Dollar an öffentlichen Ausgaben zur Armutsbekämpfung »bleibt die Unterklasse ein Kern von psychologischem und materiellem Elend«, der am unteren Ende feststecke und sich dem Eingreifen der Regierung widersetze. Ein Staatssekretär des Ministeriums für Wohnungsbau und Stadtentwicklung habe sogar gewarnt, dass »die Unterklasse unsere gefährlichste Krise darstellt, gefährlicher als die Depression von 1929 und komplexer«.[27] Diese Bedrohung werde noch dringlicher durch den aufwallenden Neid, den die »Unterklasse« den erfolgreichen Schwarzen gegenüber empfinde, die das Getto verlassen haben, und durch ihren aggressiven Groll auf die wohlhabende Gesellschaft, die sie ignoriere. Dies habe sich einen Monat zuvor gezeigt, als in New York City für 25 Stunden der Strom ausfiel. In dieser Zeit legten schwarze Randalierer etwa tausend Brände in 31 Stadtvierteln und plünderten über 1600 Geschäfte, was zu 4500 Festnahmen in dieser »Nacht des Terrors«, wie das *Time Magazine* sie nannte, führte.[28] Der Aufstand der Schwarzen in New York City machte landesweit und weltweit Schlagzeilen und verkündete der Welt das Erwachen der amerikanischen »Unterklasse«.

26 George Russell: The American Underclass. Destitute and Desperate in the Land of Plenty, in: *Time Magazine*, 20.8.1977, S. 14–27, hier S. 16.

27 Ebd. S. 17.

28 *Time:* The Blackout: Night of Terror, Titelbild und Hauptartikel, 25.7. 1977.

Aufgeschreckt durch das Sichtbarwerden der Gruppe fragten Staatsbeamte von Küste zu Küste und auf allen Regierungsebenen unisono: »Wie groß ist sie? Wer gehört ihr an? Was motiviert ihre Mitglieder?« Der Artikel antwortet, indem er die demografische, soziale und psychische Zusammensetzung der »Unterklasse« durchleuchtet, geschmückt mit einem Dutzend dramatischer Fotos, die allesamt mürrische und niedergeschlagene schwarze Männer, Frauen und Kinder inmitten von physischem Chaos und sozialem Schutt zeigen.[29] Besondere Aufmerksamkeit wird den Männern zuteil, die noch nie einen Job hatten und die Straßen terrorisieren, sowie den Frauen, die mehr Sozialhilfe erhalten, als sie durch Arbeit verdienen würden: »Die Abhängigkeit von Sozialhilfe bedeutet, dass für viele Mitglieder der Unterklasse die Begriffe Einkommen und Arbeit kaum noch etwas miteinander zu tun haben«, und »die Sozialhilfe hat es vielen Frauen der Unterklasse ermöglicht, aus einer unehelichen Schwangerschaft eine virtuelle Karriere zu machen«.[30]

Da es dem Krieg gegen die Armut nicht gelungen sei, die Entstehung der »Unterklasse« zu verhindern, müsse der Weg zur Rettung in »neuen Anstrengungen der Unterklasse selbst« bestehen und aus der Privatwirtschaft kommen, zusammen mit einer Umverteilung von Sozialausgaben zur Verbesserung des öffentlichen Bildungswesens, zur Verschärfung polizeilicher Maßnahmen, zum Ausbau der Gerichte und Gefängnisse und zur Subventionierung schlecht bezahlter Arbeitsplätze. Als beispielhaftes Heilmittel lobt der Artikel ein von der Ford Foundation gesponsertes Job-Training, das sich »an Mütter im langfristigen Sozialhilfebezug, Ex-Drogenabhängige und Ex-Sträflinge« richtet und den Teilnehmern eine intensive Betreuung und strenge Arbeitsdisziplin biete. Wie auch immer die Kombination aus öffentlichen, privaten und philanthropischen Bemühungen aussehen werde, die Zähmung der »Unterklasse« werde nicht Jahre, sondern eine ganze Generation dauern.

Der Artikel hatte eine unmittelbare Auswirkung auf Politiker, die seine Behauptungen fast wortwörtlich wiederholten. So warnte Senator Edward Kennedy, der Bannerträger des progressiven Flügels der Demokratischen Partei, das Land 1978 in einer Rede vor der National Association for the Advancement of Colored People (NAACP):

29 Die Bildunterschriften lauten: »Junge, arbeitslose Schwarze spiegeln ihre Frustration und ihren Groll in der Enge eines Ghettokellers wider«; »Drei Generationen von Sozialhilfeempfängerinnen«; »Eine ältere Frau, die nirgendwo hin kann, überblickt die Abfälle ihrer innerstädtischen Umgebung von einer Mülltonne aus«; »Ein Klebstoffschnüffler lässt es sich gut gehen – Alkohol und Heroin gibt es auch«; »Ein arbeitsloser Mann blickt durch ein zerbrochenes Fenster einer der vielen verlassenen Wohnungen in den Slums von New York City«; »Waschen an einem Hydranten in der Nachbarschaft – Neid kann zu Hass führen«; »Auf einer trostlosen Innenstadtstraße in Harlem flüchten sich zwei Männer an einem Sommernachmittag in Whiskey und Schlaf«.

30 Russell: The American Underclass, S. 21.

> »Das große, unausgesprochene Problem des heutigen Amerikas ist das rasche und *heimtückische* Anwachsen einer Gruppe in unserer Mitte, die vielleicht gefährlicher, hoffnungsloser und schwieriger zu bekämpfen ist als jede andere, auf die uns unsere Geschichte vorbereitet hat. Es ist eine Gruppe, die zu dem zu werden *droht*, was Amerika nie gekannt hat – eine permanente Unterklasse in unserer Gesellschaft.«[31]

Das Porträt im *Time Magazine* leitete die *Wende zu einer rassialisierten und verhaltensorientierten Vision der »Unterklasse«* ein, die durch das Buch »The Underclass« des New Yorker Journalisten Ken Auletta noch beschleunigt wurde. Auletta war 1982 Mitarbeiter und wöchentlicher Kolumnist der *Village Voice*, wöchentlicher politischer Kolumnist der *New York Daily News*, politischer Kommentator bei WCBS-TV und regelmäßiger Mitarbeiter von *The New Yorker*, was eine große Aufmerksamkeit für seine Untersuchung nahezu garantierte. Das Buch »The Underclass«, das kurz vor seinem Erscheinen im *New Yorker* als Artikelserie veröffentlicht wurde, war ein sofortiger Erfolg und erhielt zahlreiche Kritiken in den Mainstream-Medien, darunter eine lobende Besprechung des Politikwissenschaftlers Andrew Hacker in der *New York Review of Books* auf der Titelseite. Bemerkenswerterweise wurde es auch in *Contemporary Sociology* besprochen, als handele es sich um ein wissenschaftliches Werk.[32] Das Buch popularisierte das Wort »Unterklasse« in der gebildeten Öffentlichkeit und im politischen Personal und etablierte sich schnell als eine zentrale Referenz, die von anderen Journalisten sowie von Akademikern und Denkern gleichermaßen als Beweis für die Existenz dieser Gruppe herangezogen wurde.[33]

»ES GESCHAH ETWAS NEUES IN DER ARMEN BEVÖLKERUNG«

»Die Idee [für die Artikel in *The New Yorker* aus dem Jahr 1981, aus denen das Buch ›The Underclass‹ wurde,] entstand aus meiner Beobachtung, dass unter denjenigen, die wir als arm einstufen, etwas Neues passierte. Die Zahl der Menschen, die als arbeitslos eingestuft wurden, stieg. Während früher

31 Zitiert in James T. Patterson: America's Struggle Against Poverty in the Twentieth Century. 4. Aufl., Cambridge (MA) 2000, S. 210, Hervorh. L. W.

32 Andrew Hacker: The Lower Depths, in: New York Review of Books, 12.8.1982. Hacker ist zwar unzufrieden mit der Terminologie, beugt sich aber dem aufkommenden Konsens: »Ich gestehe, dass ich gemischte Gefühle bei diesem Ausdruck habe: Er suggeriert eine soziologische Perspektive, die es vielleicht gar nicht gibt. Da mir jedoch ein besserer Begriff fehlt (›Lumpenproletariat‹ hat eine besondere Konnotation), werde ich mich mit Unterklasse begnügen, und zwar ohne Anführungszeichen.« Morris L. Fried befürwortet den Begriff und das Buch ohne Vorbehalte: »The Underclass sollte Pflichtlektüre in Seminaren über soziale Probleme und die Struktur der amerikanischen Gesellschaft sein.« (Review of Ken Auletta, The Underclass, in: Contemporary Sociology, Vol. 12 (1983), Nr. 4, S. 460–461.) Eine frühe abweichende Meinung, die passenderweise in Dissent veröffentlicht wurde, ist William Kornblum: Lumping the Poor. What is the Underclass?, in: Dissent, Vol. 31 (1984), Nr. 3, S. 295–302.

33 »Ken Auletta war nicht der erste, der den Begriff [Unterklasse] verwendete, aber er war weitgehend dafür verantwortlich, dass er Teil des Arbeitsvokabulars der amerikanischen Mittelklasse wurde.« Christopher Jencks: Is the American Underclass Growing?, in: Christopher Jencks/Paul E. Peterson (Hrsg.): The Urban Underclass, Washington (DC) 1991, S. 28–100, hier S. 28.

> die meisten Morde unter Menschen geschahen, die sich kannten, stieg die Kategorie ›Mord durch Fremde‹ sprunghaft an. In den U-Bahnen und Straßen [von New York City] fiel mir die wachsende Zahl von Obdachlosen und Drogenabhängigen auf. Auf den Sozialhilfelisten standen Menschen, die schon seit Langem Sozialhilfe bezogen und nun dauerhaft abhängig zu sein schienen. Ich besuchte meinen Redakteur und sagte: ›Mister Shawn‹ – alle nannten ihn Mister – ›ich glaube, *hier passiert etwas Bedeutendes*‹, und erklärte es ihm. Er ermutigte mich, die Idee weiterzuverfolgen, gab aber zu bedenken, dass es sich wie ein ›soziologisches Geschwätz‹ anhöre und ich ein Mittel finden müsse, um diese Geschichte zu erzählen.«
> *Journalist Ken Auletta, persönliche Mitteilung, Mai 2021*

Im Mittelpunkt von »The Underclass« steht ein Trainings- und Evaluierungsprogramm für unterstützte Arbeit, das dem in dem *Time*-Artikel von 1977 erwähnten ähnelt, das von Sviridoff entwickelt und von der MDRC mit Mitteln der Ford Foundation durchgeführt wurde. Auletta verbrachte sieben Monate mit einer Kohorte von 26 Auszubildenden, die täglich Kurse zu »Lebenskompetenzen« besuchten, mit denen »die Gewöhnung an Arbeit vermittelt und schlechte Gewohnheiten ausgemerzt« werden sollten. Er näherte sich seinem Thema zunächst mit Beklemmung: »Als weißer Journalist machte ich mir Sorgen über die rassiale Belastung, die das Thema mit sich brachte. Anfangs benutzte ich das Wort Unterklasse [mit dem die MDRC ihre ›Klienten‹ bezeichnete] sehr vorsichtig, weil ich befürchtete, dass es irgendwie rassistisch sei. Ich war besorgt, dass die Konzentration auf Kriminalität, Sozialhilfe und pathologisches Verhalten ein verzerrtes Bild der amerikanischen Armen vermitteln könnte.« Aber er wurde bald beruhigt:

> »Ich lernte schnell, dass es unter Armutsforschern kaum Unstimmigkeiten darüber gibt, dass es eine ziemlich ausgeprägte schwarze und weiße Unterklasse gibt; dass diese Unterklasse sich im Allgemeinen von der Gesellschaft ausgeschlossen fühlt, gemeinsame Werte ablehnt und sowohl unter *Verhaltens*- als auch *Einkommens*defiziten leidet. Sie sind nicht nur tendenziell arm; den meisten Amerikanern erscheint ihr Verhalten als anormal.«[34]

Auletta betont, dass für die große Mehrheit der 30 Millionen Armen in Amerika »Armut kein Dauerzustand ist«, da sie »in ein oder zwei Gene-

34 Auletta: The Underclass, S. xiii–xiv, kursiv im Original. Vier Jahrzehnte später bestätigt Auletta: »Ich habe nicht viel Gegenwind für meine Verwendung des Begriffs erhalten. Einige meinten, ich wolle damit andeuten, dass es sich um einen dauerhaften Zustand handele – eine Vorstellung, die ich sowohl im Originalbuch von 1982 als auch in der Einleitung von 1999 sorgfältig widerlegt habe. Und ich erinnere mich, dass ein Rezensent mich als ›Hinterwäldler‹ bezeichnete.« (Persönliche Mitteilung von Ken Auletta, Mai 2021.)

rationen« überwunden werden kann und wird. Aber »schätzungsweise neun Millionen Amerikaner passen sich nicht auf diese Weise an« – eine Quelle für diese quantitative Schätzung wird nicht genannt. »Sie sind die Unterklasse«, schreibt Auletta und bietet dazu eine blumige Aufzählung, die es verdient, wortwörtlich zitiert zu werden:

> »(a) die *passiven Armen*, in der Regel Langzeitsozialhilfeempfänger; (b) die *feindseligen* Straßenkriminellen, die die meisten Städte terrorisieren und bei denen es sich häufig um Schulabbrecher und Drogenabhängige handelt; (c) die *Nutten und Stricher*, die wie die Straßenkriminellen nicht unbedingt arm sind und ihren Lebensunterhalt in einer Untergrundwirtschaft verdienen, aber selten Gewaltverbrechen begehen; (d) die *traumatisierten* Betrunkenen, Herumtreiber, obdachlosen Einkaufstütenfrauen und entlassenen Geisteskranken, die häufig auf den Straßen der Städte umherstreifen oder zusammenbrechen.«[35]

Diese Betrachtung der »Unterklasse« als eine Ansammlung von Sozialschmarotzern, Abfallsammlern und Räubern, deren abweichendes Verhalten ihre Verwahrlosung erklärt, werde von den Teilnehmerinnen des Arbeitsprogramms bestätigt: Diese beteuerten, dass »die meisten Sozialhilfeempfänger den größten Teil ihres Lebens von der Sozialhilfe leben«, weil sie »Faulenzer sind, die nicht arbeiten wollen«, dass sie »ihre Nebengeschäfte« einer regulären Beschäftigung vorziehen, »den Müll und den Dreck« in ihren Häusern »akzeptieren«, sich nicht um ihre Nachbarschaft kümmern und geschickt darin sind, »etwas für nichts zu bekommen«.[36] Mitglieder der »Unterklasse« verfielen dem Alkoholismus, dem Drogenmissbrauch und der Kriminalität, nicht nur wegen der Entbehrungen, sondern auch wegen ihres mangelnden Selbstvertrauens, ihrer Passivität und ihrer tief verwurzelten Feindseligkeit gegenüber der Gesellschaft. Die Teilnehmerinnen des Trainingsprogramms stimmten mit »den Experten« darin überein, dass die von Frauen geführte Familie für die »Wohlfahrtsmentalität« und Teenagerschwangerschaften verantwortlich sei, die einen Kreislauf von Abhängigkeit und Verelendung nährten.[37] Diese *Übereinstimmung zwischen Volks- und Expertenkonstrukten wird als empirische Bestätigung* des Begriffs »Unterklasse« angesehen.

Wie erklären sich der überwältigende Erfolg von Aulettas Buch und die Verwandlung eines wissenschaftlichen strukturellen Proto-Begriffs in einen journalistischen Verhaltensbegriff? Die *Begriffsgeschichte* von Rein-

35 Auletta: Die Unterklasse, S. xvi, im Original kursiv. Diese Volkstypologie wurde aus den administrativen Kategorien für die Teilnahme an den von der MDRC durchgeführten Jobtrainings abgeleitet (persönliche Mitteilung von Ken Auletta, Mai 2021).

36 Die Zitate sind Worte von Programmteilnehmern, in: Auletta: The Underclass, S. 52–53, 57, 61, 90, 124–125.

37 Ebd., S. 73–74.

hart Koselleck lädt uns dazu ein, dem *Zeitpunkt* der begrifflichen Innovation und der sich wandelnden *semantischen Aufladung* von Schlüsselwörtern im Laufe ihrer Verbreitung besondere Aufmerksamkeit zu schenken. In den prosperierenden 1960er-Jahren setzte sich das von Myrdal geschmiedete strukturelle Konstrukt der »Unterklasse« nicht durch und ging somit in einen intellektuellen Winterschlaf über, weil die öffentliche Bühne des »Kriegs gegen die Armut« von den Kontroversen um die »Kultur der Armut« und das »Gewirr von Pathologien« des (Hyper-)Gettos besetzt war. Diese Kontroversen tobten vor dem Hintergrund einer Mobilisierung der Armen, der spektakulären Ausweitung der öffentlichen Unterstützung und der allgemeinen Verringerung der Ungleichheit zwischen den Kasten und Klassen, die das Zusammenwachsen eines immobilen Teils der Arbeiterklasse unwahrscheinlich erscheinen ließ.[38]

Ein Jahrzehnt später, als die »Unterklasse« in einem verhaltenstheoretischen Gewand wiederauftauchte, um sich als akute öffentliche Bedrohung und als Ziel einer auf sie fokussierten Sozialforschung und von staatlichen Interventionen zu etablieren, galt die »Innenstadt« als krisengeschüttelt und die Landschaft der intellektuellen und politischen Positionen hatte sich dramatisch verändert. Die 1980er-Jahre brachten nach einem Jahrzehnt der Stagflation nicht nur einen umfassenden Rückschlag gegen die Bemühungen um eine Gleichstellung der »Rassen« und einen Frontalangriff auf den Wohlfahrtsstaat durch die Reagan-Regierung, sondern auch einen grundlegenden Wandel im Bereich der Produktion und des Konsums dessen, was die Historikerin Alice O'Connor als »Armutswissen« bezeichnet.[39]

Mit dem Rückzug staatlicher Subventionen gerieten liberale Politikinstitute wie das Institute for Research on Poverty und das Urban Institute, die seit ihrer Gründung in den 1960er-Jahren floriert hatten, in eine existenzielle Krise und wurden stärker von Stiftungszuschüssen abhängig, während eine neue Generation konservativer Thinktanks, darunter die Heritage Foundation, das Cato Institute und das Manhattan Institute (gegründet 1973, 1977 bzw. 1978), an intellektuellem Dampf, Medienpräsenz und politischer Autorität gewann.[40] Die Philanthropien passten ihrerseits ihre Projekte und ihren Diskurs an die starke Rechtsverschiebung der politischen Debatte an, die eine weitere Ausblendung struktureller Faktoren und eine Beschönigung der Kaste bei der Entste-

38 Patterson: America's Struggle Against Poverty, Kap. 3 und 4, und Frances Fox Piven/Richard A. Cloward: Aufstand der Armen. Aus dem Amerikanischen von Ulf Damann und Peter Tergeist, Frankfurt a. M. 1986 [1977].

39 O'Connor: Poverty Knowledge; zu den auf »Rasse« und Klasse bezogenen Rückschlägen der langen 1980er-Jahre siehe Sean Wilentz: The Age of Reagan. A History, 1974–2008, New York 2008.

40 Die rasche Umwandlung des Raums der »Thinktanks« während dieser entscheidenden Periode des Wachstums und der Konsolidierung wird dargestellt von Thomas Medvetz: Think Tanks in America, Chicago (IL) 2012, Kap. 3.

hung städtischer Marginalität erforderte. »Die Armutsforschungsindustrie überlebte den Zusammenbruch zu Beginn der 1980er-Jahre, indem sie bei der Suche nach Forschungsgeldern unternehmerischer und politischer wurde.«[41]

Dies bedeutete, die neuerdings vorherrschende sozialpolitische Problematik zu akzeptieren, die sich auf die beiden Prioritäten der Beendigung der »Wohlfahrtsabhängigkeit« und der Durchsetzung der »individuellen Verantwortung« konzentrierte und dabei die anhaltende Verschlechterung des Niedriglohn-Arbeitsmarktes, die Schrumpfung des sozialen Sicherheitsnetzes und die drastische Zunahme der Klassenungleichheit vernachlässigte. Es besteht also eine direkte Verwandtschaft zwischen Aulettas rassialisierter Aufzählung von Verhaltensauffälligen und der individualistischen und moralistischen Auffassung von sozialen Problemen, die von politischen Instituten übernommen wurde, um im Rennen zu bleiben. Wie wir später sehen werden, waren es in der Tat Ökonomen des mitte-links orientierten Urban Instituts, die eine führende Rolle bei der Einführung einer am Verhalten orientierten technischen Definition der »Unterklasse« spielten. Indem sie diesen Weg einschlugen, so schreibt O'Connor, beteiligten sich liberale Politikanalysten »aktiv an dem, was sie bis dahin zu vermeiden versucht hatten: Sie machten das Armutsproblem wieder zu einer Frage des Pauperismus und verschärften die Unterscheidung zwischen ›würdigen‹ und ›unwürdigen‹ Armen«. In Gestalt der »Unterklasse« beförderten sie »die Wiederbelebung einer unverhohlen pathologisierenden Sichtweise der Armut«.[42]

Philanthropische Stiftungen trugen entscheidend zur Verbreitung der »Unterklasse« als wissenschaftlichem Gegenstand und politischem Ziel bei: Sobald der Begriff in der öffentlichen Debatte aufgetaucht war, stürzten sie sich auf ihn und finanzierten rasch die Forschungsinfrastruktur, die ihn zu einem bekannten akademischen Begriff machte.[43] Die plötzliche Fülle von Fördermitteln, Forschungsprogrammen, Stipendien, Konferenzen und Datenbanken schien wiederum einen positiven Beweis für die Existenz der Gruppe zu liefern. So sorgte Peter Goldmark, der neue Präsident der Rockefeller Foundation, 1989 für großes Aufsehen in den Medien, als er ankündigte, dass die Stiftung ein umfangreiches neues

41 O'Connor: Poverty Knowledge, S. 245.

42 Ebd., S. 244.

43 Zur Rolle von Philanthropien als konservative »Clearingstellen« für den gesunden Menschenverstand und Vektoren des epistemischen Konsenses in politischen Debatten siehe Donald Fisher: The Role of Philanthropic Foundations in the Reproduction and Production of Hegemony: Rockefeller Foundations and the Social Sciences, in: Sociology, Vol. 17 (1983), Nr. 2, S. 206–233; Joan Roelofs: Foundations and Public Policy. The Mask of Pluralism, Albany (NY) 2003, Kap. 6; Ellen Condliffe Lagemann: The Politics of Knowledge. The Carnegie Corporation, Philanthropy, and Public Policy, Chicago (IL) 1992, vor allem der Abschnitt »Scientific Philanthropy«, S. 29–84 und Kap. 9; Alice O'Connor: Social Science for What? Philanthropy and the Social Question in a World Turned Rightside Up, New York 2007, Teil II; und David L. Seim: Rockefeller Philanthropy and Modern Social Science, London 2013.

Forschungs- und Interventionsprogramm zur amerikanischen »Unterklasse« auflegen werde:

> »Das sind die Menschen, die die Regierung und alle anderen vergessen wollen. [...] Wir sprechen hier von den ein oder zwei Millionen Amerikanern, die von sämtlichen etablierten Institutionen entfremdet sind. Sie schneiden nicht nur schlecht ab in der Schule, sie gehen gar nicht zu Schule. Viele von ihnen leben nicht von Sozialhilfe, sondern sind Gauner. Viele sind für einen Großteil des antisozialen Verhaltens in unseren Städten verantwortlich.«

Es bestehe ein dringender Bedarf an empirischen Untersuchungen aus nächster Nähe, weil »die Unterklasse kein Thema ist, das sich in der Bibliothek behandeln lässt. *Man muss rausgehen und nach ihnen suchen.*« Ein wichtiges Anliegen war es, Spitzenforscher für das Thema zu gewinnen, die es mit einem gewissen Sinn für Mysterien und Vorahnung angehen müssten:

> »Sie sind eine *ganz besondere Gruppe* innerhalb der armen Bevölkerung [...] *Niemand weiß, wer sie sind, was sie tun, wie sie am Leben bleiben* oder warum sie so völlig von den Institutionen des amerikanischen Lebens abgeschnitten sind. Die einzige Institution, mit der sie in Berührung kommen, ist die Strafjustiz.«[44]

»ES IST NICHT LEICHT ZU SAGEN, WIE SIE LEBEN«

»Sie bestehen zum größten Teil aus Gelegenheitsarbeitern von schlechtem Charakter und ihren Familien sowie aus Menschen, die in ähnlicher Weise leben und ohne jegliche Arbeit ihren Lebensunterhalt bestreiten. Ihr Leben ist das Leben von Wilden, mit Wechselfällen von extremer Härte und gelegentlichen Exzessen. [...] Es ist nicht leicht zu sagen, wie sie leben [...] Sie sind die schlimmste Klasse von Männern, die an Straßenecken stehen und vor den Türen von Gasthäusern herumlungern und bei jeder sich bietenden Gelegenheit für Unordnung sorgen. Sie leisten keinen nützlichen Dienst, sie schaffen keinen Wohlstand, sondern zerstören ihn eher. Sie entehren alles, was sie anfassen, und sind als Individuen vielleicht unfähig, sich zu bessern.«
Charles Booth: Life and Labour of the People in London (1892), S. 38

Neben der Förderung der Sozialforschung plante die Rockefeller-Stiftung die Finanzierung von »Community Development Corporations«, die von innen heraus an der Erneuerung von Stadtteilen arbeiten und eine Generation von Führungspersönlichkeiten an der Basis heranbilden sollten, denn »was die Viertel der Unterklasse kennzeichnet, ist das völlige Fehlen

44 Peter Goldmark, zitiert in: Kathleen Teltsch: Charity to Focus on Underclass, in: *New York Times*, 22.1.1989, Hervorh. L. W.

von Führung, das völlige Fehlen von Vorbildern, das Fehlen von allem Positiven«. Ein erster Zuschuss in Höhe von mehreren Millionen Dollar ging an die Local Initiatives Support Corporation, eine 1980 von der Ford Foundation ins Leben gerufene Organisation.

Von 1988 bis 1993 unterstützte die Rockefeller-Stiftung mit sechs Millionen Dollar ein vielschichtiges Programm des Social Science Research Council (SSRC), das »die interdisziplinäre Forschung über die Ursprünge und das Fortbestehen der konzentrierten städtischen Armut in den Vereinigten Staaten anregen« und »einen Kader junger Wissenschaftler schaffen sollte, der den Wissensstand über die städtische Unterklasse weiter verbessern kann«. Dieses Vorhaben wurde von einem Ausschuss angesehener Wissenschaftler (unter dem Vorsitz des Harvard-Politikwissenschaftlers Paul Peterson) geleitet, der Arbeitsgruppen mit der Aufgabe betraute, Workshops und Konferenzen zu sponsern und Studien über den Niedriglohn-Arbeitsmarkt, Drogen und Kriminalität, Familien in sehr armen Vierteln sowie über die »historischen Ursprünge der Unterklasse« in Auftrag zu geben. 1992 freute sich die Stiftung, in ihrem Jahresbericht über den Erfolg des SSRC Committee for Research on the Urban Underclass berichten zu können:

> »Als die Stiftung das SSRC bat, dieses Projekt auf die Beine zu stellen, gab es in diesem Land nur vier größere akademische Forschungszentren für Armutsfragen, und nur 36 von 250 Studenten, die zwischen 1980 und 1986 ihre Dissertationen in den einschlägigen Bereichen abschlossen, gaben an, dass sich ihre Forschung mit der städtischen Unterklasse befasste. Seit 1988 hat das SSRC 70 Assistentenstellen für Studenten, 35 Plätze für Sommer-Dissertations-Workshops, 23 Dissertationspreise und 15 Postdoktoranden-Stipendien vergeben. Heute gibt es eine Gemeinschaft von über 100 älteren und ebenso vielen jungen Wissenschaftlern, die an mehr als 60 Universitäten forschen. Das bisherige intellektuelle Ergebnis umfasst 16 Forschungsstudien, 26 in Auftrag gegebene Abhandlungen, 45 Forschungsartikel und eine Datenbank über die städtische Unterklasse mit über 6000 sozialen, wirtschaftlichen, demografischen und gesundheitlichen Indikatoren, die bereits vom US-Ministerium für Wohnungsbau und Stadtentwicklung bei der Erstellung eines wichtigen Berichts an den Präsidenten über die nationale Stadtpolitik verwendet wurde.«[45]

Allein für das Jahr 1992 stellte die Rockefeller-Stiftung dem Social Science Research Council 1,2 Millionen Dollar zur Verfügung, »um das Fünfjahresprogramm des SSRC zur Mobilisierung der akademischen Gemein-

45 Rockefeller Foundation: Annual Report 1992, New York 1992, S. 42.

schaft für die interdisziplinäre Forschung über die Unterklasse weiter zu unterstützen«, einschließlich 625.000 Dollar für Stipendien und Schulungen, »die darauf abzielen, eine Kohorte jüngerer Wissenschaftler aufzubauen, die sich mit der Untersuchung anhaltender Armut und der Unterklasse beschäftigen«; 260.000 Dollar für das Joint Center for Political and Economic Studies, ein etablierter Thinktank für Fragen der schwarzen Bevölkerung, zur »weiteren Unterstützung ihrer politischen Analysen und Veröffentlichungen zu Fragen der anhaltenden Armut und der Unterklasse«; und 6,8 Millionen Dollar an das Urban Institute »zur weiteren Unterstützung seiner politischen Forschung über die städtische Unterklasse und zur Verbreitung der Ergebnisse unter politischen Entscheidungsträgern, Gemeindeleitern und den Medien«.[46]

Um nicht übertroffen zu werden, rief die Ford Foundation 1998 (zu einer Zeit, als der Glanz der Frage schon verblasste) das Forschungs- und Ausbildungsprogramm über »Armut, die Unterklasse und die öffentliche Politik« an der Universität von Michigan in Ann Arbor ins Leben, das vom Presidential Initiatives Fund Award der Universität mitfinanziert wurde und zweijährige »Postdoc-Stipendien für Wissenschaftler aus amerikanischen Minderheiten in allen Sozialwissenschaften« bot. Die Stipendiaten sollten zunächst einen in den Fachbereichen Soziale Arbeit, Öffentliche Politik und Politikwissenschaft gelisteten Kurs besuchen, der unter dem Titel »Armut, die Unterklasse und öffentliche Politik« (SW486) von der Professorin Mary Corcoran unterrichtet wurde und in dem es um die Fragen ging: »Was ist Armut? Wer gehört zur Unterklasse? Warum ist Armut so hartnäckig? Warum sind die Armuts- und Arbeitslosenquoten bei Minderheiten so hoch?« Eine weitere Generation von Doktoranden sollte auf diese Weise mit dieser Kategorie indoktriniert werden und zu ihrer Durchsetzung in der akademischen Welt beitragen.

46 Ebd.

2 —— »Die Tragödie der Unterklasse«: Politisches Theater und Wissenschaft

Von der Wissenschaft zu den Philanthropien zum Journalismus und zurück zu den Philanthropien: Die nächste Etappe auf der Reise der »Unterklasse« war ihre Übernahme durch staatliche Manager und gewählte Politiker. Die Anerkennung der Kategorie durch offizielle Regierungsorgane verleiht ihr die Imprimatur der obersten symbolischen Instanz, des Staates als der »Zentralbank des symbolischen Kapitals« und Garant der Macht der Benennung.[1] Indem der Staat sie als dringendes »soziales Problem« bezeichnet, das öffentliche Aufmerksamkeit und Intervention erfordere, bestätigt er die Existenz der »Unterklasse« und macht sie zum Teil der aktuellen bürgerlichen Doxa.

Die Anhörung, die das Joint Economic Committee des 101. Kongresses im Mai 1989 abhielt, bietet eine theatralische Darstellung der Arbeit an der *symbolischen Herstellung der »Unterklasse« durch Offizialisierung.* Wir werden Zeuge, wie Wissenschaftler, Theoretiker von Thinktanks und Politiker sich gegenseitig anspornen und gemeinsam den selbstverständlichen Glauben an die Existenz der Gruppe bekräftigen, indem sie deren Merkmale, Ursprünge und mögliche Behandlungen in einem formellen Regierungsrahmen nach einer festgelegten öffentlichen Choreografie diskutieren, vor einem Gremium von Repräsentanten, die sich um das Wohl der Nation bemühen.[2]

Der aus zehn Kongressabgeordneten und zehn Senatoren bestehende Vorstand des Joint Committee eröffnet die Sitzung, indem er die »Tragödie der Unterklasse« in Szene setzt:

> »Viele Amerikaner – in der Tat die meisten Amerikaner – besuchen wahrscheinlich nie die Viertel der Unterklasse. Sie sind sich des schrecklichen menschlichen Tributs nicht bewusst, den der Zusam-

1 Zur Macht der Benennung und Ratifizierung des Staates siehe Pierre Bourdieu: Staatsgeist. Genese und Struktur des bürokratischen Felds [1993], in: ders.: Praktische Vernunft. Zur Theorie des Handelns. Aus dem Französischen von Hella Beister, Frankfurt a. M. 1998, S. 91–125, hier S. 113–114.

2 Alle fünf Bestandteile von Burkes »Pentade des Dramatismus« sind in diesem Geschehen präsent: Akt, Agent, Agentur, Zweck und Szene. Kenneth Burke: Dramatism, in: David L. Sills (Hrsg.): The International Encyclopedia of the Social Sciences. Vol. 7, London 1968, S. 445–451.

> menbruch sozialer Konventionen gefordert hat. Sie sind sich des wahren Gesichts der wirtschaftlichen Deprivation nicht bewusst, aber deutlich sichtbare Manifestationen der Tragödie der Unterklasse, wie zunehmende Teenagerschwangerschaften, Drogenmorde, chaotische Schulen, haben die Nation als Ganzes auf die Tatsache aufmerksam gemacht, dass das Problem uns alle betrifft. Wenn uns nicht schon das Mitgefühl dazu veranlasst, nach Lösungen für diese Probleme zu suchen, so wird es sicherlich das aufgeklärte Eigeninteresse, der Einzelnen wie der Gesellschaft, tun.«[3]

Die drei Sachverständigen, von denen zwei Afroamerikaner sind, repräsentieren die drei Disziplinen Wirtschaft, Politikwissenschaft und Soziologie und decken das Kontinuum zwischen politischem Thinktank und Universität ab. In Übereinstimmung mit dem öffentlichen Bild dieser drei Sozialwissenschaften bietet der erste Zeuge eine positivistische Operationalisierung der »Unterklasse«, der zweite eine moralische Ermahnung bezüglich ihrer Vernachlässigung von staatsbürgerlichen Pflichten und der dritte ethnografische Vignetten über das Verhalten und die Gefühle ihrer mutmaßlichen Mitglieder auf der Straße.

Der erste, der die Bühne betritt, ist der junge schwarze Wirtschaftswissenschaftler Ronald Mincy (Doktortitel vom MIT, 1987), wissenschaftlicher Mitarbeiter am Urban Institute, wo er zu einer Gruppe von Thinktank-Wissenschaftlern gehört, die als »Underclass Research Project« bekannt sind und sich mit der technischen Kodifizierung der »Unterklasse« als Verhaltenskonstrukt befassen.[4] Einleitend erwähnt Mincy den strukturellen Begriff von Gunnar Myrdal. Aber ohne diesen näher zu erläutern, schlägt er eine auf Verhalten und auf Raum bezogene gemischte Definition vor, die sich auf »vier Indikatoren« stützt: »Schulabbrecherquote, weibliche Familienoberhäupter, Abhängigkeit von der Sozialhilfe und Nichtarbeit.« Dann schränkt er diese Definition weiter ein, um sich auf schwarze Innenstadtbezirke zu konzentrieren, die von »vielfältigen sozialen Problemen« betroffen seien, weil dies der »konventionellen Beschreibung« entspricht.[5] Die Bestimmung der »Unterklasse« durch das Verhalten wird somit als unbestrittene gemeinsame Grundlage für die folgende Diskussion festgelegt.

Bewaffnet mit dieser Definition zeichnet Mincy ein ernüchterndes Bild von der räumlichen Fixierung der Gruppe im städtischen Kern: »Wir haben festgestellt, dass es 1970 243 Unterklasse-Gebiete gab, aber deren

3 Joint Economic Committee: The Underclass, Hearing Before the Joint Economic Committee of the 101st Congress of the United States, 25 May 1989, Washington (DC) 1989, S. 1.

4 Ronald Mincy ist der (Mit-)Autor einer Reihe von Artikeln zur Definition und Messung der »Unterklasse«, die im nächsten Kapitel behandelt werden, darunter: The Underclass. Concept, Controversy, and Evidence, in: Sheldon H. Danziger/Gary D. Sandefur/Daniel H. Weinberg (Hrsg.): Poverty and Public Policy. What Do We Know? What Should We Do?, Cambridge (MA) 1994, S. 109–146.

5 Mincy in: Joint Economic Committee: The Underclass, S. 3, 4, 6.

Zahl bis 1980 auf 880 angestiegen ist. Die Bevölkerung in allen Unterklasse-Gebieten betrug 1970 etwa 750 000 Menschen und wuchs bis 1980 auf 2,5 Millionen an.« Der Wirtschaftswissenschaftler räumt ein, dass »das Problem der Erwerbsarmut in ländlichen Gebieten schwerwiegend ist«, aber die Armen auf dem Lande nicht zur »Unterklasse« gehören würden, weil sie »tendenziell nicht die gleichen dysfunktionalen Verhaltensweisen zeigen wie die Bevölkerung in den Unterklasse-Gebieten«.[6] Die tadellose wissenschaftliche Rhetorik und die scheinbare Neutralität der Messungen verleihen dem Zeugnis einen Hauch von unanfechtbarer Wahrheit.

Der zweite von den Kongressabgeordneten befragte Experte ist der Politikwissenschaftler Lawrence Mead (Doktortitel von Harvard, 1973), ein Professor an der New York University, der früher als Redenschreiber von Henry Kissinger und Forschungsdirektor für das Republican National Committee tätig war und für sein Eintreten für die »Bürgerpflichten« bekannt ist, die die abhängigen Armen im Gegenzug für öffentliche Hilfe erfüllen sollten.[7] Wie Mincy vor ihm stellt Mead von vornherein fest, dass es »keine ernsthafte Meinungsverschiedenheit über die Definition der Unterklasse« gebe, da »jeder diesen Begriff verwendet, um Menschen zu bezeichnen, die arm sind und nicht richtig funktionieren«.[8] Von den »verschiedenen Funktionsstörungen«, die diese »Gruppe« definieren, beunruhigt Mead besonders das, was er als »Nichtarbeit« unter den Bewohnerinnen des Hypergettos bezeichnet, in dem »eine fremde Subkultur entstanden ist, die sich gegen die Selbstständigkeit wendet, durch die sich die Menschen selbst ernähren könnten«. Er sieht die Nichtarbeit als ein Produkt von »sozialer Isolation, freizügiger Wohlfahrt und arbeitsfeindlichen Einstellungen«, wobei junge Männer »verfügbare Arbeitsplätze als unter ihrer Würde ablehnen«, während Mütter, die von Sozialhilfe leben, »defätistisch« seien und sich »von den Anforderungen der Arbeit überfordert fühlen«.[9]

»DIE GRÖSSTE GEFAHR« FÜR AMERIKAS ZUKUNFT

»Die größte Gefahr [für Amerikas Zukunft] ist die Existenz einer unwissenden, entwürdigten und dauerhaft armen Klasse in den großen Städten. [...] Die Mitglieder dieser Klasse bilden mit der Zeit eine eigene Bevölkerung. Sie verkörpern die niedrigsten Leidenschaften und die verschwenderischs-

6 Ebd., S. 2, 4.

7 Lawrence M. Mead: Beyond Entitlement. The Obligations of Citizenship, New York 1986, und: The New Politics of Poverty. The Nonworking Poor in America, New York 1992, worauf sich seine Aussage vor dem Joint Committee stützt.

8 Lawrence Mead in: Joint Economic Committee: The Underclass, S. 21 und 28. »Die Unterklasse zu erklären, bedeutet im Wesentlichen, die demoralisierte Mentalität zu erklären, die zu den Funktionsproblemen der Gruppe führt, die wiederum in der Regel ihre Armut verursachen. Das Rätsel besteht darin, zu erklären, warum Menschen sich auf Verhaltensweisen wie Illegalität, Kriminalität und Arbeitsverweigerung einlassen, die für das langfristige Interesse des Einzelnen, geschweige denn für das der Gesellschaft, irrational sind.« (S. 30)

9 Ebd., S. 33, 24, 34.

> ten Gewohnheiten der Gemeinschaft. Sie korrumpieren die unterste Klasse der arbeitenden Armen, die sie umgeben. Die Kosten für Polizei, Gefängnisse, Wohltätigkeitsorganisationen und soziale Hilfe werden hauptsächlich durch sie verursacht.«
>
> *Charles Loring Brace: Second Annual Report of the Children's Aid Society, 1855*

Diesem Mischmasch aus Rational Choice, Zeitschriftenpsychologie und kulturellem Determinismus zufolge besteht die »Unterklasse« aus Individuen, denen es an »wirtschaftlicher Kompetenz« mangelt. Sie »streben nicht danach, voranzukommen und Chancen zu ergreifen und ohne Aufforderung zur Arbeit zu gehen«, sonst »hätten wir gar keine Unterklasse«.[10] Daher müsse der Staat eine Politik konzipieren, die darauf abzielt, »in diesen Menschen den Willen freizusetzen, voranzukommen«, indem er ihnen wirtschaftliche Kompetenz vermittelt, statt sie vorauszusetzen. Mead führt aus: »Wir müssen also bereit sein, die Vormundschaft zu übernehmen. Wir müssen bereit sein, eine bis zu einem gewissen Grad paternalistische Struktur aufzubauen. Ich sehe dazu keine Alternative.« Eine solche paternalistische Aufsicht sollte die Form einer intensiven Strafverfolgung annehmen, um zu verhindern, dass die Männer in den Innenstädten in die kriminelle Wirtschaft ausweichen, und alleinerziehende Mütter im Sozialhilfebezug dazu zu zwingen, in Niedriglohnjobs zu arbeiten.

Der dritte Sachverständige ist Elijah Anderson (Doktortitel von Northwestern, 1976), ein führender afroamerikanischer Soziologe und Professor an der University of Pennsylvania, dessen ethnografische Arbeit sich auf die sozialen Wanderungen junger schwarzer Männer in und aus dem Hypergetto konzentriert.[11] Anderson nimmt die »Unterklasse«, wie sie in den vorausgehenden Aussagen definiert wurde, und konzentriert sich auf den Niedergang einer Institution, die er als historisch zentral für die schwarze Gemeinschaft betrachtet, nämlich die Mentorenbeziehung zwischen »alten Köpfen« und Jugendlichen. Diese Beziehung habe dazu gedient, »junge Männer zu sozialisieren, damit sie ihrer Verantwortung in Bezug auf Arbeitsethik, Familienleben, Recht und Anstand gerecht werden«. In früheren Zeiten könne der alte Kopf ein Pfarrer, ein Lehrer, ein Sporttrainer, ein Polizist oder ein Eckensteher gewesen sein. Er habe als »eine Art Ratgeber und moralischer Cheerleader« fungiert, »der seinen Schützlingen Botschaften gegen Kriminalität und Scherereien predigte«. Aber die Rolle der alten Köpfe sei durch das Verschwinden stabiler Arbeiterjobs untergraben und durch den Aufstieg der Drogenökonomie zur sozialen Bedeutungslosigkeit verdammt worden. Sie seien nun durch ihre lebendige Antithese ersetzt worden, den erfolgreichen Drogendealer,

10 Ebd., S. 24.

11 Anderson sollte bald darauf ein Buch zu dem Thema veröffentlichen: Streetwise. Race, Class, and Change in an Urban Community, Chicago (IL) 1990.

der ein »schnelles Leben« mit Verbrechen, Laster und auffälligem Konsum auf der Straße führt.[12]

Anderson kann sich mit der verhaltensorientierten Definition der »Unterklasse«, von der er ausgeht, nicht ganz anfreunden, denn seine Forschungen erfordern es, dass er sich von Angesicht zu Angesicht mit den Menschen auseinandersetzt, von denen man annimmt, dass sie zu dieser Unterklasse gehören, und er kann nicht umhin, sich an dem abwertenden Klang des Begriffs zu stören – an einer Stelle rutscht es ihm heraus und er bezeichnet einen der Probanden seiner Ethnografie als »einen jungen Mann aus der sogenannten Unterklasse«. Anderson ist bemüht zu betonen, dass »selbst in den ärmsten Vierteln anständige Menschen weiterhin an den unendlichen Wert der Arbeit glauben, auch wenn es zunehmend schwieriger wird, einen Job zu bekommen«.[13] Aber gerade dieser Gegensatz zwischen »anständigen« Menschen und denen, die auf der »Straße« abhängen, den er beschwört, um die würdigen Bewohner der »Unterklasse-Gebiete« zu verteidigen, reaktiviert jene moralische Kluft zwischen den dysfunktionalen und den würdigen Armen, die Mincy und Mead ihm vorgegeben haben. Seine Forderung nach einer öffentlichen Politik, die die »alten Köpfe« zurückbringen soll, klingt wie eine nostalgische Sehnsucht nach einer vergangenen Ära von Kastenbeziehungen, und sein Mikrofokus auf die sozialen Beziehungen innerhalb des Hypergettos untergräbt die Plausibilität seines Eintretens für Jobtrainingssprogramme.

Für einen Ausschuss, der angeblich wirtschaftliche Fragen klären soll, ist es bemerkenswert, dass sich die Debatte im Anschluss an die Expertenaussagen ausschließlich um »Rasse« und Wohlfahrt in der Innenstadt dreht. Schätzungen über die Größe der »Unterklasse« werden abgewogen (sie reichen von zwei bis zehn Millionen oder einem Drittel aller armen Amerikaner). Mead bekräftigt, dass die Unfähigkeit dieser Gruppe, »zu funktionieren«, »eher auf der Lebensweise als der Struktur der Dinge« beruhe, und beklagt »den Zusammenbruch der sozialen Autorität in den Schulen, im Wohlfahrtssystem und bei der Strafverfolgung«. Auf die Frage des Abgeordneten Solarz: »Warum ziehen sie es vor, Sozialhilfe zu beziehen, anstatt zu arbeiten?«, gesteht der Politikwissenschaftler: »Ich weiß es nicht. *Das ist wirklich das ultimative Rätsel.*«[14] Der Sitzungsleiter schließt die Anhörung mit einem Appell an die Experten: »Bevor wir diese Anhörung beenden – und es war eine sehr interessante, wenn auch etwas deprimierende Anhörung –, kann jemand etwas Positives sagen, das uns Hoffnung gibt?«[15]

12 Anderson in: Joint Economic Committee: The Underclass, S. 43 und 46.

13 Ebd., S. 58, 47.

14 Mead in: Joint Economic Committee: The Underclass, S. 50, 52, 67, Hervorh. L. W.

15 Joint Economic Committee: The Underclass, S. 75.

Das Fazit der Anhörung war bereits im Titel und in der Eröffnung enthalten: *Die »Unterklasse« existiert*, da staatliche Beamte eine öffentliche Sitzung über sie abhalten und ihre Merkmale untersuchen können. Experten können sie messen, ihre moralischen Schwächen feststellen und ihre Mitglieder sogar auf der Straße antreffen. Objektive Daten zeigen, dass sie wächst; dass sie in den verfallenden städtischen Zentren wohnt; dass sie überwiegend, wenn nicht sogar ausschließlich afroamerikanisch ist (weshalb zwei der drei Experten Schwarze sind). Sie droht permanent zu werden und sie ist eine Belastung und eine Bedrohung für die Gesellschaft aufgrund ihrer dysfunktionalen Verhaltensweisen. Das Gefühl der Vorahnung und des Mysteriums, das die Kategorie in den zeitgenössischen Mediendarstellungen umgibt, wird von den drei Experten – die sich einig sind, dass mehr Forschung dringend erforderlich sei – nicht zerstreut, sondern verstärkt. Deren Autorität wird durch die Tatsache verstärkt, dass die Anhörung fein kalibriert ist, um ein politisches Gleichgewicht zu erreichen, mit Mincy als neutrale Mittelposition zwischen dem konservativen Mead und dem liberalen Anderson.

Dieses bürokratische Zeremoniell mit Protagonisten aus dem akademischen Bereich, aus Thinktanks und aus der Politik, die von ihrer Realität überzeugt sind, hat den Effekt, die »Unterklasse« in den Rang eines offiziellen »sozialen Problems« zu erheben, das der staatlichen Sorge und der öffentlichen Intervention würdig ist.[16] Es lässt sich leicht vorstellen, wie anders das Ergebnis einer solchen Anhörung ausgefallen wäre, wenn der Ausschuss den Soziologen William Julius Wilson (einen Befürworter eines neo-ökologischen Ansatzes für die »Unterklasse«, der die Auswirkungen der konzentrierten Arbeitslosigkeit betont), den Sozialhistoriker Michael Katz (einen hartnäckigen Kritiker des Begriffs) oder den marxistischen Politikwissenschaftler Adolph Reed (der in bissiger Weise die Kategorie und ihre politische Verwendung entlarvt) eingeladen hätte.

Die hybride, teils politisch-philanthropische, teils journalistische (Re-) Konstruktion der »Unterklasse« als soziale Bedrohung im Hypergetto, die durch Regierungsveröffentlichungen und Anhörungen ratifiziert wurde, *gelangte dann wieder in das akademische Feld*, um die Sozialforschung zu beeinflussen, indem sie dafür sorgte, dass die Arbeiten derjenigen, die sie als Rahmenkategorie übernahmen, üppige Stiftungsunterstützung, fachliche Aufmerksamkeit und das Interesse der Medien bekamen. So sehr, dass der Begriff schnell die abgedroschene Problematik einer »Kultur der

16 Die Erfindung, Gestaltung und Inszenierung bürokratischer Kommissionen und ihre Rolle bei der sozialen Konstruktion öffentlicher Probleme, die nach öffentlichen Maßnahmen verlangen, erörtert Pierre Bourdieu in: Über den Staat. Vorlesungen am Collège de France 1989–1992. Herausgegeben von Patrick Champagne, Remi Lenoir, Franck Poupeau und Marie-Christine Revière. Aus dem Französischen von Horst Brühmann und Petra Willim, Frankfurt a. M. 2014 [2012], S. 55–62.

Armut« verdrängte und einen hegemonialen Status erlangte.[17] Ende der 1980er-Jahre war es praktisch unmöglich, über »Rasse« und Armut in den amerikanischen Großstädten zu schreiben, ohne sich mit »Unterklasse« zu befassen, und sei es nur, um über ihre Eigenschaften und ihre Definition zu streiten oder ihre Existenz infrage zu stellen und den Begriff als solchen abzulehnen.

Zwischen 1987 und 1995 wurde »Unterklasse« durch eine rasante Abfolge bedeutender wissenschaftlicher Publikationen zur *Kategorie des Tages* gesalbt: William Julius Wilson veröffentlichte 1987 »The Truly Disadvantaged. The Inner City, the Underclass, and Public Policy« (Die wirklich Benachteiligten. Die Innenstadt, die Unterklasse und öffentliche Politik) und erntete beträchtlichen Beifall (das Buch erhielt eine ganzseitige Besprechung im *Time Magazine* sowie ein Lob von Präsident Clinton und kurz darauf erhielt Wilson einen »Genius«-Preis der McArthur Foundation); die *Annals of the American Academy of Social and Political Science* veröffentlichten ein Themenheft zur »Unterklasse« (das einige Jahre später als Buch erschien) ebenso wie *The Black Scholar, das International Journal of Urban and Regional Research, Urban Geography* und *Focus*, die Zeitschrift des Institute for Research on Poverty (eine Sonderausgabe, die durch einen Zuschuss der Rockefeller Foundation ermöglicht wurde); und die *Annual Review of Sociology* widmete dem Thema einen Artikel, während das Interesse an der Debatte und die Auseinandersetzung mit der Kategorie auch in benachbarte Disziplinen vordrang: Demografie, Anthropologie, Psychologie, Kriminologie, Sozialarbeit, Medizin, Psychiatrie und sogar Pädiatrie. Die intellektuelle Aufregung (oder Zurückhaltung) über die »Unterklasse« war quer durch die Disziplinen so groß, dass der *Chronicle of Higher Education* in den folgenden Jahren nicht nur einen, sondern gleich drei ausführliche Berichte darüber veröffentlichte.[18]

1991 publizierte die Brookings Institution einen kanonischen Band mit dem nüchternen Titel »The Urban Underclass« (1991), der aus einer dreitägigen Konferenz hervorging, die 1989 vom SSRC mit finanzieller Unterstützung der Rockefeller Foundation und der Ford Foundation organisiert worden war und an der das »Who is Who« der Armutsforscher teilgenommen hatte. Sie war mit einer Pressekonferenz in Washington eröffnet worden, über die das *Wall Street Journal* berichtete. 1992 schaltete sich eine Gruppe schwarzer Philosophen unter der Leitung von Bill

17 Michael Morris: From the Culture of Poverty to the Underclass. An Analysis of a Shift in Public Language, in: The American Sociologist, Vol. 20 (1989), Nr. 2, S. 123–133.

18 Chris Raymond merkt dazu an, dass »die einst auf die Wirtschaftswissenschaften beschränkte« Thematik »heute Studien aus der Kulturanthropologie bis zur Politik umfasst«. Scholars Examining the Plight of the Urban Poor Broaden Scope of Research on the »Underclass«, in: Chronicle of Higher Education, 29.11.1989; ders.: American Underclass Grew from 1970 to 1980, Study Indicates, in: The Chronicle of Higher Education, 9.5.1990; und Karen J. Winkler: Researcher's Examination of California's Poor Latin Population Prompts Debate over the Traditional Definitions of the Underclass, in: Chronicle of Higher Education, 10.10.1990.

Lawson in die Debatte ein und veröffentlichte »The Underclass Question« (1992) – »die erste kollektive schriftliche Intervention schwarzer Philosophen zu einem spezifischen Thema in der Geschichte der USA«. Im selben Jahr gaben Douglas Massey und Nancy Denton ihrem bahnbrechenden Buch »American Apartheid« (1992) den Untertitel »Segregation and the Making of the Underclass« (Segregation und die Entstehung der Unterklasse), obwohl sie sich im Buch nicht die Mühe machten, die Kategorie zu definieren, während Christopher Jencks eine opportunistische Sammlung von Rezensionsaufsätzen unter dem Titel »Rethinking Social Policy. Race, Poverty, and the Underclass« (1992) veröffentlichte.[19]

Bald folgte ein Gegenangriff: 1992 sezierte der schwarze Politologe Adolph Reed in *Radical America* »The ›Underclass‹ as Myth and Symbol« (Die »Unterklasse« als Mythos und Symbol) und schrieb, dass der akademische Erfolg der Kategorie in ihrem »Appell an uralte Vorurteile über Rasse, Geschlecht und Klasse« liege. Ein Jahr später stellte eine Gruppe bedeutender Historikerinnen unter der Leitung von Michael Katz (der offizieller Archivar des SSRC Research Committee on the Urban Underclass war) den Begriff in »The ›Underclass‹ Debate. The View from History« (1993) infrage und verlagerte den analytischen Schwerpunkt von der individuellen und familiären Pathologie auf die Umgestaltung von Institutionen, Politik und Staat. Sie folgten damit der Kritik von Jacqueline Jones in »The Dispossessed. America's Underclasses from the Civil War to the Present« (1992), die die Handlungsfähigkeit der Armen – schwarz und weiß, auf dem Land und in der Stadt – betonte, vor dem Hintergrund eines Jahrhunderts der Unterdrückung der Arbeiterbewegung, politischer Entrechtung, rassialer Dominanz und struktureller Entwurzelungen. Zwei Jahre später veröffentlichte Herbert Gans seine bissige Dekonstruktion von »Unterklasse« in »The War Against the Poor. The Underclass and Antipoverty Policy« (1995), in der er die vielfältigen soziopolitischen Funktionen der Verunglimpfung der städtischen Armen in der amerikanischen Gesellschaft und Geschichte auflistete.[20]

Etwa zur gleichen Zeit wurden europäische Wissenschaftler auf der anderen Seite des Atlantiks auf den amerikanischen Aufruhr aufmerksam. Sie bemühten sich, die plötzliche Eruption von wissenschaftlichen

19 William Julius Wilson: The Truly Disadvantaged. The Inner City, the Underclass and Public Policy, Chicago 1987; Carole Marks: The Urban Underclass, in: Annual Review of Sociology, Vol. 17 (1991), S. 445–466; Christopher Jencks/Paul E. Peterson (Hrsg.): The Urban Underclass, Washington (DC) 1991; Bill E. Lawson (Hrsg.): The Underclass Question. Preface by William Julius Wilson, Philadelphia (PA) 1992; Douglas Massey/Nancy A. Denton: American Apartheid. Segregation and the Making of the Underclass, Cambridge (MA) 1993; Christopher Jencks: Rethinking Social Policy. Race, Poverty, and the Underclass, Cambridge (MA) 1992.

20 Adolph L. Reed: The »Underclass« as Myth and Symbol. The Poverty of Discourse about Poverty, in: Radical America, Vol. 24 (1992), No. 1, S. 21–40; Jacqueline Jones: The Dispossessed. America's Underclasses from the Civil War to the Present, New York 1992; Michael B. Katz (Hrsg.): The »Underclass« Debate. Views from History, Princeton (NJ) 1993; und Herbert J. Gans: The War Against the Poor. The Underclass and Anti-Poverty Policy, New York 1995.

Veröffentlichungen über die »Unterklasse« und die verwirrende plurale Bedeutung dieses neuen Begriffs zu verstehen – und überlegten, wie er übersetzt werden könnte.[21] Sie fragten sich, in welchem Verhältnis er zur Problematik der »Ausgrenzung« (Exklusion) stand, die damals dank der politischen Unterstützung und der Forschungsförderung durch die Europäische Kommission (die für den Begriff der »Exklusion« eine ähnliche Rolle spielte wie die amerikanischen Philanthropien für die »Unterklasse«) auf dem gesamten Kontinent vorherrschte. Sie gingen der Frage nach, ob es in ihren polarisierenden Städten eine französische, deutsche, niederländische, britische, irische oder polnische »Unterklasse« gab, womit sie eine Kombination aus arbeitenden Armen, Langzeitarbeitslosen, postkolonialen Migrantinnen und Bewohner marginalisierter Stadtviertel meinten – ohne sie durch irgendwelche Merkmale des Verhaltens oder der Moral zu bestimmen. Dies ging so weit, dass ein dänischer Wissenschaftler 1995 die Frage stellte: »The Underclass Debate: A Spreading Disease?« (Die Unterklassendebatte: Eine sich ausbreitende Seuche?).[22]

Und als im selben Jahr ein angesehener linker italienischer Soziologe eine Sammlung zeitgenössischer Aufsätze über städtische Ungleichheit, Marginalität und Politik auf beiden Seiten des Atlantiks zusammenstellte, wurde er vom britischen Verlag Basil Blackwell *gezwungen*, das Wort »Unterklasse« in den Titel aufzunehmen. Auch auf die dringende

21 In der französischen Ausgabe von Wilsons Buch von 1987, »Les Oubliés de l'Amérique« (1994), übersetzt der Soziologe Ivan Ermakoff »Unterklasse« (fälschlicherweise) mit *sous-prolétariat* (Subproletariat). In französischen soziologischen Fachzeitschriften wird der Begriff im englischen Original und kursiv wiedergegeben.

22 John Andersen: The Underclass Debate: A Spreading Disease?, in: Jørgen Elm Larsen/John Andersen (Hrsg.): Social Integration and Marginalisation, Kopenhagen 1995, S. 147–182. Ein Überblick über europäische Studien zur »Unterklasse« umfasst: Barbara Schmitter Heisler: A Comparative Perspective on the Underclass. Questions of Urban Poverty, Race, and Citizenship, in: Theory & Society, Vol. 19 (1991), Nr. 4, S. 455–484; Sako Musterd: A Rising European Underclass?, in: Built Environment, Vol. 20 (1994), Nr. 3, S. 185–192; Nicolas Herpin: L'»urban underclass« chez les sociologues américains: exclusion sociale et pauvreté, in: Revue française de sociologie, Vol. 34 (1993), Nr. 4, S. 421–439; Cyprien Avenel: La question de l'»underclass« des deux côtés de l'Atlantique, in: Sociologie du travail, Vol. 97 (1997), S. 211–234; Jean-Charles Lagrée: Exclusion sociale ou formation d'une underclass?, in: Frank Bouchoyer (Hrsg.): Trajectoires sociales et inégalités. Recherches sur les conditions de vie, Paris 1995, S. 297–325; Jens S. Dangschat: Concentration of Poverty in the Landscapes of »Boomtown« Hamburg. The Creation of a New Urban Underclass?, in: Urban Studies, Vol. 31 (1994), Nr. 7, S. 1133–1147; Hartmut Häußermann: Armut in den Großstädten – eine neue städtische Unterklasse?, in: Leviathan, Vol. 25 (1997), Nr. 1, S. 12–27; Martin Kronauer: Armut, Ausgrenzung, Unterklasse, in: Hartmut Häußermann (Hrsg.): Großstadt. Soziologische Stichworte, Opladen 1998, S. 13–27; Robert C. Kloosterman: The Making of the Dutch Underclass? A Labour Market View. Paper presented at the Workshop on Social Policy and the Underclass, University of Amsterdam 1990; Theo Roelandt/Justus Veenman: An Emerging Ethnic Underclass in the Netherlands? Some Empirical Evidence, in: New Community, Vol. 19 (1992), Nr. 1, S. 129–141; John Westergaard: About and Beyond the »Underclass«. Some Notes on Influences of Social Climate on British Sociology Today, in: Sociology, Vol. 26 (1992), Nr. 4, S. 575–587; Paul Bagguley/Kirk Mann: Idle Thieving Bastards? Scholarly Representations of the »Underclass«, in: Work, Employment & Society, Vol. 6 (1992), Nr. 1, S. 113–126; Lydia D. Morris: Is There a British Underclass?, in: International Journal of Urban and Regional Research, Vol. 17 (1993), Nr. 3, S. 404–412, und: Dangerous Classes. The Underclass and Social Citizenship, London 1994; Christopher T. Whelan: Marginalization, Deprivation, and Fatalism in the Republic of Ireland. Class and Underclass Perspectives, in: European Sociological Review, Vol. 12 (1996), Nr. 1, S. 33–51; und Elżbieta Tarkowska: In Search of an Underclass in Poland, in: Polish Sociological Review, Nr. 125 (1999), S. 3–16.

Bitte der Mitwirkenden an dem Band, den Begriff in Anführungszeichen zu setzen, ging der Verlag nicht ein. Ein Beweis dafür, dass der Begriff Teil des Neusprechs amerikanischer Kategorien geworden war, die rund um den Globus zirkulierten, dank der unübertroffenen symbolischen Macht der Vereinigten Staaten, ihre historischen Besonderheiten (hier die Verflechtung von Kaste, Klasse und Staat in der postindustriellen Metropole) durch eine fälschliche Universalisierung zu naturalisieren.[23]

Die beschleunigte Zirkulation von »Unterklasse« über die Grenzen zwischen akademischer Forschung, politischen Thinktanks und Politik sowie des Journalismus hinweg festigte in dieser entscheidenden Phase ihren Platz in der gesellschaftlichen und wissenschaftlichen Vorstellungswelt Amerikas. Sie *verwischte auch die Unterscheidungen zwischen den drei diskursiven Bereichen* und erleichterte es, sich auf die gleichen Referenzen zu beziehen und stillschweigend Bedeutungen und Bilder von einem Feld auf ein anderes zu übertragen. Die sozialwissenschaftlichen, politisch-philanthropischen und medialen Bedeutungen von »Unterklasse« lassen sich daher nur *im Verhältnis zueinander*, als Elemente einer semantischen Triade, begreifen.

Beim Nachdenken über diese Zeit der symbolischen Raserei stellt Douglas Massey 1993 fest, dass »die von Sozialwissenschaftlern durchgeführten empirischen Studien zur Unterklasse die populären Stereotype in den Medien widerspiegeln«, denen zufolge die anhaltende städtische Armut ein »*Schwarzes* Problem« sei, verkörpert von »arbeitslosen jungen schwarzen Männern und unverheirateten schwarzen Müttern im Sozialhilfebezug«. Er gibt eine gute Beschreibung des *Lemmingeffekts*, der Wissenschaftler in Scharen über einen begrifflichen Abgrund schickte und die Kategorie ohne Rücksicht auf ihre konstitutive Unklarheit und moralische Bedeutung an die Spitze der Forschungsagenda katapultierte:

> »In einer Zeit, in der Stiftungsbudgets für Projekte zur Unterklasse bereitgestellt wurden, in der alle paar Monate Konferenzen über die Unterklasse abgehalten wurden, in der beim Social Science Research Council und anderswo Ausschüsse über die Unterklasse gebildet wurden, in der Kongressanhörungen über städtische Armut auf Hochtouren liefen und die ›Unterklassendebatte‹ von der Presse energisch vorangetrieben wurde, schien es vernünftig zu sein, auf der Einbeziehung der Latinos zu bestehen.«

23 Enzo Mingione (Hrsg.): Urban Poverty and the Underclass. A Reader, Cambridge (MA) 1995; Pierre Bourdieu/Loïc Wacquant: Die List der imperialistischen Vernunft [1998]. Übersetzung von Daniela Böhmler, in: Pierre Bourdieu (Hrsg.): Eingrenzungen – Ausgrenzungen – Entgrenzungen (Liber Jahrbuch, Bd. 2), Konstanz 1999, S. 3–20.

Es war ratsam, die von der journalistischen Mode und dem politischen Diktat vorgegebene Problematik zu übernehmen. In »einer Zeit wachsender Knappheit und zunehmenden Wettbewerbs um Ressourcen« schien die Entscheidung, »auf den Zug der Unterklasse aufzuspringen«, die vernünftigere zu sein. Also versuchten die Hispanoamerikaner, »sich ins Rampenlicht der Armut zu drängen«.[24] Zu den Ergebnissen dieses Ansturms gehörten eine Arbeitsgruppe, eine Konferenz und ein von der Russell Sage Foundation gesponserter Sammelband – in dem gezeigt wurde, dass der Begriff »Unterklasse« *nicht* geeignet war, die Armutsverhältnisse unter den Latino-Gruppen zu erfassen.[25]

Die Existenz der »Unterklasse« wurde also durch eine klassische Form des *argumentum ad populum* etabliert, den logischen Fehlschluss der »Berufung auf die Leute« (manchmal auch als *bandwagon fallacy* bezeichnet). Eine Überzeugung wird für wahr gehalten, weil viele andere sie akzeptieren (die epistemische Variante), oder man gewinnt die Zustimmung zu einer Aussage, indem man die Gefühle der Massen weckt (die emotionale Variante).26 Wissenschaftler, die sich auf Ken Aulettas Buch berufen, in dem Auletta sich wiederum auf einen vermeintlichen Konsens unter Wissenschaftlern oder Thinktank-Mitarbeitern beruft, ist ein Beispiel für die erste Variante. Die zweite veranschaulicht der konservative Politikwissenschaftler James Q. Wilson, wenn er aufbraust:

> »Trotz der Bemühungen einiger, von der Verwendung des Wortes ›Unterklasse‹ abzuraten, ist es Unsinn, so zu tun, als gäbe es eine solche Gruppe nicht oder als sei sie keine Bedrohung. Sie wird als Unterklasse bezeichnet, und wir machen uns Sorgen über sie, weil ihre Mitglieder einen schlechten Charakter haben: Sie überfallen Leute, nehmen Drogen, lassen ihre Kinder im Stich und verspotten die Bildung.«[27]

24 Douglas S. Massey: Latinos, Poverty, and the Underclass. A New Agenda for Research, in: Hispanic Journal of Behavioral Sciences, Vol. 15 (1993), Nr. 4, S. 449–475, hier S. 450.

25 Joan Moore/Raquel Pinderhughes (Hrsg.): In the Barrio. Latinos and the Underclass Debate, New York 1993.

26 Benjamin W. McCraw: Appeal to the People, in: Robert Arp/Steven Barbone/Michael Bruce (Hrsg.): Bad Arguments. 100 of the Most Important Fallacies in Western Philosophy, New York 2018, S. 112–114.

27 James Q. Wilson: Redefining Equality: The Liberalism of Mickey Kaus, in: Public Interest, Nr. 109 (1992), S. 101–108, hier S. 103.

3 —— Anatomie: Die drei Gesichter von »Unterklasse«

Nachdem ich nun die Genealogie von »Unterklasse« zurückverfolgt habe, kann ich mich der Anatomie des Begriffs zuwenden. Anstatt seine verschiedenen Verwendungen nach den mutmaßlichen politischen Neigungen seiner Vertreter – konservativ, liberal oder radikal – aufzuteilen, schlage ich vor, sie auf analytischer Basis in drei große Familien zu gruppieren, je nachdem, ob sie die *Struktur* der Wirtschaft und des Arbeitsmarktes, das *Verhalten* und die kulturellen Schwächen der beschuldigten Individuen oder die sozialen Merkmale der *Nachbarschaft* und des unmittelbaren menschlichen Milieus, in dem sie sich entwickeln, betonen. Von diesen drei Auffassungen – der strukturellen, der verhaltensbezogenen und der neo-ökologischen – ist es die zweite mit ihrer semantischen Aufladung voller entwürdigender Assoziationen, die auf dem Höhepunkt der »Unterklassen«-Debatte auf den intellektuellen und politischen Bühnen im Mittelpunkt stand.[1] Diese Auffassung genoss eine nahezu vollständige Hegemonie, der die Befürworter eines neo-ökologischen Ansatzes, der auf eine Integration von strukturellen, räumlichen und individuellen Faktoren zielte, kaum etwas anhaben konnten.

1 Zu den Ursprüngen: »Unter-Klasse« als strukturelle Position

Der erste Gebrauch des Wortes »Unterklasse«, der im *Oxford English Dictionary* verzeichnet ist, stammt von dem schottischen revolutionären Sozialisten John Maclean (1879–1923), der während seines Prozesses wegen Aufruhrs im Jahr 1918 erklärte, dass »die gesamte Geschichte der Gesellschaft bewiesen hat, dass die Gesellschaft Fortschritte macht, weil eine Unter-Klasse sich gegen den Widerstand einer über ihr stehenden Klasse durchsetzt«. Unter den britischen Kommunisten, die bereits mit

1 Bestätigungen dafür finden sich bei: Robert Aponte: Definitions of the Underclass. A Critical Analysis, in: Martha White Riley (Hrsg.): Sociology in America, Newbury Park (CA) 1990, S. 117–137; Christopher Jencks: Is the American Underclass Growing?, in Christopher Jencks/Paul E. Peterson (Hrsg.): The Urban Underclass, Washington (DC) 1991, S. 28–100; Ronald B. Mincy: The Underclass. Concept, Controversy and Evidence, in: Sheldon H. Danziger/Gary D. Sandefur/Daniel H. Weinberg (Hrsg.): Poverty and Public Policy. What Do We Know? What Should We Do?, Cambridge (MA) 1994, S. 109–146; Joel A. Devine/James D. Wright: The Greatest of Evils. Urban Poverty and the American Underclass, Hawthorne (NY) 1993, Kap. 4 und 6; und Herbert J. Gans: The War Against the Poor. The Underclass and Anti-Poverty Policy, New York 1995, Kap. 2.

der vollständigen Klassentaxonomie von Marx ausgestattet waren, setzte sich der Begriff nicht durch. Als zeitgenössisches Schlüsselwort der öffentlichen Debatte verdanken wir diese terminologische Neuerung dem Wirtschaftsnobelpreisträger Gunnar Myrdal. Er verwendet es in seinem 1963 erschienenen Buch »Challenge to Affluence« (Probleme des Wohlstands), das er als eine Art Fortsetzung und Ergänzung seines klassischen Werks »An American Dilemma« von 1944 schrieb. Während sich »Dilemma« mit dem explosiven, angeblich allerdings allmählich entschärfenden »Negro Problem« der Vereinigten Staaten befasste, warnt »Challenge« vor dem übersehenen, aber sich verschärfenden Problem der Klassenungleichheit und der zunehmenden Marginalisierung, mit dem dieses Land aufgrund von Veränderungen in seiner ökonomischen Struktur konfrontiert sei.[2]

Entgegen dem zu Beginn der 1960er-Jahre vorherrschenden Optimismus – John Kenneth Galbraith feierte das Aufkommen der »Wohlstandsgesellschaft« und Daniel Bell verkündete »das Ende der Ideologie«[3] – entzaubert Myrdal die Fiktion einer »freien und offenen« amerikanischen Gesellschaft, in der jeder auf der sozioökonomischen Leiter aufsteigen und zu Wohlstand gelangen könne, wenn er nur den Willen dazu hat. Er schlägt Alarm angesichts der Entstehung »einer ›Unter-Klasse‹ von Arbeitslosen und einer allmählich zunehmenden Zahl von nicht mehr oder nicht ausreichend zu beschäftigenden Menschen und Familien am unteren Rand der Gesellschaft«, die »keinen wirklich integrierten Teil der Nation bilden, sondern eine nutzlose und verelendete Unterschicht *(substratum)*«.[4]

Um diese Gefahr für die von ihm verehrten »Grundprinzipien der amerikanischen Gesellschaft« zu dramatisieren, lässt sich Myrdal von dem schwedischen Begriff *underklass* inspirieren, der in der Literatur des 19. Jahrhunderts die untere Schicht bezeichnete und den Gegensatz zwischen der unteren und der oberen Schicht des Klassenspektrums darstellte, in dem letztere den Namen *överklass* trug. Myrdal führt den Begriff mit diesem Vorbehalt ein:

> »Das Wort ›Unter-Klasse‹ scheint im Englischen nicht verwendet zu werden. In Amerika, wo sich, wie Meinungsumfragen über mehrere Jahrzehnte hinweg zeigen, die große Mehrheit zur ›Mittelklasse‹ rechnet, ist dies vor allem aus ideologischen Gründen verständlich. Den-

2 Gunnar Myrdal: Challenge to Affluence, New York 1963. Bemerkenswerterweise verwendet Myrdal den Begriff »Unterklasse« auf den fünfzehnhundert Seiten seines ersten Buchs kein einziges Mal: An American Dilemma. The Negro Problem and Modern Democracy. 2 Bände, New York 1944.

3 John Kenneth Galbraith: Gesellschaft im Überfluß. Übersetzt aus dem Amerikanischen von Rudolf Mühlfenzl, München 1958 [1958]; und Daniel Bell: The End of Ideology. On the Exhaustion of Political Ideas, Glencoe (IL) 1960.

4 Myrdal: Challenge to Affluence, S. 34–35.

> noch wird der Begriff in diesem Buch verwendet, weil allein er der hier diskutierten sozialen Realität angemessen ist.«[5]

Die Notwendigkeit eines neuen Begriffs ergebe sich aus der Tatsache, dass in den Vereinigten Staaten zwar »das bittere Elend von Millionen Menschen nichts Neues ist«, es aber bisher »keine Unter-Klasse von hoffnungslosen Menschen gab«, die durch die »Schließung von Möglichkeiten« am unteren Ende der sozialen Hierarchie »zu einem Leben abseits vom Rest der Nation gezwungen waren«.[6]

Dieser besorgniserregende Trend hat laut Myrdal zwei Hauptursachen: zum einen die kontinuierliche Steigerung der Arbeitsproduktivität durch technologische Modernisierung und Automatisierung und zum anderen die stetige Öffnung des Zugangs zu höherer Bildung. Diese beiden Faktoren führten zusammen zur Vernichtung von Millionen von Arbeitsplätzen für Ungelernte und machten einen wachsenden Teil der in den Innenstädten und im ländlichen Hinterland lebenden Arbeiterklasse praktisch obsolet. Für die am stärksten Enteigneten werde eine *kastenähnliche Barriere* errichtet, da die Verdrängung aus der produktiven Sphäre aufgrund postindustrieller Innovationen durch die korporatistische Haltung der Gewerkschaften und eine auf die Vergrößerung der Mittelklasse ausgerichtete öffentliche Politik bestärkt werde. Während also der größte Teil Amerikas in den Genuss einer erhöhten sozialen und wirtschaftlichen Mobilität durch höhere Bildung komme, »wird unterhalb dieses Niveaus eine Grenze zu einer ›Unter-Klasse‹ gezogen. Diese Klassenlinie wird fast wie eine Kastenlinie abgegrenzt, da die Kinder dieser Klasse tendenziell genauso schlecht ausgestattet werden wie ihre Eltern.«

Ohne korrigierende Maßnahmen werde sich die soziale Marginalität inmitten des Überflusses nach dem Mechanismus der »zirkulären kumulativen Verursachung« selbst erhalten, den Myrdal in »An America Dilemma« eingeführt hatte, um die fortgesetzte Unterordnung der Afroamerikanerinnen zu erklären: Aufgrund ihrer wirtschaftlichen Benachteiligung werde die Unter-Klasse »gezwungen sein, in Slums zu leben«, in denen »die Schulen schlecht sein werden« und »die gesamte Lebensweise zerstörerisch für den Willen und die Fähigkeit ist, im Leben

5 Ebd., S. 34n. Dies nimmt fast wortwörtlich die Rechtfertigung vorweg, die Wilson ein Vierteljahrhundert später für seine Verwendung des Begriffs in »The Truly Disadvantaged« (1987, S. 7) geben wird. Bemerkenswert ist, dass die Amerikanisierung des Begriffs durch Myrdal seine ursprüngliche negative moralische Wertigkeit auslöschte: »Mit einer gewissen Gelassenheit hatte Myrdal das alte, etwas anrüchige und politisch unkorrekte schwedische Wort underklass aufgegriffen, das vor allem in bürgerlichen Kreisen, insbesondere zu Beginn und in der Mitte des 20. Jahrhunderts, verwendet wurde, um ein Verhalten zu bezeichnen, dem es an guten Manieren und Kenntnissen der Etikette mangelte.« Ulf Hannerz: Afterword: Soulside Revisited, in: ders.: Soulside. Inquiries into Ghetto Culture and Community. Neuauflage, Chicago (IL) 2004 [1969], S. 211–220, hier S. 213.

6 Myrdal: Challenge to Affluence, S. 36, 11, 16.

voranzukommen«.[7] Myrdal sagt voraus, dass die Herausbildung eines verhärteten Kerns von Dauerarbeitslosen mit der Zunahme und Ausbreitung von Anomie, sozialer Isolation und Kriminalität einhergehen werde, aber auch mit der zunehmenden Demoralisierung von Familien, die auf dem Altar der wirtschaftlichen Modernisierung geopfert werden. Denn in einer wohlhabenden Gesellschaft, die von einer puritanischen, auf beruflichen Wettbewerb ausgerichteten Ethik beherrscht wird, verliere man durch den Verlust des Arbeitsplatzes die Möglichkeit, Selbstachtung und soziale Würde zu erlangen. Das Fehlen einer politischen Repräsentation schließe den »Teufelskreis der zirkulären Verursachung«, durch den Amerikas neue soziale Außenseiter vom nationalen Wohlstand ausgeschlossen werden: Bei politischen Wahlen seien »arme Menschen in Amerika stumm, unartikuliert und untätig«, »mit dem Ergebnis, dass sie keine faire Behandlung erhalten« und nun »den größten Gefahren ausgesetzt sind«.[8]

Myrdal führt den Begriff »Unter-Klasse« ein, aber mit Bedacht und Vorsicht – und wenn er ihn verwendet, achtet er darauf, ihn mit einem Bindestrich zu schreiben und in Anführungszeichen zu setzen. Seiner Ansicht nach ist ein solches Kollektiv weniger eine fest etablierte Realität als vielmehr eine »neue Bedrohung«, die sich am Horizont der postindustriellen Gesellschaft abzeichnet.[9] Dennoch ist klar, wie es vermutlich aussehen wird: Es beruht auf einer *Position ganz unten in der Klassenstruktur*; es ist sowohl ländlich als auch städtisch und schwarz und hispanisch als auch weiß. Die zirkuläre Verflechtung von Arbeitslosigkeit und schlechten Lebensbedingungen sei bei Afroamerikanern besonders stark ausgeprägt – Myrdal sieht darin die »größte Gefahr, die den erfreulichen Trend zu einer Verbesserung der Rassenbeziehungen in Amerika bedroht« –, aber sie betreffe auch Puertoricaner und Mexikaner sowie »arme Weiße überall in Amerika, die nach unten gedrückt und durch den Teufelskreis unten gehalten werden«.[10]

Umfang und Schicksal der »Unter-Klasse« würden letztlich unmittelbar von der öffentlichen Politik in den Bereichen Schule, Berufsausbildung, Wohnungsbau, öffentliche Unterstützung und Stadtentwicklung beeinflusst. Für Myrdal ist es der Charakter der Wirtschaft selbst, insbesondere das langsame Wachstum in Verbindung mit der Aufwertung der Berufsverteilung, der zu einer zunehmenden »strukturellen Diskrepanz zwischen Arbeitsnachfrage und Arbeitsangebot«[11] am unteren Rand führe. Dies ist für ihn der treibende Kausalfaktor und nicht der Charak-

7 Ebd., S. 38 und 42.

8 Ebd., S. 99.

9 Ebd., S. 37–39. Das erklärt auch die Verwendung des Bindestrichs in »Unter-Klasse«. Mit ihm soll offensichtlich hervorgehoben werden, dass es sich um eine soziale Relation handelt.

10 Ebd., S. 45.

11 Ebd., S. 16.

ter des einzelnen Individuums, sein Alltagsverhalten oder die Kultur der Gruppen, denen es angehört. Das entscheidende Element sei die gelockerte oder unterbrochene Verbindung zur Welt der Lohnarbeit, und das einzige wirkliche Heilmittel gegen den »Fluch der permanenten Arbeitslosigkeit« sei eine »energische öffentliche Politik«, die das Wachstum auf breiter Front anregt und Vollbeschäftigung herbeiführt.

Myrdals Analyse der sozialen Auswirkungen der »erlahmten und stockenden Entwicklung der amerikanischen Wirtschaft« auf die Klassenstruktur, die soziale Mobilität und die Politik am unteren Rand der Gesellschaft war in vielerlei Hinsicht vorausschauend: Sie nahm entscheidende Debatten über die Zunahme der Ungleichheit, die Polarisierung der Lebenschancen, die steigende Prämie für einen Hochschulabschluss auf dem Arbeitsmarkt, das Wiederaufleben der informellen und kriminellen Ökonomie in den Großstädten und die demoralisierenden Auswirkungen langfristiger wirtschaftlicher Überflüssigkeit, sei es durch Arbeitslosigkeit oder durch Prekarisierung, um zwei bis drei Jahrzehnte vorweg. Und sie sagte die Unfähigkeit der keynesianischen Politik voraus, das Wirtschaftswachstum zu beschleunigen und diese Probleme zu lindern.[12] Doch sie hat weder in der Wissenschaft noch in der Politik Spuren hinterlassen. In seiner Biografie des schwedischen Gelehrten und Staatsmannes stellt Walter Jackson fest, dass »die meisten amerikanischen Rezensenten die Originalität und die Breite der Vision von *Challenge to Affluence* nicht zu schätzen wussten«, weil die Forscher aufgrund seines Ruhms und seinem häufigen Auftreten in der Öffentlichkeit »begonnen hatten, Myrdal eher als Propheten und Sozialkritiker denn als technischen Ökonomen zu sehen«.[13]

An der politischen Front wurde die Wirkung von »Challenge to Affluence« durch das ein Jahr zuvor veröffentlichte Buch »The Other America« (dt. »Das andere Amerika«) von Michael Harrington vorweggenommen, das die Aufmerksamkeit der Journalisten und die Fantasie progressiver Politiker dank seiner anschaulichen menschlichen Vignetten und der gefälligeren Behauptung erregte, dass die amerikanische Armut ein der Nation eigentlich fremdes Überbleibsel sei, und nicht, wie von Myrdal behauptet, ein tief in die wirtschaftliche Struktur eingewobenes Phänomen.[14] Wie wir bereits gesehen haben, hatte außerdem der von dem Anthropologen Oscar Lewis entwickelte Begriff »Kultur der Armut« die Aufmerksamkeit der Sozialwissenschaftler gewonnen, die sich mit städtischer Marginalität und Armutspolitik befassten.

12 Das Kapitel über »Arbeitslosigkeit und Armut«, das die zentralen Überlegungen zur »Unter-Klasse« enthält, ist in der Sammlung mit Schlüsseltexten von Myrdal vollständig abgedruckt: The Essential Gunnar Myrdal. Edited by Örjan Appelqvist and Stellan Andersson, New York 2005, S. 133–143.

13 Walter A. Jackson: Gunnar Myrdal and America's Conscience. Social Engineering and Racial Liberalism, 1938–1987, Chapel Hill (NC) 1990 (Neuauflage 2014), S. 347.

14 Michael Harrington: Das andere Amerika. Die Armut in den Vereinigten Staaten. Ins Deutsche übertragen von Emi Ehm, München 1964 [1962].

Wissenschaftler, die den von Myrdal entwickelten strukturellen Begriff analytisch nutzten, sind rar gesät und in der nachfolgenden amerikanischen Debatte über Kaste und Armut in der Stadt werden sie fast nie zitiert. Die viel beachtete Monografie von Lee Rainwater, »Behind Ghetto Walls«, eine dreijährige Feldstudie über schwarze Mieterinnen in einem Sozialwohnungsprojekt in St. Louis, die 1970 veröffentlicht wurde, enthält beispielsweise die düstere Warnung, dass »die relative Deprivation der Unterklasse im Zentrum ihrer Marginalität und Entfremdung steht«. In Übereinstimmung mit Myrdal und im Gegensatz zum Thema des »anderen Amerikas« besteht Rainwater darauf, dass Amerikas Elite besser aufhören sollte, »sich über die Unterklasse etwas vorzumachen. Sie ist das Produkt eines Wirtschaftssystems, das so angelegt ist, dass es ein zerstörerisches Ausmaß an Einkommensungleichheit hervorbringt«.[15] Doch wenn »Behind Ghetto Walls« in späteren Diskussionen zitiert wird, dann wegen seiner Darstellung des Familienlebens und der wirtschaftlichen Strategien armer Schwarzer, nicht wegen seiner unbeabsichtigten einkommensbasierten Definition von »Unterklasse«. In ähnlicher Weise orientierte sich der Wirtschaftswissenschaftler Frank Levy vom Urban Institute in Washington in einem Arbeitspapier von 1977 mit dem Titel »How Big Is the American Underclass?«[16] an dem Begriff von Myrdal. Levy verwendete Daten aus der Michigan Panel Study of Income Dynamics, um die Größe der Bevölkerung zu schätzen, die dauerhaft arm war, d. h., die in fünf der sieben Jahre zwischen 1967 und 1973 unter die offizielle »Armutsgrenze« fiel. Er errechnete, dass etwa neun Millionen Menschen dauerhaft arm waren, eine Gruppe, die zu 70 Prozent nicht-weiß war und zu 70 Prozent aus Kindern bestand. Doch seine Schätzung stieß bei den Analysten der städtischen Armut nicht auf Interesse, auch nicht bei den politischen Instituten. Dafür kam sie zu früh.

Wir müssen nach Großbritannien gehen, um festzustellen, dass der Begriff ein Jahrzehnt nach Myrdals Prägung unter der Feder des jungen englischen Soziologen Anthony Giddens in seinem viel beachteten Buch »The Class Structure of the Advanced Societies« (dt. Die Klassenstruktur fortgeschrittener Gesellschaften) aus dem Jahr 1973 seine Blütezeit erlebte.[17] Giddens schlägt vor, dass wir immer dann eine »Unterklasse«

15 Lee Rainwater: Behind Ghetto Walls. Black Family Life in a Federal Slum, New York 1970, S. vii und 323–324. Ein Jahr zuvor hatte Rainwater eine Ausgabe des sozialwissenschaftlichen Magazins *Trans-Action* über die »urbane Unterklasse« herausgegeben, aber keiner der darin enthaltenen Artikel ging auf diesen Begriff ein und die Ausgabe blieb unbeachtet.

16 Frank Levy: How Big Is the American Underclass? Working paper, Urban Institute, Washington (DC) 1977. Das Papier wurde ursprünglich 1974 geschrieben, als Levy an der School of Public Policy in Berkeley tätig war. Es blieb unveröffentlicht (nachdem es erfolglos beim *Journal of Human Resources* eingereicht worden war). Persönliche Mitteilung von Frank Levy, 3.9.2020.

17 Zu dieser Zeit hatte sich Giddens noch nicht zu einem abstrakten Sozialtheoretiker entwickelt und zeigte ein anhaltendes Interesse an Fragen der Eliten- und Klassenbildung. Sein Buch befasst sich mit aktuellen Themen der Klassentheorie, insbesondere mit der Notwendigkeit, die diskreditierten marxistischen Darstellungen der strukturellen Spaltung und der Verelendung

vor uns haben, wenn »ethnische Differenzen die Rolle einer ›disqualifizierenden‹ Marktchance annehmen, sodass sich die der entsprechenden Kategorie Zugehörigen in den schlechtest bezahlten Beschäftigungen konzentrieren oder chronisch arbeitslos oder teilbeschäftigt sind«.[18]

Nach dieser Definition stellt die »Unterklasse« das prekärste Segment der Arbeiterklasse dar, das sich aus dem Zusammentreffen ökonomischer und ethnischer Spaltungen ergibt. Sie hat ihre Ursache in der zunehmenden Aufspaltung des Arbeitsmarkts in einen »primären« Bereich von geschützten Arbeitsplätzen im Kern der Wirtschaft und einen »sekundären« Bereich unsicherer Beschäftigungen mit geringen Löhnen, die von wechselnden Arbeitskräften ausgeübt werden.[19] Das Vorhandensein einer riesigen, »komplex strukturierten Unterklasse«, die sich aus städtischen Schwarzen zusammensetzt, sei zu Beginn der 1970er-Jahre zu einem zentralen Merkmal des sozialen und politischen Lebens der USA geworden. In den europäischen Ländern hingegen sei die Grundlage der »Unterklasse« sowohl schmaler als auch brüchiger, da sie aus erst kürzlich aus der Dritten Welt eingewanderten Arbeitern rekrutiert wurde.[20] Während Myrdal den Begriff »Unter-Klasse« verwendet, um ein marginalisiertes Segment der postindustriellen Arbeiterklasse zu bezeichnen, unabhängig von der Zusammensetzung seiner Mitglieder, macht Giddens die Zugehörigkeit zu einer untergeordneten ethnischen Kategorie zu einem ihrer beiden konstitutiven Merkmale.

Diese doppelte strukturelle Konzeption von »Unterklasse« als eine *durch die ethnische Zugehörigkeit beeinflusste Klassenposition* wurde von einem anderen führenden Soziologen in Großbritannien, dem Südafrikaner John Rex, aufgegriffen und zur Schlüsselkomponente einer neo-weberianischen Theorie von ethnischer Herrschaft und Klassenbildung weiterentwickelt. In »Colonial Immigrants in a British City. A Class Analysis« (1979), einer bahnbrechenden Studie über die Eingliederung von Einwanderern in Birmingham, die zusammen mit Sally Tomlinson durchgeführt wurde, stellt Rex die Frage, »ob es überhaupt eine Tendenz zur Bildung spezifisch wichtiger Unterklassengruppen gibt, die durch ein besonderes Schicksal und das allmähliche Entstehen von eigenen Organisationen der Immigranten gekennzeichnet ist«.[21]

---

der Arbeiterklasse durch eine neo-weberianische Analyse der Verbürgerlichung zu ergänzen. Die Frage nach den Grundlagen, der Zusammensetzung, der Größe und den politischen Neigungen der Mittelklasse(n) war damals für die Untersuchung der Ungleichheit von großer Bedeutung (z. B. Nicholas Abercrombie/John Urry: Capital, Labour, and the Middle Classes, London 1983).

18 Anthony Giddens: Die Klassenstruktur fortgeschrittener Gesellschaften. Übersetzt von Cora Stephan, Frankfurt a. M. 1979 [1973], S. 136.

19 Ebd., S. 273, 359.

20 Ebd., S. 269–272.

21 John Rex/Sally Tomlinson: Colonial Immigrants in a British City. A Class Analysis, London 1979, S. 9.

Er schlägt vor, dass »Unterklasse« eine Klassenposition unterhalb der Arbeiterklasse und getrennt von ihr ist, weil sich die Spaltung der südasiatischen und karibischen Arbeiterinnen von der einheimischen Arbeiterklasse nicht nur auf die Beschäftigung bezieht, sondern auch den Wohnraum und die Ausbildung betrifft. Diese Einwanderer, die durch den Zusammenbruch der imperialen Sozialstruktur nach England gekommen sind, hätten versucht, sich an die britische Gesellschaft anzupassen, seien aber mit Vorurteilen, Stigmatisierung und Diskriminierung konfrontiert worden, sodass sie nicht in die einheimische Arbeiterklasse integriert werden konnten. Rex übernimmt jedoch nicht pauschal Myrdals Modell und teilt auch nicht dessen Pessimismus in Bezug auf die Zukunft der »Unterklasse«.

Erstens sei der institutionelle Kontext der Klassenbildung im Vereinigten Königreich nicht ein wettbewerbsorientierter Individualismus des Marktes wie in den Vereinigten Staaten, sondern das Streben nach den vom Wohlfahrtsstaat garantierten grundlegenden sozialen und wirtschaftlichen Rechten. Zweitens ist die westindische und asiatische Bevölkerung Englands für Rex keine »verzweifelte Masse«, die »seit mehreren Generationen im Getto verrottet«, wie es die Afroamerikaner sind. Daher seien diese Menschen nicht von Demoralisierung und sozialer Verkümmerung bedroht.[22] Gefangen in ungelernten und schlecht bezahlten Jobs, konzentriert in minderwertigen und abgetrennten Wohngebieten und abgedrängt in segregierte Schulen, seien Asiatinnen und Westinder gezwungen gewesen, ihre eigenen gewerkschaftlichen und politischen Einrichtungen zu entwickeln. Im Ergebnis hätten sie daher nicht nur eine »Unterklasse an sich« gebildet, die sich durch den Ausschluss von den der Arbeiterklasse vom Staat gewährten sozialen Leistungen definiert, sondern auch eine »Unterklasse für sich« mit ihren »eigenen Formen der Organisation, einer eigenen Kultur, politischen Zielen und Ideologie«.[23] Aufgrund dieses wachsenden subjektiven Bewusstseins der Kinder von Einwanderern aus der Dritten Welt über ihre besondere Stellung in der Industrie wie auch in der Stadt werde es zu keiner weiteren Marginalisierung kommen, sondern zu einer Zunahme von ethnischen Klassenkonflikten und politischen Kämpfen für die volle Gleichberechtigung. Die Riots von 1981, die durch Zusammenstöße zwischen jugendlichen Einwanderern und der Polizei ausgelöst wurden, seien ein verdeckter Hinweis auf diese Tendenz.

Die aufkeimende amerikanische Debatte über »Unterklasse« hat sich nie mit diesen britischen Arbeiten befasst. Sie entwickelte sich in völliger Isolation von der übrigen weltweiten Forschung, im Einklang mit dem provinziellen Doxa der nationalen Sozialwissenschaft, das es akzeptabel

22 John Rex: The Ghetto and the Underclass. Essays on Race and Social Policy, Aldershot 1988, S. 29.

23 Ebd., S. 113.

macht, in anderen Ländern durchgeführte wichtige Untersuchungen zu ignorieren, selbst wenn diese auf Englisch veröffentlicht werden. Aus diesem kurzen Abstecher in die britische Literatur lassen sich jedoch zwei Lehren ziehen: Das »duale Modell« von »Unterklasse« stellt zwei stillschweigende Annahmen infrage, die von allen Analytikern der »Unterklasse« in den Vereinigten Staaten gemacht werden: Dass der Markt ein natürlicher und gerechter Mechanismus für die Zuweisung von Personen zu Positionen sei und dass der Staat nur eine begrenzte Kapazität habe, seine Bevölkerung mit wesentlichen Gütern zu versorgen. Die Arbeiten britischer Wissenschaftler zeigen, dass *Myrdals struktureller Begriff brauchbar ist, wenn er in eine neo-weberianische Klassentheorie eingefügt wird,* die sich auf die Marktfähigkeit konzentriert, und nicht zu einem verhaltensbezogenen Schimpfwort verkommen muss. In der Tat wurde dieser neo-weberianische Begriff in den 1990er-Jahren von britischen Soziologen weiterentwickelt und diskutiert, als »Unterklasse« infolge des Imports der amerikanischen Diskussion wieder in den intellektuellen Vordergrund rückte.[24]

Zurück in die Vereinigten Staaten: Die Analysen von Douglas Glasgow in »The Black Underclass. Poverty, Unemployment, and the Entrapment of Ghetto Youth«, veröffentlicht 1980, passen zu dieser erweiterten strukturellen Begriffsbildung – auf den ersten Seiten seines Buches beruft sich Douglas ausdrücklich auf Myrdal.[25] Sie werden selten zitiert und nie diskutiert, weil kurz nach ihrer Veröffentlichung die moralische Panik der »Unterklasse« nationale Ausmaße annahm, und wahrscheinlich auch, weil sie aus der Sozialarbeit stammten, einer praktischen Disziplin, die sich am Rande der üblichen Kreise der sozialwissenschaftlichen Debatte befindet.

Ausgehend von einer Studie über die sozialen Lebenswege und Strategien der Beteiligten an den Watts-Riots im Jahr 1965 hält Glasgow fest, dass die »Unterklasse« eine unbestreitbare soziale Tatsache sei, ein dauerhafter Ort in der städtischen Klassenstruktur, der von schwarzen Jugendlichen eingenommen wird, die in den enteigneten Vierteln des zerfallenden Gettos gefangen sind. Drei miteinander verknüpfte Mechanismen würden zu ihrer Konsolidierung beitragen:[26] erstens die rassiale Ausgrenzung, die vor den Revolten der 1960er-Jahre brutal und offen, seither subtiler und verdeckter sei; zweitens die systematischen Praktiken der Ablehnung durch offizielle Institutionen, allen voran die Schule,

24 Eine Zusammenfassung dieser zweiten britischen Debatte über »Unterklasse«, die durch amerikanische Importe ausgelöst wurde, bietet Robert Moore: Rediscovering the Underclass, in: Robert Burgess/Anne Murcott (Hrsg.): Developments in Sociology, London 2014, S. 301–325.

25 Douglas Glasgow: The Black Underclass. Poverty, Unemployment, and Entrapment of Ghetto Youth, New York 1980, S. 3. Das Buch basiert auf einer Dissertationsstudie, die bis Mitte der 1970er-Jahre durchgeführt wurde. Douglas wurde dann Professor für Sozialarbeit an der Howard University und war später an der Gründung des Black Men's Development Center und der National Association of Black Social Workers beteiligt.

26 Ebd., S. 1–11.

die die Lebenschancen der Jugendlichen aus den armen schwarzen Vierteln verstümmele und sie zum sozialen Scheitern verurteile; drittens die Vertreibung aus der Sphäre der Lohnarbeit, die eine große überzählige Bevölkerung hervorbringe, deren Kontrolle der Polizei sowie dem Wohlfahrts- und Gesundheitssektor des Staates überlassen werde.

Was die »Unterklasse« jedoch am klarsten von der Unterschicht *(lower class)* unterscheide, ist für Glasgow ihre *soziale Immobilität*. So wie er die Bezeichnung »Unterklasse« verwendet, »impliziert sie keine Konnotation der Unwürdigkeit« und keine Zuschreibung irgendeines psychologischen Makels oder einer kulturellen Unfähigkeit. Unabhängig davon, ob sie sich am Mainstream orientieren oder Zuflucht in einer »Kultur des Überlebens« suchen, die mit den herrschenden Normen kollidiert, seien die Bewohnerinnen der städtischen Bantustans in Amerika zu einem unaufhörlichen Abstieg verurteilt. Daher kritisiert Glasgow nachdrücklich die drei bösartigen »Mythen«, denen zufolge Jugendliche aus den Hypergettos gleichgültig gegenüber sozialem Streben und Erfolg, unmotiviert zur Arbeit und begierig seien, sich in die Reihen der Sozialhilfeabhängigen einzureihen.[27] Es ist bemerkenswert, dass Glasgows Buch von den amerikanischen Theoretikern der »Unterklasse« in den letzten Jahrzehnten des 20. Jahrhunderts weitgehend ignoriert wurde, obwohl er sich frontal mit all den Themen auseinandersetzte, die sie in der Folgezeit beschäftigen sollten, darunter die Notwendigkeit einer Wohlfahrtsreform, von Berufsausbildung, einer Verbesserung der Schulbildung und einer politischen Mobilisierung der Armen.

Ein anderes Buch über die »Unterklasse« wurde von Strafrechtssoziologen und Kriminologen gelesen und erlangte unter ihnen schnell den Status eines Mini-Klassikers, wurde aber aufgrund disziplinärer Scheuklappen von politikorientierten Wissenschaftlern nicht zur Kenntnis genommen: John Irwins »The Jail. Managing the Underclass in American Society« (Der Knast. Die Verwaltung der Unterklasse in der amerikanischen Gesellschaft) (1985), eine von der Mikrosoziologie Erving Goffmans inspirierte Ethnografie der Behandlung von Insassen in drei Haftanstalten in San Francisco.[28] Irwin argumentiert, dass das Gefängnis, dessen Häftlingszahl sich im vorangegangenen Jahrzehnt landesweit verdoppelt hat, nicht so sehr der Verbrechensbekämpfung diene, sondern vielmehr der Regulierung und Reproduktion des »Pöbels«, den er als jene städtischen Armen charakterisiert, die sowohl sozial abgekoppelt als auch verrufen sind. Es unterwerfe seine Klientel der sozialen Desintegration, kultureller Desorientierung und persönlicher Erniedrigung, wodurch es ungewollt den Pöbel vergrößere und seinen Status verfestige. Irwin betont, dass die Stammklientel des Gefängnisses unter ethnischer Diskri-

27 Ebd., S. 178–181.

28 John Irwin: The Jail. Managing the Underclass in American Society, Berkeley (CA) 1985.

minierung und struktureller Arbeitslosigkeit leide sowie unter »Veränderungen in der Wirtschaft, den Einwanderungsmustern, der Regierungspolitik und einem Wandel der kulturellen Werte«. Dadurch gerieten diese Menschen in eine »dauerhafte und große Unterklasse, deren Mitglieder in jeder Hinsicht außerhalb der Gesellschaft stehen«.[29]

Irwin übernimmt die Bezeichnung »Unterklasse« von dem schwarzen Soziologen Troy Duster aus Berkeley, der zwar auch den Journalisten Ken Auletta zitiert, aber sich an dem Begriff von Myrdal orientiert. Duster betont, dass der Anstieg der strukturellen Arbeitslosigkeit und der häufige Kontakt mit dem Strafrechtssystem eine wachsende Zahl schwarzer Jugendlicher »dauerhaft an den unteren Rand der ökonomischen Ordnung« verbannt. Diese Dauerhaftigkeit sei das neue und charakteristische Merkmal einer »Unterklasse«.[30] Durch den Hinweis auf die Verschmelzung von »Pöbel« und »Unterklasse« ist »The Jail« insofern eine bahnbrechende Studie, als sie eine entscheidende Verbindung zwischen städtischer Marginalität, ethnorassialer Spaltung und Strafvollzugseinrichtungen aufzeigt, zwei Jahrzehnte bevor das Thema in den Vordergrund der Untersuchung von Strafe und Ungleichheit rückte.[31] Die Einkerkerung ist in der Tat eine der Arten, auf die der Staat tief in das Leben des städtischen Prekariats eingreift. Dass diese Frage in Studien über die (wie auch immer definierte) »Unterklasse« konsequent ausgelassen wird, ist ein klaffendes Loch in der empirischen und theoretischen Bestimmung der städtischen Marginalität am Ende des Jahrhunderts.

2 Das vorherrschende Schema der »Unterklasse« – ein Sortiment von »antisozialen Verhaltensweisen«

Es ist eine Ironie des Schicksals, dass eben die drei irrigen Vorstellungen, vor denen Douglas Glasgow gewarnt hatte – dass die Bewohner des Hypergettos nicht vorankommen wollen, dass es ihnen an Arbeitsmoral mangelt und dass sie ein müßiges Leben im Sozialhilfebezug führen wollen –, die Eckpfeiler des hegemonialen Begriffs von »Unterklasse« bilden, der Mitte der 1980er-Jahre an den Kreuzungen der philanthropischen, journalistischen und akademischen Felder wieder aufgetaucht ist, nach-

29 Ebd., S. 103–104.

30 Troy Duster: Crime, Youth Unemployment, and the Black Urban Underclass, in: Crime & Delinquency, Vol. 33 (1987), Nr. 2, S. 300–316, hier S. 303.

31 Bruce Western: Punishment and Inequality in America, New York 2006; Devah Pager: Marked. Race, Crime, and Finding Work in an Era of Mass Incarceration. Chicago (IL) 2007; und Loïc Wacquant: Marginalität, Ethnizität und Strafen in der neoliberalen Stadt. Eine analytische Kartographie. Aus dem Englischen von Jan Wielgohs, in: Berliner Debatte Initial, Jg. 25 (2014), Nr. 1, S. 87–105. Die anregende historische Studie von Jonathan Simon über die Bewährungsregelungen in Kalifornien im Verlauf eines Jahrhunderts beleuchtet in ähnlicher Weise die Verbindung zwischen der Strafanstalt und den sich wandelnden Formen der Marginalität. Aber wie alle historischen Arbeiten wurde auch diese von den Hauptbeteiligten an der Debatte über die »Unterklasse« stillschweigend ignoriert. Jonathan Simon: Poor Discipline. Parole and the Social Control of the Underclass, 1890–1990, Chicago (IL) 1993.

dem er sich im Zuge einer *semantischen Metamorphose* zu einem Schlüsselwort des regressiven sozialpolitischen Diskurses entwickelt hatte, der in diesem Jahrzehnt vorherrschte. »Innerhalb von zehn Jahren wurde die Unterklasse von einer überschüssigen und ausrangierten Arbeitskraft in eine exklusive Gruppe schwarzer städtischer Terroristen verwandelt.«[32] Ihre Mitglieder wurden nicht mehr an ihrem Mangel an Einkommen und Beschäftigungsmöglichkeiten oder ihrer fehlenden sozioökonomischen Mobilität erkannt, sondern an einem Sortiment von »antisozialen Verhaltensweisen«, durch die sie vom »Mainstream« der amerikanischen Gesellschaft (einer weiteren vagen und höchst dehnbaren Kategorie) abweichen und ihn bedrohen. Die folgende Vignette der »Unterklasse«, die von Reportern der *Chicago Tribune* in einem Buch mit dem düsteren Titel »The American Millstone« (Der amerikanische Mühlstein) angeboten wird, veranschaulicht die Mutation, die der Begriff durchgemacht hat:

> »Eine neue Klasse von Menschen hat in Amerikas Städten Wurzeln geschlagen, eine verlorene Gesellschaft, die in Enklaven der Verzweiflung und des Chaos lebt, die das Gemeinwesen als Ganzes bedrohen. Die Gruppe entzieht sich den meisten herkömmlichen Bezeichnungen und Definitionen. [...] Ihre Mitglieder teilen nicht die traditionellen Werte von Arbeit, Geld, Bildung, Heimat und vielleicht sogar des Lebens. Es handelt sich um eine Klasse von Außenseitern, die den glücklicheren Amerikanern am besten als Opfer oder Täter in den Kriminalitätsstatistiken bekannt ist.
>
> Im Laufe des letzten Vierteljahrhunderts hat sich diese Subkultur in Amerika selbst reproduziert. Sie verschlingt jede Anstrengung, die darauf abzielt, ihre Probleme zu lösen, widersetzt sich sowohl einfachen als auch komplizierten Lösungen, beansprucht mehr als ihren Anteil an der Sozialhilfe und anderen Leistungen und verursacht soziale und politische Unruhen, die in keinem Verhältnis zu ihrer Zahl stehen.«[33]

Ähnliche sensationslüsterne Porträts wurden in Reportagen in *Newsweek, Fortune Magazine, US News and World Report, Atlantic Monthly und Reader's Digest* gezeichnet, als sich der Angriff auf den Sozialstaat unter den aufeinanderfolgenden Regierungen von Ronald Reagan und George Bush, dem Älteren, intensivierte.[34] Das dämonische Märchen von der

32 Carole Marks: The Urban Underclass, in: Annual Review of Sociology, Vol. 17 (1991), S. 445–466, hier S. 454.

33 Chicago Tribune: The American Millstone. An Examination of the Nation's Permanent Underclass, Chicago (IL) 1986, S. 3. Vor seinem Erscheinen wurde das Buch über drei Monate hinweg in 29 Episoden in der Zeitung abgedruckt.

34 Frances Fox Piven/Richard A. Cloward/Fred Block: The Mean Season. The Attack on the Welfare State, New York 1987; und Paul Pierson: Dismantling the Welfare State? Reagan, Thatcher, and the Politics of Retrenchment, Cambridge 1994.

verhaltensgestörten »Unterklasse« reaktivierte den antiurbanen Impuls der Nation und brachte die Themen der Desorganisation und des Exotismus wieder auf die Tagesordnung, die lange Zeit die nationale Vorstellung von Urbanität beherrscht hatten. Diese Erzählung entfaltete sich am Zusammenfluss von drei reaktionären Bewegungen in der amerikanischen Politik: einer *Klassenreaktion* gegen die bis in die 1960er-Jahre von der Arbeiterklasse errungenen Verbesserungen (sowohl der Mindestlohn wie der Anteil der Löhne am Volkseinkommen erreichten damals ihren Höchststand in der Nachkriegszeit) in Form von gewerkschaftsfeindlichen Kampagnen, fiskalischer Austerität und Deregulierung des Arbeitsmarktes; einer *rassialen Reaktion* gegen die Errungenschaften, die Afroamerikanerinnen durch kollektive Mobilisierung, Bürgerrechtsgesetze und Förderprogramme erreicht hatten; und einer *antistaatlichen Reaktion* gegen Besteuerung und Armutsbekämpfung in der paradoxen Form der gleichzeitigen Forderung nach einem Abbau des Sozialstaats und einem Ausbau des Strafsystems. Disziplinierende »Workfare« und neutralisierende »Prisonfare« wurden so zu den beiden komplementären Pfeilern des öffentlichen Handelns gegen die »Unterklasse« gemäß einer geschlechtsspezifischen Arbeitsteilung bei ihrer Beherrschung: Kürzung der Sozialausgaben für arme Frauen (und ihre Kinder) und Ausweitung des Strafvollzugs gegen (ihre) Männer im Hypergetto.[35]

Auf dem Gebiet der Produktion von Armutswissen fand diese dreifache Reaktion ihren Ausdruck im Aufstieg rechter Stiftungen und offen ideologischer Thinktanks als dem institutionellen Zuhause einer konservativen »Konterintelligenzia«, die einen Kreuzzug zur Demontage des Sozialstaats und zur Durchsetzung der Herrschaft des »freien Marktes« führte.[36] Die rechtsgerichtete Wende des politischen Feldes wurde also von einer homologischen Verschiebung im Raum der Philanthropien und politischen Institute begleitet, die Begriffe und Parameter der Debatte über Kaste, Klasse und Staat in Amerika veränderte. Denn was die Bürgerschaft damals in erster Linie beunruhigte, war nicht das erdrückende Elend oder die beschnittenen Lebenschancen ihrer schwächsten Mitglieder, sondern die Störungen und Bedrohungen, die vom Hypergetto ausgingen – die Gewaltkriminalität, die durch schwarze Straßenbanden symbolisiert wurde, die angebliche moralische Verkommenheit der Armen, die durch die unkontrollierte Sexualität jugendlicher Mütter

35 Loïc Wacquant: Bestrafen der Armen. Zur neoliberalen Regierung der sozialen Unsicherheit. 2., durchgesehene Aufl. Aus dem Französischen von Hella Beister, Opladen/Berlin/Toronto 2013 [2004]. Anm. d. Ü. In Anlehnung an Begriffe wie »Warfare« (Kriegsführung) und »Welfare« (Sozialhilfe) werden die Programme einer zwangsweisen Durchsetzung von Arbeit als »Workfare« und die zunehmende Inhaftierung von armen Menschen als »Prisonfare« bezeichnet.

36 Alice O'Connor: Social Science for What? Philanthropy and the Social Question in a World Turned Rightside Up, New York 2007, S. 6; und Thomas Medvetz: Think Tanks in America, Chicago (IL) 2012, Kap. 5, zu der Verschiebung »von Deprivation zu Abhängigkeit« im Expertendiskurs über Wohlfahrt.

verkörpert wurde, und die als untragbar empfundene fiskalische Belastung durch die Sozialprogramme, die unter dem Druck der Protestbewegungen der 1960er-Jahre eingeführt worden waren.

Der Begriff »Unterklasse« verlor damit seine strukturelle Verankerung: Die Position in den Produktionsverhältnissen oder die Marktfähigkeit (die beiden Eigenschaften, die in der marxistischen bzw. der weberschen Tradition die Klassenzugehörigkeit bestimmen)[37] verschwanden und wurden durch eine Litanei über »Verhaltensweisen« ersetzt, die als Verstoß gegen die bürgerlichen Standards der nationalen Moral angesehen wurden. Ebenso wurde die geografische Verortung der »Unterklasse« auf die Überreste des Gettos fixiert, und ihre rassiale Dimension verfestigte sich, während sie gleichzeitig beschönigt wurde: Der Begriff »Unterklasse« benennt und beschämt effektiv arme Schwarze im Hypergetto, ohne sie dafür offen als »farbig« zu bezeichnen. Die institutionellen und politischen Hintergründe der Gruppe, die er bezeichnen soll, werden noch weiter verschleiert, indem diese Gruppe nun extensiv, *durch Aufzählung,* definiert wird und nicht mehr intensiv, durch die Formulierung der notwendigen und hinreichenden soziologischen Prinzipien, die ihr ihre Einheit verleihen. Und das aus gutem Grund: Es gibt keine solchen Prinzipien, außer der Verachtung für und der Angst vor den enteigneten und entehrten Bevölkerungsgruppen, die in dieser Zeit des sozialen Umbruchs und der wirtschaftlichen Unsicherheit in den Rissen und Spalten des implodierenden Gettos gefangen sind.[38]

»ICH WERDE AUF EIN MITGLIED DER UNTERSCHICHT ZEIGEN«

»Sheldon Danziger vom Wisconsin Poverty Institute schert sich kaum um den Begriff ›Unterklasse‹. Seiner Meinung nach ist es ähnlich wie mit der Wertschätzung guter Kunst. Er erkennt sie, wenn er sie sieht. ›Gehen Sie mit mir aus und ich zeige auf ein Mitglied der Unterklasse‹, sagte er kürzlich, aber die akademischen Begriffe, die jetzt in Mode sind, seien einfach zu vage. ›Es gibt einen Begriff für antisoziales Verhalten und es gibt einen Begriff für Armut. Wo sich diese beiden kreuzen, befindet sich die Unterklasse.‹«

Sheldon Danziger, liberaler Wirtschaftswissenschaftler und Direktor des Institute for Research on Poverty (jetzt Präsident der Russell Sage Foundation), zitiert in Chicago Tribune: The American Millstone (1986), S. 11

Die wissenschaftliche Verwendung des Begriffs »Unterklasse«, die im Jahrzehnt nach 1985 Hochkonjunktur hatte, ist *unweigerlich durch die*

37 Erik Olin Wright (Hrsg.): Approaches to Class Analysis, Cambridge 2005, Kap. 1 und 2.

38 Der unterschwellige Klassenhass und die schwelende ethnische Angst jenes Jahrzehnts werden wunderbar eingefangen von Lilian B. Rubin: Quiet Rage. Bernie Goetz in a Time of Madness, Berkeley (CA) 1986.

Vorurteile des gesunden Menschenverstands kontaminiert, deren Katalog der Journalist Ken Auletta aufgestellt hat. Eine vergleichende Untersuchung wissenschaftlicher und journalistischer Schriften zeigt, dass es kaum eine wissenschaftliche Definition der Kategorie gibt, die nicht irgendeine »Verhaltenskomponente« enthält, die sich aus der gewöhnlichen Wahrnehmung ergibt (siehe den Kasten »Eine heterogene und furchterregende Vogelscheuchen-›Gruppe‹« auf S. 89–92). Ein außereheliches Kind zu haben und als Alleinerziehende öffentliche Unterstützung zu erhalten oder die Schule ohne Abschluss zu verlassen und arbeitslos zu sein, obwohl man geistig und körperlich gesund ist, gilt wie vieles mehr als »unterklassenspezifische Verhaltensweise«, sobald sie im eingegrenzten Bereich des Hypergettos beobachtet wird.[39]

Das Bemerkenswerteste an der verhaltensbezogenen Konzeption von »Unterklasse« besteht darin, dass sie *nicht von konservativen Thinktanks, sondern von Experten in liberalen Politikinstituten vorgeschlagen und propagiert wurde,* mit der mal zögerlichen, mal enthusiastischen Unterstützung liberaler Sozialwissenschaftlerinnen an der Universität. Keine Autoren übten an dieser Front mehr Einfluss aus als das Ökonominnen-Trio des Urban Institute, bestehend aus Isabel Sawhill und ihren beiden jüngeren afroamerikanischen Kollegen Ronald Mincy und Erol Ricketts. Gemeinsam arbeiteten sie fleißig am Underclass Project (das von der allgegenwärtigen Rockefeller Foundation finanziert wurde) und verfassten eine Reihe von sich überschneidenden Papieren, die die verhaltensbezogene Definition und Messung der »Unterklasse« festschrieben.[40] Ricketts und Sawhill blieben zwar »unentschlossen, was die grundlegenden Ursachen dieser Verhaltensweisen betrifft«, schlugen aber vor, »über qualitative oder journalistische Beschreibungen der Unterklasse hinaus zu einer konkreten Definition und Messung zu kommen«. Im Abstract ihres Aufsatzes schreiben sie:

> »Die Forschung über die Unterklasse wurde durch das Fehlen einer klaren Definition des Begriffs behindert. In diesem Artikel entwickeln

39 Christopher Jencks/Paul E. Peterson (Hrsg.): The Urban Underclass, Washington (DC) 1991, S. 30, 155–156, 172, 301, 322–323, 397.

40 Erol R. Ricketts/Isabel V. Sawhill: Defining and Measuring the Underclass, in: Journal of Policy Analysis and Management, Vol. 7 (1988), Nr. 2, S. 316–325; Isabel V. Sawhill: What About America's Underclass?, in: Challenge, Vol. 31 (1988), Nr. 3, S. 27–36; Ronald B. Mincy: Paradoxes in Black Economic Progress. Incomes, Families, and the Underclass, in: The Journal of Negro Education, Vol. 58 (1989), Nr. 3, S. 255–269; Erol R. Ricketts/Ronald B. Mincy: Growth of the Underclass: 1970–80, in: The Journal of Human Resources, Vol. 25 (1990), Nr. 1, S. 137–145; Ronald B. Mincy/Isabel V. Sawhill/Douglas A. Wolf: The Underclass. Definition and Measurement, in: Science, Vol. 248 (1990), Nr. 4954, S. 450–453; Ronald B. Mincy: Underclass Variations by Race and Place. Have Large Cities Darkened Our Picture of the Underclass?, Research Paper Urban Institute, Washington (DC) 1991; Erol R. Ricketts: The Underclass. Causes and Responses, in: George C. Galster/Edward W. Hill (Hrsg.): The Metropolis in Black and White. Place, Power and Polarization, New Brunswick (NJ) 1992, S. 216–235; und Ronald B. Mincy: The Underclass. Concept, Controversy and Evidence, in: Sheldon H. Danziger/Gary D. Sandefur/Daniel H. Weinberg (Hrsg.): Poverty and Public Policy. What Do We Know? What Should We Do?, Cambridge (MA) 1994, S. 109–146.

> wir eine operationalisierbare Definition der Unterklasse, die mit dem Großteil des Schrifttums zur Unterklasse darin übereinstimmt, dass sie sich auf das Verhalten und nicht auf die Armut stützt. Anhand dieser Definition analysieren wir die Daten für alle Volkszählungsgebiete in den Vereinigten Staaten im Jahr 1980. Nach unserer Definition lebte 1980 etwa ein Prozent der US-Bevölkerung in ›Unterklasse-Gebieten‹ und diese Gruppe war überwiegend in städtischen Gebieten konzentriert. Außerdem bestand sie überproportional aus Minderheiten, die in den älteren Industriestädten des Nordostens lebten.«[41]

Diese operationelle Definition von »Unterklasse« ist nicht nur vollkommen zirkulär, sondern beruht auch auf zwei begrifflichen Taschenspielertricks. Der erste besteht darin, einen *sozialen und wirtschaftlichen Status* (z. B. Arbeitslosigkeit) oder ein *demografisches Merkmal* (z. B. Haushaltszusammensetzung) als *Verhalten* auszugeben. Arbeiter, die entlassen werden oder in einer wirtschaftlichen Rezession (wie dem durch die restriktive Geldpolitik ausgelösten Abschwung von 1981–1982) keine Anstellung finden, wären überrascht zu erfahren, dass ihre Arbeitslosigkeit ein individuelles Verhalten ist und nicht die Folge des Verhaltens ihres Arbeitgebers oder der schwachen Arbeitsmarktlage. Der zweite Trick besteht darin, *vom Individuum zum Gebiet* überzugehen: Da Mikrodaten über das individuelle Verhalten nicht verfügbar sind, beschließen Ricketts und Sawhill, die »Unterklasse« anhand der räumlichen Häufigkeit einer Reihe von sozialen Status zu messen, die zu »Verhaltensweisen« umdefiniert wurden. Und da es nun ein »Unterklassenverhalten« gibt, werden niedergehende Städte sofort mit *»Unterklassenvierteln«* übersät – und von diesen belastet. Zu solchen taufen Ricketts und Sawhill jedes Zensusgebiet mit einem hohen Anteil (mehr als eine Standardabweichung über dem nationalen Durchschnitt für jede Variable) von Erwachsenen ohne Schulabschluss, arbeitslosen Männern, Sozialhilfeempfängerinnen und Alleinerziehenden.

Eine überraschende Konsequenz dieser Operationalisierung ist, dass berufstätige Bewohner, die einen Schulabschluss haben, keine öffentliche Unterstützung erhalten oder in Zwei-Eltern-Familien leben, aufgrund ihrer Wohnlage in einem »Unterklassenviertel« auch zur »Unterklasse« gehören – als ob ihre weniger glücklichen Nachbarinnen sie irgendwie kontaminieren würden. Auf der Grundlage dieser Messungen stellen Ricketts und Sawhill fest, dass es 880 Volkszählungsgebiete (von etwa 70.000) mit insgesamt etwa 2,5 Millionen Bewohnern (70 Prozent davon Schwarze oder Hispanics) gibt, in denen solche Verstöße gegen amerikanische Normen »an der Tagesordnung« waren, ein Phänomen, das sie als unwiderlegbaren *Beweis* für die »Realität der Unterklasse« präsentie-

41 Ricketts/Sawhill: Defining and Measuring the Underclass, S. 316.

ren.[42] Dieser Beweis erschien ihnen umso stichhaltiger, als diese »Definition durch das Verhalten« mit der wissenschaftlichen Literatur und den »üblichen Verwendungen« (d. h. den journalistischen Beschwörungen) des Begriffs übereinstimme. Wie könnte es auch anders sein, wenn die erste Definition direkt von der zweiten inspiriert wurde?

Dieses vom Urban Institute ersonnene Verhaltenskonstrukt »Unterklasse« wurde von Thinktanks aktiv verbreitet und den Beamten in den Regierungsgremien gepredigt. Im März 1987 berief das Joint Center for Political Studies ein Treffen ein, um eine einvernehmliche Definition der Kategorie zu erarbeiten. Zu den Teilnehmerinnen gehörten 16 akademische Forscher, Wissenschaftlerinnen des Institute for Research on Poverty und des Urban Institute sowie Abgesandte der Brookings Institution, der Public Advocacy Inc. und der Rockefeller Foundation. »Im Mittelpunkt des Treffens« stand ein früher Entwurf des oben erwähnten Papiers von Rickett und Sawhill. Nach der »Mehrheitsmeinung« wurde ihre verhaltensorientierte Definition der »Unterklasse« zur konventionellen, wenn nicht gar zur allgemein akzeptierten Auffassung.[43]

Die von Journalisten und marginalistischen Ökonomen erarbeitete Verhaltenskonzeption wurde dann über Druckerzeugnisse, Tagungen und Expertenaussagen unter dem politischen Personal verbreitet, wie z. B. das Gespräch zu diesem Thema mit der Wirtschaftswissenschaftlerin Sawhill, dem Politikwissenschaftler Mead und dem Soziologen Jencks, das 1989 in Washington vom General Accounting Office (GAO) der US-Regierung – das mit der Bereitstellung »faktenbasierter, unparteiischer Informationen für den Kongress« betraut ist – veranstaltet und in der von diesem Büro gesponserten vierteljährlichen Zeitschrift veröffentlicht wurde. Die Herausgeber der Zeitschrift leiten den Dialog mit folgendem Hinweis ein: »Die meisten Leser des *GAO-Journals* haben den Begriff ›Unterklasse‹ durch die populären Medien kennengelernt. Im Februar lud das GAO drei führende Sozialpolitikerinnen ein, den Begriff der Unterklasse zu erörtern und sowohl die Möglichkeiten als auch die Schwierigkeiten bei seiner Anwendung darzustellen.«[44] Die drei Wissenschaftler stimmen darin überein, dass »die Definition verhaltensorientiert sein sollte« (Jencks), auch wenn dies willkürlich sei; dass »ein sehr reales Phänomen ignoriert würde, wenn wir uns zierten, die Existenz der Unterklasse anzuerkennen« (Mead); dass »die geografische Dimension nützlich ist«, weil sie es den Analysten ermöglicht, »den Ansteckungseffekt des Lebens in

42 Ebd., S. 321–324, Zitat S. 321.

43 Robert Aponte (ein Doktorand Wilsons), der zusammen mit William Julius Wilson an dem Treffen teilnahm, gibt einen Bericht über das Treffen in: Definitions of the Underclass. A Critical Analysis, in: Martha White Riley (Hrsg.): Sociology in America, Newbury Park (CA) 1990, S. 117–137, hier S. 125–126 und 135.

44 Christopher Jencks/Lawrence M. Mead/Isabel Sawhill: GAO Features: The Issue of Underclass, in: GAO Journal, Nr. 5 (1989), S. 15–22, hier S. 15.

einem Unterklassenviertel zu erfassen«, auch wenn ein solcher Effekt »noch nicht nachgewiesen wurde« (Sawhill); dass eine verhaltensorientierte Definition gerechtfertigt sei, da »für die Öffentlichkeit abweichendes Verhalten viel wichtiger ist als das Einkommen« (Mead), auch wenn dies bedeute, »die ›Unterklasse‹ von denjenigen abzugrenzen, die gemeinhin als sympathischer angesehen werden« (Jencks); dass das »Hauptproblem der Defätismus ist« (Mead), der »letztendlich eine Gegenkultur schaffen« (Jencks) und die öffentliche Politik zum Scheitern bringen könne.[45]

Der *bürgerliche Moralismus*, den die verhaltensorientierte Definition von »Unterklasse« mit sich bringt, ist weder implizit noch diskret; im Gegenteil, er wird von seinen Befürwortern unverblümt behauptet. Im Jahr 1990 veröffentlichte der National Research Council (ein Zweig der National Academy of Science) ein Gutachten zur »Inner-City Poverty in the United States« (Armut in den Innenstädten der Vereinigten Staaten), in dem die Frage gestellt wird, »ob die Gettoarmut tatsächlich die Entwicklung einer Unterklasse *verursacht*«. Die moralische (und moralisierende) Bedeutung der Untersuchung wird in dem Bericht ganz offen angesprochen: »Dieser Band geht direkt auf diese Frage ein: Verursacht oder verstärkt die Gettoarmut in der Innenstadt *Verhaltensweisen, die als gesellschaftlich inakzeptabel gelten* und die wiederum zu langfristiger oder dauerhafter Armut unter den betroffenen Bewohnern und insbesondere unter Kindern führen?«[46]

In ähnlicher Weise stellen Mincy, Sawhill und Wolf in einem Artikel für die interdisziplinäre Zeitschrift *Science* klar, dass die »Unterklasse« aus »Menschen besteht, die schlechtes Verhalten oder eine Reihe schlechter Verhaltensweisen an den Tag legen« oder »ein Verhalten, das individuell und gesellschaftlich schädlich ist«. Dass ihr Ansatz »mit dem gesunden Menschenverstand übereinstimmt«, betrachten sie als eine Bestätigung für ihr operationales Konstrukt.[47] Und umgekehrt werden definitorische Kriterien verworfen, wenn die damit gewonnen »Ergebnisse nicht mit den Vorstellungen des gesunden Menschenverstandes über die Unterklasse übereinstimmen«. Der Rückgriff auf Nachbarschaftsdaten sei gerechtfertigt, »nicht weil Klasse und Geografie synonym sind, sondern weil es möglicherweise keine vertretbare, praktische Alternative gibt« und weil »Nachbarschaften greifbare physische Entitäten sind, die direkt beobachtet und als Grundlage verwendet werden können, um verschiedene Formen der Unterstützung zu untersuchen«.[48] Schlechte Menschen

45 Ebd., S. 15, 16, 20.

46 Laurence E. Lynn/Michael G.H. McGeary (Hrsg.): Inner-City Poverty in the United States, Washington (DC) 1990, S. 12. Hervorh. L. W.

47 Mincy/Sawhill/Wolf: The Underclass. Definition and Measurement, S. 450, 451.

48 Ebd., S. 451, 452. Dieser Artikel wurde vom *Chronicle of Higher Education* einem breiten akademischen Publikum empfohlen: Chris Raymond: American Underclass Grew from 1970 to 1980, Study Indicates, in: The Chronicle of Higher Education, 9.5.1990.

in schlechten Nachbarschaften: Die Operationalisierung von »Unterklasse« ist nicht von einem theoretischen Modell des Phänomens abgeleitet, sondern ein *pragmatisches Kondensat gewöhnlicher moralischer Vorbehalte und verfügbarer bürokratischer Daten.*

Isabel Sawhill, heute leitende Wissenschaftlerin an der Brookings Institution, bestätigt im Rückblick auf ihre Arbeit über die »Unterklasse« ein Dutzend Jahre nach deren Blütezeit, dass sie den Begriff von der Rockefeller Foundation übernommen hat, und betont, dass sie bewusst versucht habe, einen einkommensbasierten Begriff durch einen verhaltensbasierten zu ersetzen, der an der Verletzung der Normen einer idealisierten Mittelschicht festgemacht wird:

> »Meine eigene Beteiligung an dieser Debatte begann Ende der 1980er-Jahre, als die Rockefeller Foundation ein Forschungsprogramm zum dem einrichtete, *was sie als ›die Unterklasse‹ bezeichnete.* Als Unterklasse wurden *gemeinhin* jene Familien definiert, die in Gebieten mit ausgeprägter Armut leben, *in der Regel* in Stadtvierteln, in denen mindestens 40 Prozent aller Haushalte arm sind. Zu dieser Zeit war ich Wissenschaftlerin am Urban Institute, einem Thinktank in Washington, und *schlug eine alternative Definition vor, die stärker verhaltensorientiert war.* Sie basierte auf der Idee, dass ein Individuum, um ein Leben in der Mittelschicht *zu erreichen*, ein paar bestimmte Dinge tun muss: die Highschool abschließen, die Geburt eines Kindes bis zur Heirat aufschieben und eine feste Anstellung finden.
>
> Mithilfe mehrerer Kollegen schätzte ich die Zahl der Menschen, die in Vierteln lebten, *in denen die grundlegenden Normen des Mittelstandslebens so weit erodiert waren,* dass ein großer Teil der Bewohner diese drei Dinge nicht mehr erfüllen konnte. Unsere Untersuchungen ergaben, dass die so definierte Unterklasse immer noch recht klein ist, sich überwiegend auf große städtische Gebiete konzentriert, überproportional aus rassialen Minderheiten bestand und zu dieser Zeit noch wuchs.«[49]

In Sawhills marginalistischer Sichtweise ist die Klassenstruktur nicht in der unterschiedlichen Verteilung von Kapitalarten und den damit verbundenen Lebenschancen begründet, sondern das Gesamtergebnis der individuellen Entscheidungen und des selbstbestimmten Verhaltens der Einzelnen. Zunehmende Klassenungleichheit sei ein Produkt der Zunahme von einem »verdorbenen und antisozialem Verhalten« unter den Armen.

49 Isabel Sawhill: The Behavioral Aspects of Poverty, Brookings Institution, 2003, unter: www.brookings.edu/articles/the-behavioral-aspects-of-poverty/. Hervorh. L. W.

> »Das Verhalten spielt nicht nur eine Rolle, sondern es spielt auch eine größere Rolle als früher. Die in den letzten Jahrzehnten wachsende Kluft zwischen Arm und Reich wurde durch eine Divergenz im Verhalten der beiden Gruppen noch verschärft. Keine noch so große Einkommensumverteilung kann an der Tatsache etwas ändern, dass die Reichen mehr denn je arbeiten und heiraten, während die Armen genau das Gegenteil tun. Solange sich die Armen nicht stärker an die regulären Verhaltensweisen anpassen und die öffentliche Politik nicht darauf ausgerichtet ist, sie in diese Richtung zu bewegen, wird die wirtschaftliche Spaltung wahrscheinlich noch größer werden.«[50]

Was den Klassenunterschied zwischen Arm und Reich betrifft, so beruhe er auf dem unterschiedlichen »Verhalten der Eltern«, wie zum Beispiel »Kinder zu guten schulischen Leistungen zu ermutigen, ihnen einen strukturierten Tagesablauf zu bieten, sie in ihrem guten Verhalten zu bestärken oder einfach gute Gene zu haben«.

Sawhill vertritt die Auffassung, das sich verschlechternde Verhalten der Armen erfordere einen Paradigmenwechsel in der Sozialpolitik, weg von unterstützenden Maßnahmen zur Anhebung des Lebensstandards und zur Sicherung von Chancen, hin zu Programmen, die darauf abzielen, die Irrwege der »Unterklasse« zu korrigieren: »Wir sollten nicht so tun, als ob Geld allein das Leben dieser Familien wesentlich verändern würde«, und wir könnten es uns nicht länger leisten, »die unangenehmen Fakten über ihr Verhalten zu ignorieren«. Das Versäumnis, in Vollzeit zu arbeiten, sei das schwerwiegendste Vergehen. Denn wie die hart schuftenden Menschen, die erst kürzlich eingewandert sind, zeigen würden, gebe es für alle, die arbeiten wollen, genügend »schlecht bezahlte und unangenehme« Arbeitsgelegenheiten. Das Kinderkriegen nicht aufzuschieben, bis man heiraten und für den Unterhalt sorgen kann, sei angesichts der breiten Verfügbarkeit von Verhütungsmitteln ebenfalls unverständlich und unentschuldbar.[51] »Was wir brauchen, ist das, was einige als ›strenge Liebe‹ bezeichnet haben«, das heißt »energische Maßnahmen, um diese *armutsverursachenden Verhaltensweisen* an der Basis zu ändern und den Schaden abzuwenden, den sie der nächs-

50 Ebd. Sawhill ergänzt noch: »Die meisten Akademiker, mich eingeschlossen, empfinden beträchtliche Sympathie für diejenigen, die arm oder benachteiligt sind. Wir wissen, dass niemand von uns perfekt ist und dass schlechte Angewohnheiten und mangelnde Disziplin zwar weit verbreitet sind, aber für diejenigen, die am Rande der Gesellschaft leben, wo jeder Ausrutscher jemanden in den Abgrund stürzen kann, noch folgenreicher sind.«

51 »In ihrem Eifer zu helfen, waren Liberale viel zu sehr bereit, *die kulturellen Grundlagen der Armut zu ignorieren oder zu entschuldigen«* und fehlerhaftes Verhalten zu tolerieren. Was das Kinderkriegen betrifft, »sagt das neue System einer jungen Frau: ›Vollzeitmutterschaft auf öffentliche Kosten ist keine Option mehr‹, und jungen Männern sagt es: ›Wenn du ein Kind zeugst, wird von dir erwartet, dass du zum Unterhalt dieses Kindes beiträgst«. (Sawhill: The Behavioral Aspects of Poverty, Hervorh. L. W.) Eine scharfsinnige Analyse der Gründe, warum mittellose junge Männer früh Väter werden, die diesen kruden Behaviorismus widerlegt, bieten Timothy Black/Sky Keyes: It's A Setup. Fathering from the Social and Economic Margins, New York 2020.

ten Generation zufügen«, Maßnahmen, die darauf zugeschnitten sind, »*Unterstützung an Verhaltensänderungen zu koppeln* [...]. Eine solche Politik der ›strengen Liebe‹ wird nicht nur wirksamer sein als die Sozialhilfepolitik der Vergangenheit, sondern auch in der Öffentlichkeit besser ankommen.«[52]

Sawhill und ihre Mitautoren entschieden sich eindeutig für eine atomistisch-individualistische statt für eine relational-strukturelle Auffassung von Ungleichheit und Marginalität. Das brachte sie in fundamentale Übereinstimmung mit den neokonservativen Verächtern der »Unterklasse«, die diese Menschen entweder völlig aufgeben oder sie unter eine strenge staatliche Vormundschaft stellen wollten, um ihr Fehlverhalten zu korrigieren.[53] Für die Ökonomin des Urban Institute wird die Klassenposition durch persönliche Anstrengung, Selbstdisziplin und kulturelle Askese *erreicht*. Die öffentliche Politik sollte daher darauf abzielen, den Charakter zu formen, die kulturellen Normen zu ändern und durch Mikroanreize das Verhalten zu beeinflussen, und nicht versuchen, die strukturellen Chancen zu verändern (oder ganz einfach Einkommen umzuverteilen). Kurz gesagt, sie sollte die Institutionen in Ruhe lassen und daran arbeiten, einem verschwenderischen Unterklassenkörper einen enthaltsamen Mittelschichtsgeist einzupflanzen. Staatliche Maßnahmen, die darauf abzielen, die kollektiven Lebenschancen zu verbessern, seien eine Übung in Vergeblichkeit – eine klassische reaktionäre Trope[54] –, solange die »Unterklasse« sich nicht bessert und aufhört, sich durch ihr »armutsverursachendes Verhalten« ihre eigenen Probleme selbst zu schaffen.

Damit wird erstens vergessen, dass es gesellschaftliche und ökonomische Bedingungen für die Erzeugung der genügsamen, strategischen und vorausschauenden Dispositionen gibt, die für den Kleinbürger charakteristisch sind und die Sawhill als angeborene Eigenschaft der Mittelklasse darstellt.[55] Es ist höchst unwahrscheinlich, dass solche Dispositionen unter den Bedingungen extremer materieller Not und endemischer sozialer Unsicherheit, die für das Hypergetto charakteristisch sind, Wurzeln schlagen. Zweitens wird damit geleugnet, dass der individuelle Weg

52 Sawhill: The Behavioral Aspects of Poverty, Hervorh. L. W. An anderer Stelle bezeichnet Sawhill dies als »unsentimentales Mitgefühl«, ein »Mitgefühl, das gezügelt wird durch die Sorge um die Bereitschaft der Armen, sich selbst zu helfen, um die Kosten jeder neuen Anstrengung und um ihre voraussichtliche Wirksamkeit«. Sawhill: What About America's Underclass?, S. 36.

53 Vgl. dazu Charles Murray: Losing Ground. American Social Policy, 1950–1980, New York 1984; und Lawrence M. Mead (Hrsg.): The New Paternalism. Supervisory Approaches to Poverty, Washington (DC) 1997.

54 Albert O. Hirschman: Denken gegen die Zukunft. Die Rhetorik der Reaktion. Aus dem Amerikanischen von Daniel von Recklinghausen, München/Wien 1992 [1991].

55 Pierre Bourdieu: Die zwei Gesichter der Arbeit. Interdependenzen von Zeit- und Wirtschaftsstrukturen am Beispiel einer Ethnologie der algerischen Übergangsgesellschaft. Aus dem Französischen übersetzt und mit einem Nachwort von Franz Schultheis, Konstanz 2000 [1977], Kap. 1, und ders.: Die feinen Unterschiede. Kritik der gesellschaftlichen Urteilskraft. Übersetzt von Bernd Schwibs und Achim Russer, Frankfurt a. M. 1987 [1979], Kap. 2 und 3.

durch den sozialen Raum nicht nur von den subjektiven Dispositionen abhängt, sondern auch von der Ausstattung mit ökonomischem, kulturellem, sozialem und symbolischem Kapital sowie von den objektiven Chancen, die von den Institutionen der sozialen Reproduktion und Mobilität geboten (oder verweigert) werden: dem Schulsystem, dem Arbeitsmarkt, dem Heiratsmarkt, dem Eigentums- und Erbschaftsrecht und der Bereitstellung öffentlicher Güter durch den Staat. Schließlich wird damit die immense Fähigkeit des Staates außer Acht gelassen, sowohl die Ungleichheit zu verringern als auch die städtische Marginalität abzumildern, wie die deutlichen Unterschiede in der Sozialpolitik und dem Charakter der Armut in verschiedenen fortgeschrittenen Nationen zeigen.[56] Wie absurd die Behauptung ist, der beste Weg zur Bekämpfung der verfestigten Armut bestehe darin, die armen Menschen, ein Individuum nach dem anderen, zu »bessern«, wird deutlich, sobald wir den engen Rahmen der amerikanischen politischen Debatte über städtische Marginalität verlassen.

EINE HETEROGENE UND FURCHTERREGENDE VOGELSCHEUCHEN-»GRUPPE«

»Sie sind die Unterklasse: Menschen, die unsere Gemeinschaften ausplündern und die sinnlosen, abscheulichen Morde, Vergewaltigungen und Raubüberfälle begehen, die jeden Tag in den Nachrichten zu sehen sind; Diebe, die Nacht für Nacht in unsere Häuser einbrechen; Langzeitarbeitslose; Gauner der Untergrundökonomie – Hausierer von Diebesgut, die ›Gentlemen des Müßiggangs‹, Prostituierte und Drogendealer; untätige Arme, die in der Arbeitswelt nicht zurechtkommen; alleinerziehende Mütter, die chronisch von Sozialhilfe leben; zugedröhnte Junkies und planlose jugendliche Straftäter; gestörte Landstreicher und obdachlose und hilflose Frauen mit ihren Einkaufstüten. Diese neuen Millionen von sozialen Aussteigern sind für einen unverhältnismäßig großen Teil der Straßenkriminalität, der langfristigen Abhängigkeit von Sozialhilfe, der chronischen Arbeitslosigkeit und des antisozialen Verhaltens im heutigen Amerika verantwortlich. Sowohl die traditionellen Armutsprogramme als auch das Strafsystem haben bisher versagt, diese zunehmend verzweifelten, oft bösartigen Mitglieder unserer Gesellschaft zu sozialisieren.«

Ken Auletta: The Underclass, New York 1982, Text auf der Innenseite des Umschlags

56 Gøsta Esping-Andersen: The Three Worlds of Welfare Capitalism, Princeton (NJ) 1990; Benjamin I. Page/James R. Simmons: What Government Can Do. Dealing with Poverty and Inequality, Chicago (IL) 2002; Alberto Alesina/Edward L. Glaeser: Fighting Poverty in the US and Europe. A World of Difference, New York 2004; David Brady: Rich Democracies, Poor People. How Politics Explain Poverty, New York 2009; und Gorän Therborn: The Killing Fields of Inequality, Cambridge 2014, Kap. 9.

»In der amerikanischen Gesellschaft um 1980 herum wird erwartet, dass Kinder die Schule besuchen und mit dem Kinderkriegen warten, bis sie mindestens 18 Jahre alt sind, dass erwachsene Männer (die nicht behindert oder im Ruhestand sind) einer geregelten Arbeit nachgehen, dass erwachsene Frauen entweder arbeiten oder heiraten und dass sich alle an das Gesetz halten. Die Unterklasse besteht nach unserer Definition aus Menschen, deren Verhalten von diesen Normen abweicht und dabei erhebliche soziale Kosten verursacht. Ein Unterklasse-Gebiet ist eines, in dem der Anteil der Menschen, die diese kostspieligen Verhaltensweisen an den Tag legen, deutlich vom Durchschnitt der US-Bevölkerung als Ganzes abweicht.«
Ricketts/Sawhill: Defining and Measuring the Underclass, S. 319–320

»Es lässt sich nicht leugnen, dass es eine heterogene Gruppe von innerstädtischen Familien und Einzelpersonen gibt, deren Verhalten sich stark von dem der amerikanischen Mehrheitsgesellschaft unterscheidet. [...] Zu dieser Gruppe gehören Personen, denen es an Ausbildung und Qualifikationen mangelt und die entweder langzeitarbeitslos sind oder nicht zur Erwerbsbevölkerung gehören, Personen, die in Straßenkriminalität und andere Formen abweichenden Verhaltens verwickelt sind, und Familien, die über längere Zeiträume hinweg arm und/oder von Sozialhilfe abhängig sind. Auf diese Bevölkerungsgruppen beziehe ich mich, wenn ich von der *Unterklasse* spreche. Ich verwende diesen Begriff, um eine Realität zu beschreiben, die mit der eher üblichen Bezeichnung *untere Klasse* nicht erfasst wird.

Nach meinem Verständnis weist der Begriff Unterklasse darauf hin, dass in den Gettovierteln Veränderungen stattgefunden haben und die zurückgebliebenen Gruppen sich kollektiv von denen unterscheiden, die in früheren Jahren in diesen Vierteln lebten. Es stimmt, dass Familien mit langfristigem Sozialhilfebezug und Straßenkriminelle unterschiedliche Gruppen sind, aber sie leben und interagieren in denselben heruntergekommenen Vierteln und sind Teil der Bevölkerung, die mit der Abwanderung der stabileren Arbeiter- und Mittelklasse zunehmend von den gängigen Verhaltensmustern und -normen gesellschaftlich isoliert wurde. Es stimmt auch, dass bestimmte Gruppen durch die Bezeichnung Unterklasse stigmatisiert werden, so wie manche Menschen durch den Begriff Getto oder Innenstadt stigmatisiert werden, aber es wäre weitaus schlimmer, die tiefgreifenden Veränderungen in der Klassenstruktur und im sozialen Verhalten von Gettovierteln zu verschleiern, indem man die Verwendung des Begriffs Unterklasse vermeidet.«
William Julius Wilson: The Truly Disadvantaged, S. 7–8, Hervorh. im Original

»Die alte untere Klasse ist größer geworden und ist vielleicht stärker von der Mehrheitsgesellschaft isoliert. Meines Erachtens sind diese Veränderungen nicht groß genug, um die Ersetzung des Begriffs untere

Klasse durch den Begriff Unterklasse zu rechtfertigen. *Da aber fast alle anderen inzwischen von der Unterklasse sprechen* statt von der unteren Klasse, *werde ich das auch tun.*

Armut mag eine notwendige Bedingung für die Zugehörigkeit zur Unterklasse sein, aber nur wenige Beobachter halten das für ausreichend. Der Begriff hat sich durchgesetzt, weil er die Aufmerksamkeit auf diejenigen lenkt, *die arm sind, weil sie gegen die gängigen Verhaltensregeln verstoßen. [...]*

Journalisten, Politiker, Taxifahrer und Studenten sind alle davon überzeugt, dass die Gewaltkriminalität in der letzten Generation zugenommen hat, vor allem in armen schwarzen Vierteln. In der Tat ist die Unterklassenhypothese für viele Amerikaner *attraktiv*, weil sie *den Zusammenbruch von Recht und Ordnung in diesen Gebieten zu erklären scheint. [...]*

Der Begriff ›Mittelschicht‹ erinnert an jemanden, der das College besucht hat, einen festen Job hat, ein angemessenes Einkommen verdient, geheiratet hat, bevor er Kinder bekam, und nie jemanden ermordet, vergewaltigt, ausgeraubt oder überfallen hat. ›Unterklasse‹ hingegen beschwört das Bild eines chronisch arbeitslosen Schulabbrechers herauf, der zwei oder drei uneheliche Kinder hat, kaum Geld für deren Unterhalt verdient und wahrscheinlich entweder vorbestraft oder von Sozialhilfe abhängig ist.«
Jencks: Is the American Underclass Growing?, S. 28, 36, 74 und 96, Hervorh. L. W.

»Wir bevorzugen eine Definition der ›Unterklasse‹ als Bewohner von innerstädtischen Nachbarschaften oder Vierteln mit hohen und zunehmenden Armutsraten, insbesondere chronischer Armut, hohen und steigenden Niveaus sozialer Isolation, Hoffnungslosigkeit und Anomie sowie hohen Niveaus charakteristischer antisozialer oder dysfunktionaler Verhaltensmuster. Ein einzelner dieser Faktoren reicht nicht aus, um eine Unterklasse zu schaffen; sie müssen alle gleichzeitig vorhanden sein.«
Devine/Wright: The Greatest of Evils, S. 88–89

»Als ich 1984 in *Losing Ground* schrieb, dass eine wachsende Zahl armer Menschen ein selbstzerstörerisches persönliches Verhalten an den Tag legt, das sie am unteren Ende der Gesellschaft hält, rief es wütende Erwiderungen und den Vorwurf hervor, ich würde den Opfern die Schuld geben. Heute gibt es weder in der Wissenschaft noch im öffentlichen Leben bedeutende Persönlichkeiten, die die Existenz einer solchen Gruppe bestreiten. Sie hat sogar einen akzeptierten, unumstrittenen Namen: die Unterklasse [...]

Im Laufe der Jahre wurde das, was Sozialarbeitern und Polizeibeamten, die in Unterklassevierteln arbeiteten, schon immer klar war – dass viele Menschen in diesen Vierteln tatsächlich nach ganz anderen als den in der Gesellschaft vorherrschenden Werten lebten –, an einer Vielzahl von Verhaltensweisen immer offensichtlicher.«
Charles Murray: Losing Ground (Tenth-Anniversary Edition 1994), S. xvi und xvii

> »Wir sollten die Verhaltensprobleme der Unterklasse nicht ignorieren, aber wir sollten darüber so diskutieren und so darauf reagieren, als ob es sich um unsere eigenen Kinder, Nachbarn und Freunde handeln würde. Dies ist eine amerikanische Tragödie, auf die wir so reagieren sollten, wie wir auf eine Epidemie von Selbstmorden unter Jugendlichen, Alkohol am Steuer oder HIV-Infektionen unter homosexuellen Männern reagieren würden – das heißt, indem wir die Opfer umarmen und nicht, indem wir sie dämonisieren.«
> *Glenn Loury: An American Tragedy. The Legacy of Slavery Lingers in our Cities' Ghettos, in: The Brookings Review, Vol. 16 (1998), No. 2, S. 38–42, hier S. 41*

3 Die neo-ökologische Auffassung oder die Nachbarschaft als Multiplikator der Marginalität

Der strukturelle Begriff von Myrdal verortet die »Unterklasse« in einem hierarchischen System objektiver Positionen, das in der Wirtschaft verwurzelt ist. Er führt uns zu einer relationalen Auffassung von der neuen Anordnung der gesellschaftlichen Schichtung, die durch den Postindustrialismus hervorgebracht wurde. Der verhaltensorientierte Ansatz stellt die Kategorie auf den Kopf und liefert eine atomistische Aufzählung von individuellen Verhaltensweisen, die gegen die proklamierten moralischen Normen der Mittelklassengesellschaft verstoßen. Die dritte Perspektive, die von dem Soziologen William Julius Wilson entwickelt wurde, sucht nach einem *Mittelweg* zwischen der strukturellen und der verhaltensorientierten Auffassung, indem sie »Unterklasse« in die »Nachbarschaft des Gettos« einbettet, die als Multiplikator der fortgeschrittenen Marginalität verstanden wird.

Im Allgemeinen wird angenommen, Wilson habe das Thema »Unterklasse« zum ersten Mal in seinem 1987 erschienenen Buch »The Truly Disadvantaged« (Die wirklich Benachteiligten) angesprochen, um der Vorherrschaft konservativer Ansichten über den Zusammenhang von »Rasse«, Armut und Wohlfahrt in der Innenstadt entgegenzutreten. Tatsächlich hatte der Chicagoer Soziologe den Begriff aber bereits ein Jahrzehnt zuvor in seinem kontroversen Werk »The Declining Significance of Race« (Die zurückgehende Bedeutung von Rasse) ausgiebig verwendet, in dem das Wort »Unterklasse« nicht weniger als 27-mal vorkommt, und zwar schon auf der ersten Seite des Buchs, auf der Wilson »eine riesige Unterklasse schwarzer Proletarier – diese massive Bevölkerungsgruppe am unteren Ende der sozialen Leiter, die von armseliger Bildung und schlecht bezahlten, unsicheren Jobs geplagt wird«, beschwört.[57] Wilsons frühe Auffassung ist in einer marxistisch klingenden Sprache verfasst, orientiert sich aber im Kern an Myrdal. Wie der schwedische Ökonom betont er die strukturelle Lage in der Wirtschaft und die technologischen

57 William Julius Wilson: The Declining Significance of Race. Blacks and Changing American Institutions. 2. überarb. Aufl., Chicago 1980 [1978], S. 1.

Veränderungen, ohne von unangemessenem Verhalten oder dem Charakter der Nachbarschaft zu sprechen: Die »neuen Hindernisse, die sich aus den strukturellen Veränderungen in der Wirtschaft ergeben haben«, seien »unpersönlich«, aber »um so schrecklicher«; sie »schaffen Härten vor allem für die schwarze Unterklasse«, die sich aus diesem Grund »in einem hoffnungslosen Zustand wirtschaftlicher Stagnation befindet und immer weiter hinter die übrige Gesellschaft zurückfällt«.[58]

Wiederum stimmt der frühe Wilson mit Myrdal überein, wenn er behauptet, dass wirtschaftliche Expansion »das Muster von Arbeitslosigkeit, Unterbeschäftigung, Armut, Sozialhilfe und von Frauen geführten Haushalten nicht umkehren wird«. Ebenso wenig könnten dies Affirmative-Action-Programme leisten, weil sie vor allem der schwarzen Mittelschicht zugutekämen, die sich in der Konkurrenz um qualifizierte Arbeitsplätze behaupten kann.[59] Wilson fügt dem Modell von Myrdal eine wichtige kausale Variable hinzu, nämlich das Erbe der weißen Vorherrschaft: »Eine Geschichte der Rassendiskriminierung und -unterdrückung hat eine riesige schwarze Unterklasse geschaffen, und die technologischen und wirtschaftlichen Revolutionen haben zusammengenommen dafür gesorgt, dass ihr Status dauerhaft geworden ist.«[60] Aber während Schwarze unverhältnismäßig stark auf der untersten Stufe der sich dualisierenden Klassenstruktur festsitzen, »sind Weiße, Hispanoamerikaner und amerikanische Ureinwohner aus der Unterklasse alle in größerem oder geringerem Maße Opfer der Klassenbeherrschung im fortgeschrittenen Kapitalismus«.[61]

Wilsons frühe Charakterisierung der »Unterklasse« kann als eine rassialisierte Ableitung von Myrdals strukturellem Konzept gelesen werden, die der neo-weberianischen Ausarbeitung von Anthony Giddens nahekommt. *Mais voilà,* Wilson kannte zu dieser Zeit weder das Buch von Myrdal noch das von Giddens. Woher hatte er also den Begriff und seine Auffassung von »Unterklasse« als prekäre Arbeitsmarktposition? Eine aufschlussreiche Fußnote in »The Declining Significance of Race« verweist auf den Artikel »Race, Economics, and Public Policy« des schwarzen Wirtschaftswissenschaftlers Vivian Henderson, der 1975 in der Zeitschrift der NAACP, *Crisis*, veröffentlicht wurde.[62] In diesem Text schlägt

58 Ebd., S. 2; vgl. auch S. 19, 22. Auf Seite 154 listet Wilson die »grundlegenden strukturellen Veränderungen in der modernen amerikanischen Wirtschaft« auf, die zur Bildung einer »Unterklasse« führen: »ungleichmäßiges Wirtschaftswachstum, neue Technologien und zunehmende Automatisierung, Verlagerung von Industrien und Segmentierung des Arbeitsmarktes«.

59 Ebd., S. 134. Vergleiche dazu Myrdal, der »einen Teufelskreis« beklagt, »durch den in Amerika tendenziell eine unterprivilegierte Klasse von arbeitslosen, unterbeschäftigten und nicht mehr zu beschäftigenden Menschen entsteht, die mehr und mehr hoffnungslos von der Nation als Ganzes abgetrennt ist und nicht an ihrem Leben, ihren Ambitionen und ihren Errungenschaften teilhat« (Myrdal: Challenge to Affluence, S. 10).

60 Wilson: The Declining Significance of Race, S. 22, vgl. auch S. 120.

61 Ebd., S. 154.

62 Ebd., S. 163 und 213, und persönliche Mitteilung von William Julius Wilson, September 2017.

Henderson vor, dass »die Verbindung des Begriffs der arbeitenden Armen mit dem Begriff der ökonomischen Klasse zum Begriff der ›Unterklasse‹ führt, der nicht zwischen denen unterscheidet, die arbeiten, und denen, die in anderer Weise von Einkommen abhängig sind«. Diese »Unterklasse« »wird zu einer Kraft des Protests im wirtschaftlichen Kampf um die Zuwendungen aus der Produktion und den Dienstleistungen der Nation werden«. Und Henderson fährt fort:

> »Dies alles läuft auf zwei Seiten derselben Medaille hinaus: Verbesserungen im Bildungswesen, mehr Schwarze in mittleren Einkommensgruppen, ein starker und hoch konzentrierter Verbrauchermarkt für Schwarze – all das auf der einen Seite, und auf der anderen Seite verfestigte Armut, wachsende Rigidität der Klassenunterschiede, Arbeitslosigkeit und Unterbeschäftigung und zunehmender Bezug von Sozialhilfe. Die große Frage ist, *ob die Masse der Schwarzen zu einer dauerhaften Unterklasse in Amerika werden wird.* Deshalb ist es so wichtig, die Rolle der ökonomischen Klasse als solcher, im Gegensatz zu Rasse, als entscheidend für das Problem und als primäres Ziel in der heutigen Strategie in Bezug auf die Rassenbeziehungen zu erkennen.«[63]

Wir wissen nicht, ob Henderson seinen Begriff der »Unterklasse« von Myrdal übernommen hat, dessen Arbeiten unter den in Bürgerrechtskreisen engagierten Wirtschaftswissenschaftlern sehr bekannt waren. Aber wir wissen, dass Wilson schon früh eine Auffassung von »Unterklasse« entwickelte, die sie als strukturelle Position in einer sich polarisierenden, von tiefer ethnorassialer Ungleichheit geprägten Klassenstruktur definiert.

Ein Jahrzehnt später nimmt Wilson eine neue analytische Position ein und verwendet eine neue Sprache, denn er schreibt nicht mehr für sozialwissenschaftliche Kolleginnen, sondern sein Zielpublikum sind nun Politikanalysten und politische Entscheidungsträgerinnen.[64] Die Absicht, sich

63 Vivian W. Henderson: Race, Economics, and Public Policy, in: Crisis, Nr. 82 (1975), S. 50–55, hier S. 55, Hervorh. im Original. Durch Kommunikation mit den Mitarbeiterinnen des Archives Research Center, Robert W. Woodruff Library, am Atlanta University Center konnte ich feststellen, dass die Vivian Wilson Henderson Papers keinen Entwurf dieses Artikels enthalten, der es uns erlauben würde festzustellen, ob Henderson den Begriff »Unterklasse« von Gunnar Myrdal übernommen hat oder nicht.

64 Diese Veränderung der Sprache ist zu erwarten, denn diskursive Produkte sind immer das Ergebnis der antizipierten »Zensur durch den linguistischen Markt«, auf dem sie angeboten werden. Pierre Bourdieu: Was heißt sprechen? Zur Ökonomie des sprachlichen Tausches. Übersetzt aus dem Franösischen von Hella Beister. 2., erw. und überarb. Aufl., Wien 2005 [1982], Kap. 2. Ein verräterisches Zeichen für diesen Wechsel des Publikums ist die Tatsache, dass die drei Empfehlungen auf der Rückseite des Buches nicht von Wissenschaftlern stammen, sondern von Persönlichkeiten des öffentlichen Lebens (Michael Harrington, Eleanor Holmes Norton und Daniel Patrick Moynihan), auf deren Stimmen in den politischen Debatten gehört wird. Das zeigt sich auch an Wilsons Themenwahl für die Tagungen der American Sociological Association, die er 1990 leitete: »Sociology and the Public Agenda« (Soziologie und die öffentliche Agenda) und an seinem gleichnamigen Sammelband: William Julius Wilson (Hrsg.): Sociology and the Public Agenda, Newbury Park (CA) 1993.

in die explodierende öffentliche Debatte über »Unterklasse« einzuschalten, wird durch die Änderung des Titels seines Buches kurz vor der Veröffentlichung deutlich: Der Arbeitstitel lautete »The Hidden Agenda. Race, Social Dislocations, and Public Policy in America« (Verborgene Absichten. Rasse, soziale Verwerfungen und öffentliche Politik in Amerika); daraus wurde dann »The Truly Disadvantaged. The Inner City, the Underclass, and Public Policy«. Statt sich mit einer multiethnischen »Unterklasse« zu befassen, die sich am unteren Ende der Klassenstruktur im ganzen Land herausbildet, ist sein Thema nun eine schwarze »Getto-Unterklasse«, die im verfallenen städtischen Kern gefangen sei, ganz im Sinne der von Journalisten verbreiteten rassialisierten Sichtweise. Er verwendet den Begriff als Abkürzung für ein Bündel miteinander verbundener »sozialer Verwerfungen«, die sich in katastrophalen Raten von »Arbeitslosigkeit, Teenagerschwangerschaften, unehelichen Geburten, alleinerziehenden Müttern, Sozialhilfeabhängigkeit und schwerer Kriminalität«[65] manifestieren, dieselbe Litanei, wie sie von den Thinktank-Verfechtern der verhaltensbedingten »Unterklasse« heruntergebetet wird.

Wilson legt Wert darauf, diese »unschmeichelhaften und stigmatisierenden Verhaltensweisen« unverblümt anzusprechen – er greift sogar Moynihans berüchtigten (von Kenneth Clark entlehnten) Ausdruck des »Gewirrs von Pathologien« auf.[66] Liberalen Wissenschaftlern wirft er vor, dass sie sich scheuen, die Zunahme der »innerstädtischen Pathologien« zu benennen, und damit ein politisches Vakuum hinterlassen, das eifrig von den neuen, dominanten Ansichten neokonservativer Analysten, allen voran Charles Murray vom Manhattan Institute, gefüllt werde, denen zufolge die sozialen Verwerfungen im Getto aus der übermäßigen Großzügigkeit des Sozialstaats gegenüber den abhängigen Armen und deren hartnäckiger kultureller Devianz resultieren.[67]

Insbesondere kritisiert Wilson jene liberale Wissenschaftlerinnen, die »sich weigern, Begriffe wie *Unterklasse* überhaupt zu verwenden«, während ihre konservativen Gegner damit beschäftigt sind, eine Version des Begriffs auszuarbeiten, »die sich fast ausschließlich auf individuelles Verhalten konzentriert«. Seiner Ansicht nach sollten sie sich den Begriff zu eigen machen, denn »es lässt sich nicht leugnen, dass es eine heterogene Gruppe von innerstädtischen Familien und Einzelpersonen gibt, *deren Verhalten in scharfem Kontrast zu dem des amerikanischen Mainstreams steht«*.[68] Abgesehen von einer ehrlichen Beschreibung stellt sich die Frage, wie ein solches Verhalten erklärt werden kann, und Wilson ist

65 Wilson: The Truly Disadvantaged, S. 3.

66 Ebd., S. 21–29. Der Ausdruck ist der Titel eines Unterabschnitts im 2. Kapitel.

67 Murray: Losing Ground. Murray übernimmt den Begriff »Unterklasse« von dem Journalist Ken Auletta.

68 Wilson: The Truly Disadvantaged, S. 6 und 7–8, Hervorh. L. W.

der Ansicht, dass der Begriff »Unterklasse« bei diesem Unterfangen hilfreich ist.

Auch wenn sich Wilsons Position nach der Veröffentlichung von »The Truly Disadvantaged« im Jahr 1987 weiterentwickelt hat (was dazu führte, dass der im nächsten Kapitel erörterte Begriff der »Unterklasse« aufgegeben wurde), bleibt sie doch in zwei grundlegenden Thesen und zwei Begriffen verankert, die in dem Buch entwickelt wurden. Die erste These lautet, dass der Übergang von einer Ökonomie der städtischen Industrie zu einer suburbanen Dienstleistungswirtschaft die Fabrikarbeitsplätze beseitigt habe, von denen ungelernte Schwarze bis in die 1960er-Jahre leben konnten. Wilson untersucht fünf Faktoren, die zur zunehmenden Zerrüttung der Innenstädte beigetragen haben: historische und aktuelle Diskriminierung, der anhaltende Zustrom schwarzer Einwanderer aus dem Süden, der hohe Anteil von Jugendlichen an der Altersverteilung, die Abwanderung schwarzer Mittelschichtshaushalte aus der Innenstadt und der Strukturwandel der Wirtschaft. Von diesen Faktoren sei der wirtschaftliche Wandel, insbesondere der Zusammenbruch der städtischen Nachfrage nach gering qualifizierter manueller Arbeit, bei Weitem der stärkste. Er erkläre die rasant ansteigende Arbeitslosigkeit von Männern, die wiederum für den stetigen Rückgang der Eheschließungen und die schwindelerregende Zunahme von Haushalten mit nur einem Elternteil sowie – als Nebeneffekt – den Anstieg der außerehelichen Geburten verantwortlich sei. *Das Verschwinden der industriellen Beschäftigung* aus den Großstädten und nicht die Großzügigkeit oder Freizügigkeit der Wohlfahrtsprogramme (die von Murray auf der Seite der Thinktanks und von Mead auf der akademischen Seite beklagt werden) oder allein das Fortbestehen des Rassismus (wie von einigen radikalen Wissenschaftlerinnen und Vertretern der Schwarzen behauptet),[69] sei der Auslöser für die sich immer weiter ausbreitenden Übel, unter denen das Hypergetto leidet.

Wilsons zweite Kernthese macht die *Nachbarschaft zum entscheidenden sozialräumlichen Vermittler*, durch den die Deindustrialisierung ihre zerstörerischen Auswirkungen auf Haushalte und Individuen entfalte. Die Abwanderung der stabilen schwarzen Arbeiter- und Mittelklasse aus dem historischen Kern des Gettos und die dort herrschende Arbeitslosigkeit führten zu einer Erosion der lokalen Institutionen (Kirchen, Geschäfte, Schulen, Freizeiteinrichtungen usw.) und beraubten die Bewohnerinnen des »sozialen Puffers«, der den Schock der wirtschaftlichen Umstrukturierung abfedern kann. Das *Besondere* der »Unterklasse« im Vergleich zu anderen »unterprivilegierten ökonomischen Gruppen« bestehe also darin, dass »ihre ökonomisch fragile Position oder geringe

69 Murray: Losing Ground; Mead: The New Politics of Poverty; Alphonso Pinkney: The Myth of Black Progress, New York 1986; und Derrick Bell: Faces at the Bottom of the Well. The Permanence of Racism, New York 1993.

Integration in den Arbeitsmarkt durch die Nachbarschaft in einzigartiger Weise verschärft wird«.[70] Afroamerikaner im Fin-de-Siècle-Hypergetto seien in der Tat die einzigen Stadtbewohnerinnen, die sowohl enteignet als auch gefangen sind in verwüsteten Stadtteilen, in denen die überwiegende Mehrheit der Bewohner ebenfalls enteignet ist: 1980 lebten 39 Prozent der armen Schwarzen in den fünf größten Städten des Landes in Zählungsgebieten mit Armutsquoten von über 40 Prozent, verglichen mit nur sieben Prozent der armen Weißen.[71]

Die klassenmäßigen und institutionellen Umweltbedingungen des Viertels wirkten wie ein *Prisma* auf der Mesoebene, das die »sozialen Pathologien« entsprechend der in Abb. 2 dargestellten Kausalkette verstärkt und ihre räumliche Anhäufung beschleunigt. Die Auflösung der Kernfamilie und die massive Inanspruchnahme öffentlicher Unterstützung werden beispielsweise durch das von den astronomischen Arbeitslosenquoten bei Männern verursachte Austrocknen des »Pools heiratsfähiger Männer« erklärt sowie durch die Unfähigkeit des seiner Ressourcen beraubten umgebenden Milieus, informelle sozioökonomische Unterstützung zu leisten.[72]

Abb. 2: Die Kausalkette in Wilsons »The Truly Disadvantaged« (1987)

Die beiden Begriffe, mit denen Wilson den makrostrukturellen Wandel mit dem individuellen Mikroverhalten innerhalb des Hypergettos zu verknüpfen versucht, sind *soziale Isolation* und *Konzentrationseffekte.* »Soziale Isolation« definiert Wilson als den »Mangel an regelmäßigen Kontakten oder Interaktionen mit Personen und Institutionen, die die Mehrheitsgesellschaft repräsentieren«, und will mit ihm seine Argumentation von der These einer Kultur der Armut abgrenzen.[73] Er ist vor allem

70 Public Policy Research and »The Truly Disadvantaged«, in: Christopher Jencks/Paul E. Peterson (Hrsg.): The Urban Underclass, Washington (DC) 1991, S. 460–481, hier S. 474.

71 Wilson: The Truly Disadvantaged, S. 58.

72 Ebd., S. 133.

73 Ebd., S. 60. In einer Workshop-Diskussion mit seinem Forschungsteam (an der ich teilnahm) während der Fertigstellung seines Buches Anfang 1987 zeigte sich Wilson besorgt, dass sein Bezug auf die Umwelt als Wiederbelebung der »Kultur der Armut« missverstanden werden könnte, und entwickelte daraufhin den Begriff der »sozialen Isolation«.

besorgt über die regressiven politischen Implikationen eines Arguments, das »den grundlegenden Werten und Einstellungen der Gettokultur« volle Autonomie zugestehe. Daher besteht er darauf, dass »Kultur eine Antwort auf sozialstrukturelle Einschränkungen und Möglichkeiten ist« und sich verbessernde Maßnahmen daher auf Institutionen und nicht auf subkulturelle Merkmale konzentrieren müssten.[74] Wilson zufolge beraubt die soziale Isolation, die aus der Abwanderung der schwarzen Mittelschicht und der Abneigung von Außenstehenden, in das Hypergetto zu kommen, resultiert, das schwarze Prekariat zweier wichtiger Ressourcen: Auf gesellschaftlicher Ebene wird es von »Arbeitsplatznetzwerken« abgeschnitten, auf kultureller Ebene vom Kontakt mit »Vorbildern«.[75]

Der verwandte Begriff der »Konzentrationseffekte« bezieht sich auf die Tatsache, dass sich die Umwelt der deindustrialisierten Innenstadt von der Umwelt anderer Armenviertel und der des Gettos vergangener Zeiten dadurch unterscheide, dass sie nur »die am stärksten benachteiligten Segmente der schwarzen Stadtbevölkerung« beherbergt und vielfältige Formen der Deprivation akkumuliert, wodurch ein besonderes soziales Milieu entsteht, in dem Pathologien zusammenwachsen und sich gegenseitig verstärken.[76] In späteren Arbeiten fügt Wilson seinem Modell ein sozialpsychologisches Element hinzu, das er den Schriften des Psychologen Albert Bandura entlehnt hat: Einer der Konzentrationseffekte anhaltender Arbeitslosigkeit bestehe darin, das Gefühl »individueller Selbstwirksamkeit« zu schwächen. Die Einzelnen würden in einem scheinbar unbeeinflussbaren wirtschaftlichen Umfeld versinken und »die Netzwerke von Verwandten, Freunden und Bekannten« seien von verinnerlichten Selbstzweifeln geprägt.[77]

Wilson gebührt das Verdienst, eine provokative *Theorie* der Transformation der Innenstadt entwickelt zu haben – im Unterschied zu einem beschreibenden Porträt oder einer moralischen Jeremiade über ihre Übel. Diese Theorie überbrückt die Kluft zwischen den strukturellen und den verhaltensbezogenen Konstrukten von »Unterklasse«, indem sie Elemente aus beiden einbezieht. Sie rückt die strukturellen wirtschaftlichen Faktoren, die Myrdal eine Generation zuvor ausgemacht hatte, wieder ins analytische

74 Ebd., S. 61. Wilson wird diese Position später in seinem Buch von 2009 »More than Just Race. Being Black and Poor in the Inner City« korrigieren und sagen, dass intensive Armut aus dem Zusammenspiel von Kultur und Sozialstruktur resultiere.

75 Diese Vorbilder sind die »alten Köpfe«, von denen Elijah Anderson in seiner Expertenaussage vor dem Kongress gesprochen hatte (siehe oben, S. ##). Dieser Aspekt von Wilsons Theorie wird auf der mikrosoziologischen Ebene im Buch von Anderson entwickelt: Streetwise. Race, Class, and Change in an Urban Community, Chicago (IL) 1990. Anderson achtet darauf, die Definition der »Unterklasse« nicht am Verhalten festzumachen, aber er unterscheidet sie von der Arbeiterklasse und berichtet, dass Letztere die Erstere als »willkommenes Objekt der Verachtung, Angst und Beschämung« behandele (S. 66).

76 Wilson: The Truly Disadvantaged, S. 58.

77 William Julius Wilson: Social Theory and the Concept Underclass, in: David B. Grusky/Ravi Kanbur (Hrsg.): Poverty and Inequality, Stanford (CA) 2006, S. 103–116, hier S. 110–111.

Zentrum und fügt ihnen die soziale und demografische Zusammensetzung der Nachbarschaft hinzu, die der Prüfstein des Umweltansatzes ist, der auf die erste Chicagoer Schule zurückgeht.[78] Auf diese Weise stellt sein Modell eine solide Verbindung zwischen dem Arbeitsmarkt und der städtischen Armut her – ein kausaler Zusammenhang, der in den Vereinigten Staaten selbst unter Sozialwissenschaftlerinnen nicht als selbstverständlich angesehen wird, weil eine individualisierende Denkweise und eine moralisierende Sicht auf die Armen vorherrschen.[79] Und es lädt zu einer genaueren Untersuchung der unmittelbaren sozialen und symbolischen Welt ein, in der sich das städtische schwarze Prekariat Tag für Tag entwickelt.

The »Truly Disadvantaged« hatte einen unvergleichlichen Einfluss auf die Forschung zu »Rasse«, Armut und Politik. Es hat zahllose Wissenschaftler in allen möglichen Disziplinen zu Untersuchungen angeregt und deren intellektuellen Werdegang verändert. Es ist eines der meistzitierten Werke der Stadtsoziologie der letzten 50 Jahre mit rund 21 000 Treffern bei Google Scholar; in seinem Nachwort zur Neuauflage des Buchs 25 Jahre nach seinem Erscheinen reagiert Wilson auf Hunderte von Artikeln, die sich mit dem Buch befasst haben (von insgesamt schätzungsweise 3500).[80] Das Buch hat auch die Wohnungsbaupolitik des Bundes beeinflusst, die darauf abzielt, die konzentrierte Armut zu verringern und die Institutionen der Nachbarschaft wieder aufzubauen. Es verdient eine ernsthafte Kritik, die seiner Wirkung gerecht wird. Ich werde mich auf drei theoretische Punkte in Bezug auf Segregation, den Staat und Multiethnizität beschränken.

Erstens unterschätzt Wilson das kombinierte Gewicht von Klasse *und Kaste* in seiner Charakterisierung des verstärkenden Effekts der Nachbarschaft. Er erkennt zwar die historische und gegenwärtige *Diskriminierung* als ursächliche Kraft an, übersieht aber die *Segregation* als eine besondere Form der ethnorassialen Herrschaft. In »American Apartheid« zeigen Massey und Denton, dass die Hypersegregation der Schwarzen in der Stadt ein mächtiger selbstständiger Vektor ist, der die »Konzentrationseffekte« verstärkt, die Wilson *in ihrer Gesamtheit* auf die sich verändernde Klassenzusammensetzung der Innenstädte zurückführt. Eine Reihe von Simulationen zeigt, dass eine Verstärkung der rassialen Segregation in einem von zunehmender Armut betroffenen Viertel fast automatisch die

78 Robert E. Park/Ernest W. Burgess/Roderick D. McKenzie: The City, Chicago (IL) 1923, insbesondere das 3. Kap. von McKenzie. Es ist zu beachten, dass Wilson mit der frühen Chicagoer Schule nicht vertraut war und von ihr auch nicht beeinflusst wurde. Er hat das sozialökologische Modell gewissermaßen *neu erfunden*. Trotzdem hat »The Truly Disadvantaged« dazu beigetragen, die verlorene Tradition der »Sozialraumanalyse« unter dem neuen Namen der »Nachbarschaftseffekte« wiederzubeleben.

79 Edward Royce: Poverty and Power. The Problem of Structural Inequality, Lanham (MD) 2018.

80 Reflections on Responses to *The Truly Disadvantaged,* in: ders.: The Truly Disadvantaged. 2. erw. Aufl., Chicago (IL) 2012, S. 251–309; vgl. auch die Übersichtsbesprechung von Mario Luis Small und Katherine Newman: Urban Poverty After *The Truly Disadvantaged:* The Rediscovery of the Family, the Neighborhood, and Culture, in: Annual Review of Sociology, Vol. 27 (2001), S. 23–45.

Kriminalitätsrate, den Anteil der Alleinerziehenden und die Zahl der Sozialhilfeempfängerinnen erhöht und das durchschnittliche Haushaltseinkommen und den Bildungsstand senkt. Das Argument lautet hier, dass »das *Zusammenwirken* von Segregation *und* zunehmender Armut für schwarze Stadtteile einen exogenen Schock erzeugt, der sie dahin bringt, dass sich physischer Verfall und Desinvestition selbst reproduzieren«.[81] Interessanterweise hat Masseys Kausalkette die gleiche formale Struktur wie die von Wilson (dargestellt in Abb. 2): Eine strukturelle Veränderung auf der Makroebene, die Hypersegregation, wirkt sich in Kombination mit einer sozialökologischen Umstrukturierung auf die Nachbarschaft auf der Mesoebene aus und formt dann das Verhalten von Individuen und Gruppen auf der Mikroebene durch die Schaffung einer oppositionellen »Kultur der Segregation«.[82] Dies weist darauf hin, dass die Theorien von Wilson und Massey keineswegs unvereinbar sind, sondern sich logisch ähneln und empirisch sogar ergänzen.[83]

Zweitens unterschätzt Wilson in erheblicher Weise die kausale Rolle von *staatlichen Strukturen, Interessen und politischen Maßnahmen* bei der (Re-)Produktion von städtischer Ungleichheit und Marginalität. Nirgendwo im kapitalistischen Westen wird das Schicksal der städtischen Armen allein durch Wirtschaft und Demografie entschieden. Historische und länderbezogene Unterschiede in der Verbreitung, Intensität und sozialräumlichen Streuung von Armut sind das Ergebnis von Unterschieden zwischen den Staaten, insbesondere in Bezug auf das Ausmaß, in dem sie soziale und wirtschaftliche Rechte institutionalisiert haben und diese Rechte umsetzen.[84] Nationalstaaten formen den symbolischen Raum, indem sie allgemeingültige Kategorien der Wahrnehmung vermitteln (wie Vorstellungen von Armut und Meinungen über Ethnizität); sie formen den sozialen Raum, indem sie allgemeine Parameter sozialer Ungleichheit und Mobilität festlegen, durch Mechanismen wie Besteuerung, die Bereitstellung öffentlicher Güter und die Erteilung von Schulabschlüssen; und sie formen den physischen Raum, indem sie die materielle Infrastruktur schaffen, von der die geografische Verteilung und (Un-) Beweglichkeit von Objekten, Menschen und Aktivitäten abhängt. Lokale

81 Douglas Massey/Nancy A. Denton: American Apartheid. Segregation and the Making of the Underclass, Cambridge (MA) 1993, S. 132, Hervorh. L. W.

82 Ebd., S. 167.

83 Dies wird von Massey eingeräumt: »Wilson und ich stimmen darin überein, dass das Kernproblem nicht darin besteht, ob die städtische Armut durch Faktoren verursacht wird, die mit Klasse *oder* mit »Rasse« verbunden sind, sondern *wie beide zusammenwirken* und dadurch die städtische Armut zu einem so hartnäckigen sozialen Problem machen. Die politische Ökonomie wurde von den Reichen in einer Weise *verändert*, die die Ungleichheit vergrößert und die Armut vertieft hat; aber auch der Rassismus bleibt eine starke und zersetzende Kraft in der US-Gesellschaft, insbesondere auf dem Wohnungsmarkt.« Douglas Massey: Race, Class, and Markets. Social Policy in the 21st Century, in: David B. Grusky/Ravi Kanbur (Hrsg.): Poverty and Inequality Stanford (CA) 2006, S. 117–132.

84 Brady: Rich Democracies, Poor People.

Staaten, einschließlich der Bezirks- und Stadtverwaltungen, filtern und lenken diese nationalen Kräfte im Raum der Metropole.[85] Der *Zustand* eines Stadtviertels, seine *Stellung* in der Hierarchie der Orte, aus denen die Stadt besteht, und seine *Entwicklung* im Laufe der Zeit sind die Produkte kollektiver *Kämpfe um den angeeigneten physischen Raum*, deren Waffen und Einsätze die städtische Politik ist, die das Spektrum von Infrastruktur und Wohnungsbau über Bildung und Wohlfahrt bis hin zu Gesundheit, Polizeiarbeit und Strafjustiz umfasst.[86]

Nichts zeigt besser, dass es eine in den nationalen und lokalen Machtfeldern ausgetragene *Politik des Ortes* gibt, die sich nicht aus der Ökonomie des Raums ableiten lässt, als die anhaltende Kastenspaltung in der zweiten Hälfte des 20. Jahrhunderts. Nach dem Zweiten Weltkrieg entstand ein Dreiecksbündnis aus ethnisch weißen Hausbesitzerinnen, Unternehmen in den Innenstädten und städtischen Beamten, um von oben die gebaute Umwelt umzugestalten und Amerikas »zweites Getto« zu errichten, durch Maßnahmen wie Redlining,[87] Slumsanierung, Stadterneuerung, Infrastrukturprojekte und den Bau von Sozialwohnungen.[88] Die »Fehlanpassung der Qualifikation«, die angeblich zur hohen Arbeitslosigkeit beiträgt, wird durch die geplante Unfähigkeit der öffentlichen Schulen verursacht, die Bewohnerinnen des Hypergettos auf die neuen Arbeitsplätze vorzubereiten; die »räumliche Fehlanpassung« von Arbeitsplätzen und Menschen ist auf die Unzulänglichkeiten des öffentlichen Verkehrsnetzes, die Nichtdurchsetzung von Antidiskriminierungsgesetzen auf dem Wohnungsmarkt und die politische Weigerung, Mehrfamilienhäuser und Sozialwohnungen in Vorstadtgemeinden anzusiedeln, zurückzuführen. In ähnlicher Weise lassen sich die Auflösung von Familien, das Schulversagen und die Kriminalität in der Nachbarschaft, die Wilson als Nebenprodukte männlicher Arbeitslosigkeit beschreibt, auf die destabilisierenden Auswirkungen des tiefen Eindringens des Strafstaates in das Hypergetto zurückführen.[89] In der Tat wage ich zu behaupten, dass *der lokale Staat ein stärkeres Prisma* exogener struktureller

85 »Die Rolle, die der nationale und der lokale Staat bei der Gestaltung der Städte spielen, ist in allen westlichen Gesellschaften so erheblich und gut institutionalisiert, dass sich nicht mehr behaupten lässt, in erster Linie seien wirtschaftliche Kräfte für das Wachstum und den Niedergang von Städten verantwortlich oder könnten es sein.« Ted Robert Gurr/Desmond S. King: The State and the City, Chicago (IL) 1987, S. 3.

86 Loïc Wacquant: Die Verdammten der Stadt. Eine vergleichende Soziologie fortgeschrittener Marginalität. Übersetzung von Alexander Frings, Wiesbaden 2018 [2008], S. XXXVIII–XL, 72–91, 312–313.

87 Anm. d. Ü.: Markierung von Wohngebieten mit einem hohen Anteil von Afroamerikanerinnen oder ethnischen Minderheiten auf Karten, die von Privatfirmen genutzt werden, um ihre Dienstleistung dort nur eingeschränkt oder überteuert anzubieten.

88 Arnold R. Hirsch: Making the Second Ghetto. Race and Housing in Chicago 1940–1960. New expanded edition, Chicago 1998 [1983].

89 Todd R. Clear: Imprisoning Communities. How Mass Incarceration Makes Disadvantaged Neighborhoods Worse, New York 2009; Reuben Jonathan Miller: Halfway Home. Race, Punishment, and the Afterlife of Mass Incarceration, Boston (MA) 2021.

Kräfte ist als die Nachbarschaft. Bedenken wir nur, wie das Zusammenspiel der Strategien der sozialen Fürsorge und der Bestrafung die Lebenschancen der städtischen Armen beeinflusst.[90]

Drittens: Während der frühe Wilson in »The Declining Significance of Race« den *multiethnischen* Charakter der »Unterklasse« herausstellte,[91] konzentriert sich der späte Wilson in »The Truly Disadvantaged« auf die schwarzen Armen im Hypergetto. Warum dieser enge Fokus? Ich behaupte, die Antwort ist eine doppelte: Erstens ist dies diejenige Bevölkerungsgruppe, die von Weißen und Schwarzen aus der Mittelschicht (einschließlich Stadtanalytikern und Medienvertreterinnen) sowohl exotisiert als auch gefürchtet wird und aus diesem Grund im Mittelpunkt wissenschaftlicher und politischer Debatten steht; zweitens ist Wilsons eigentlicher *theoretischer* Gegenstand nicht die »Unterklasse«, sondern das *Schicksal des Gettos nach dem Zusammenbruch der 1960er-Jahre* – die neuartige sozialräumliche Form, die ich das *Hypergetto* nenne. Schließlich hat die Zange der »Klassenunterordnung im fortgeschrittenen Kapitalismus« (wie Wilson es 1978 nannte) nicht auf einmal weiße und hispanische Subproletarier aus ihrem Griff entlassen.

Ein ethnischer Vergleich mit der Situation der indigenen Amerikanerinnen ist hier aufschlussreich. Wird das »Getto« so wie von Wilson durch eine Armutsrate von über 40 Prozent definiert, dann sind die meisten Reservationen Gettos. Definieren wir »Unterklasse« durch eine schwache Bindung an die Arbeit, die durch das unmittelbare soziale Milieu verstärkt wird, dann bilden die American Indians in den Reservationen eine zweite »Getto-Unterklasse«, und das schon seit einem Jahrhundert. Sie leiden unter »wirtschaftlicher, sozialer und physischer Isolation von der Mehrheitsgesellschaft« und »diese Isolation hat in den Reservationen zu extremer Armut, hoher Arbeitslosigkeit, instabilen Familien, niedrigen Raten von Schulabschlüssen und hohen Raten von Alkoholismus und/oder Drogenmissbrauch und Kriminalität geführt«.[92] Diese

90 Die Ausblendung der öffentlichen Politik als einer Ursache der städtischen Marginalität (und nicht nur als ein Heilmittel für sie) korrigiert Wilson zum Teil in einem neuen Buch: More than Just Race. Being Black and Poor in the Inner City, New York 2009, vgl. dort den Abschnitt »The Role of Political Actions«, S. 28–39. Aber Wilson unterschätzt weiterhin die Rolle des Staates (er taucht in dem ausführlichen Index des Buches nicht auf).

91 »Die von der modernen Industriegesellschaft geschaffene Situation der Marginalität und Überflüssigkeit wirkt sich auf alle Armen aus, unabhängig von ihrer Rasse« (The Declining Significance of Race, S. 154).

92 Gary D. Sandefur: American Indian Reservations. The First Underclass Areas?, in: Focus, Vol. 12 (1989), Nr. 1, S. 37–41, hier S. 41. Im Jahr 1990 lebte ein Viertel der 2,4 Millionen indigenen Amerikanerinnen in Reservationen, die sich in ländlichen Gebieten befinden und in denen es meist keine wirtschaftlichen Möglichkeiten gibt. Das Pro-Kopf-Einkommen dieser Bevölkerung betrug ein Drittel des US-Durchschnitts und ist in den vorangegangenen zehn Jahren gesunken. Mehr als 42 Prozent der Haushalte und 53 Prozent der Kinder in den Reservationen lebten unter der Armutsgrenze, viermal bzw. doppelt so hoch wie die Zahlen für das ganze Land. Die Quote der »tiefen Armut« (ein Einkommen unter 75 Prozent der Armutsgrenze) war mit 30 Prozent dreimal so hoch wie die der USA. Jeder fünfte Haushalt bezog Sozialhilfe, verglichen mit acht Prozent im Land; die Arbeitslosenquote lag bei 25 Prozent, verglichen mit sechs Prozent im Land; 52 Prozent aller Erwachsenen waren nicht erwerbstätig und nur elf Prozent hatten einen Hochschul-

empirische Anomalie – dass die Reservationen lange vor der Implosion des schwarzen Gettos in den postindustriellen Metropolen eine »Getto-Unterklasse« hervorgebracht haben – offenbart die begriffliche Inkohärenz von »Getto« und »Unterklasse« bei Wilson. Mit anderen Worten: Die beträchtlichen empirischen und theoretischen Fortschritte, die Wilson in »The Truly Disadvantaged« erzielt hat, wurden trotz des Begriffs »Unterklasse« erreicht und nicht dank ihm. Der endgültige Beweis dafür ist, dass er die Kategorie für seine klaren Beobachtungen und gehaltvollen Analysen in »When Work Disappears« (1996) nicht brauchte.

abschluss. Jonathan B. Taylor/Joseph P. Kalt: American Indians on Reservations. A Databook of Socioeconomic Change between the 1990 and 2000 Censuses, Cambridge (MA) 2005.

4 —— Die seltsame Karriere eines rassialisierten Volksteufels

Der atemberaubende Triumph von »Unterklasse« an den Überschneidungen der wissenschaftlichen, journalistischen und politisch-philanthropischen Felder war ebenso schnell wie flüchtig: Kaum hatte der Begriff um 1992 den Höhepunkt seiner Popularität erreicht, erlebte er einen schwindelerregenden Absturz. Gegen Ende des Jahrzehnts war »Unterklasse« *aus dem nationalen Gespräch über »Rasse« und Armut in der Großstadt so gut wie verschwunden.* Abb. 3 zeigt, dass die Erwähnung von »Unterklasse« in den US-Zeitungen zwischen 1976 und 1988 um das Neunfache anstieg und dann bis 1997 stark zurückging. Der Begriff kursierte weiterhin in den Sozialwissenschaften, meist in seiner strukturellen und ökologischen Form, aber Thinktanks, Politikerinnen und Journalisten verwarfen ihn und er bestimmte nicht mehr die wissenschaftliche und politische Debatte.[1] Abgesehen von der unerbittlichen Kritik seiner Gegnerinnen, die auf die erkenntnistheoretischen Schwächen, die analytischen Unklarheiten und die moralische Belastung des Begriffs hinwiesen, führten drei Entwicklungen zu dieser plötzlichen Wendung des Schicksals.

Ein erster Riss in der Rüstung von »Unterklasse« zeigte sich, als ihr einflussreichster Verfechter in den Sozialwissenschaften, William Julius Wilson, sich öffentlich von dem Begriff distanzierte. In seiner Godkin-Vorlesung an der Kennedy School of Government in Harvard hatte Wilson 1988 seine Bestürzung über die sensationslüsternen Beschwörungen einer »Unterklasse« durch Journalisten geäußert, die mit altbekannten rassistischen Stereotypen spielten.[2] Bald wurde diese Bestürzung noch verstärkt durch die Besorgnis über die Dominanz des von den Ökonomen des Urban Institute vertretenen verhaltensorientierten Begriffs, der Überlegungen zur sozialen und umweltbedingten Struktur in den Hintergrund drängte. Im Sommer 1990 zitierte Wilson in seiner Präsidentschaftsrede auf der Jahrestagung der American Sociological Association die Warnung

1 Michael B. Katz: From Underclass to Entrepreneur: New Technologies of Poverty Work in Urban America, in: ders.: Why Don't American Cities Burn? Philadelphia (PA) 2012, S. 101–150. Vgl. den Anhang in diesem Band, »Die neun Leben der ›Unterklasse‹«, S. 178–182.

2 William Julius Wilson: The American Underclass. Inner-City Ghettos and the Norms of Citizenship. The Godkin Lecture, John F. Kennedy School of Government, Harvard University, 26.4.1988 (Mitschrift des Vortrags).

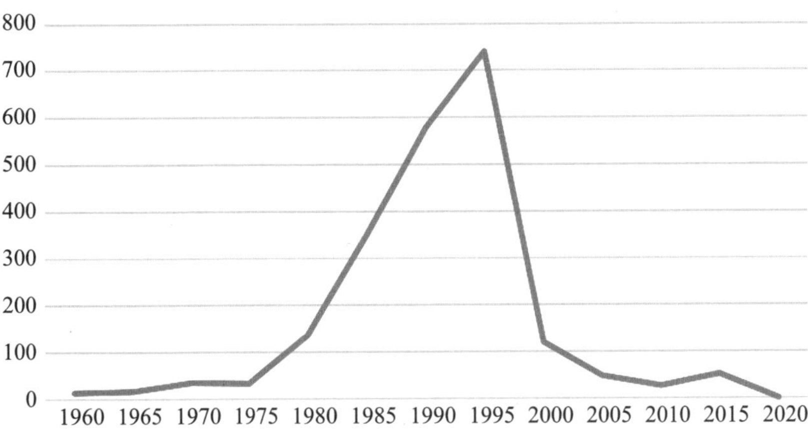

Abb. 3: Aufstieg und Fall der »Unterklasse« in der öffentlichen Debatte, 1960–2017 (Quelle: Proquest historical newspapers)

von Herbert Gans, dass das »neueste Schlagwort für die unwürdigen Armen« in seiner Bedeutung »hoffnungslos verunreinigt« sei.[3] Wilson kündigte an, er werde »den Begriff ›Unterklasse‹ durch den Begriff ›Getto-Arme‹ ersetzen«, um der »heftigen und erbitterten« Kontroverse um den Gebrauch (oder Missbrauch) von »Unterklasse« aus dem Weg zu gehen, damit »wir uns auf die Forschungsfragen konzentrieren« können.[4]

Wilsons mutige, wenn auch vorsichtige Entscheidung, das Wort »Unterklasse« beiseite zu legen, hallte weit und breit nach, auch in der nationalen Presse. Jason Deparle machte die Leserinnen der *New York Times* darauf aufmerksam, dass »vor zwei Wochen Prof. William Julius Wilson vor 1500 Kollegen aufstand und die Nützlichkeit eines Begriffs infrage stellte, der zu einem festen Bestandteil des amerikanischen politischen Vokabulars geworden ist und zu dessen Legitimierung er mehr als jeder andere beigetragen hat: ›die Unterklasse‹.« In der *Washington Post* berichtete Thomas Edsall, dass sich einige der Verfechter des Begriffs besorgt darüber zeigten, dass er plötzlich »in Ungnade gefallen« sei. Er zitiert den Wirtschaftswissenschaftler Sheldon Danziger (den ehemaligen Direktor des Institute for Research on Poverty), für den der Begriff »als wertvolle Brücke zwischen Konservativen und Liberalen gedient hatte«.[5]

3 Herbert J. Gans: Deconstructing the Underclass. The Term's Danger as a Planning Concept, in: Journal of the American Planning Association, Vol. 56 (1990), Nr. 3, S. 271–277, hier S. 272.

4 William Julius Wilson: Inner-City Social Dislocations. The Challenge of Public Agenda Research. 1990 Presidential Address, in: American Sociological Review, Vol. 56 (1991), Nr. 1, S. 1–14, hier S. 6.

5 Jason Deparle: What to Call the Poorest Poor?, in: New York Times, 26.8.1990; Thomas B. Edsall: »Underclass« Term Falls from Favor. Leading Poverty Researcher May Abandon Politically Charged Word, in: The Washington Post, 13.8.1990. Vgl. auch: The Game of the Name, in: Time Magazine, 27.8.1990.

Wilson war in dieser Phase recht zwiespältig: Er betonte in der Vorlesung, dass »die Kontroverse über den Begriff der Unterklasse produktiv gewesen ist« und neue Forschungen zu »Rasse« und Armut in der Großstadt angeregt habe; er warnte, dass »jeder Kreuzzug für die Aufgabe des Begriffs der Unterklasse, wie auch immer definiert, zu einer verfrühten Schließung von Ideen führen könnte«; und in einem späteren Interview mit Edsall gestand er, dass er noch nicht entschieden habe, ob er sich endgültig von dem Begriff verabschieden wolle. Aber als organisierende theoretische Kategorie für seine Arbeit gab er ihn stillschweigend auf. Bis 1996 war Wilson offen von »Unterklasse« zur Bezeichnung »Getto-Arme« oder »neue Arme« übergegangen (letzteren Ausdruck hatte er aus Westeuropa übernommen, wo »die neue Armut« ein Jahrzehnt zuvor in Mode war). Statt »The American Underclass« zu heißen (wie im Buchvertrag mit seinem Verleger Knopf festgelegt), trug die 1996 erschienene Fortsetzung von »The Truly Disadvantaged« den Titel »When Work Disappears« (Wenn Arbeit verschwindet) und den Untertitel »The World of the New Urban Poor« (Die Welt der neuen städtischen Armen).[6]

Nachdem Wilson durch die zunehmende Kritik an der Kategorie aus verschiedenen historischen und theoretischen Perspektiven ermutigt worden war, wurde sein Sinneswandel durch einen zweiten wichtigen Rückzug aus den Reihen der Sponsoren von »Unterklasse« zweifellos noch bestärkt: die Rockefeller Foundation. Die Stiftung hatte 1987 beabsichtigt, das Research Committee on the Urban Underclass am Social Science Research Council (SSRC) ein ganzes Jahrzehnt lang zu finanzieren, zog aber nach fünf Jahren aufgrund zweier unvorhergesehener negativer Entwicklungen abrupt den Stecker. Erstens war die Stiftung bestürzt über die »grundlegenden ständigen Spannungen innerhalb des Komitees um die Frage, ob die ›Unterklasse‹ überhaupt existiert«.[7] In den verschiedenen von ihr gesponserten Arbeitsgruppen wurde diese Frage immer wieder, wenn auch unbeabsichtigt, aufgeworfen, und selbst die teilnehmenden Wissenschaftler, die glaubten, dass es ein solches urbanes »Tier« »da draußen« in der Stadt gab, konnten sich nicht auf eine einheitliche Charakterisierung einigen. Alle machten sich insgeheim Sorgen, sie könnten die uralten Vorstellungen von den unwürdigen und gefährlichen Armen bestätigen, die von neokonservativen Kommentatoren der »Unterklasse« genüsslich an die Wand gemalt wurden. Die SSRC-Verantwortlichen und -Mitarbeiterinnen wichen dem Problem immer

6 William Julius Wilson: When Work Disappears. The World of the New Urban Poor, New York 1996; Graham Room/Roger Lawson/Frank Laczko: »New Poverty« in the European Community, in: Policy & Politics, Vol. 17 (1989), Nr. 2, S. 165–176. Ironischerweise übernahm Wilson den Begriff der »neuen Armut« von europäischen Wissenschaftlern, als diese ihn gerade zugunsten von »Exklusion« aufgaben.

7 Alice O'Connor: Poverty Knowledge. Social Science, Social Policy, and the Poor in Twentieth-Century US History, Princeton 2001, S. 278.

wieder aus: Der ursprüngliche Vorschlag der Stiftung für die Einrichtung des Ausschusses, der 1988 der Rockefeller Foundation vorgelegt wurde, verwendete den Begriff 127-mal (auf 71 eng bedruckten Seiten), vermied es aber sorgfältig, ihn zu definieren; und in den regelmäßigen Berichten über die Arbeit des Ausschusses wurde eine Vielzahl von Umschreibungen verwendet, wobei »anhaltende und konzentrierte städtische Armut« die beliebteste war, anstatt sich auf die eine oder andere Definition festzulegen.[8]

Das zweite Problem, das die Rockefeller Foundation dazu veranlasste, sich vorzeitig aus dem Projekt »Unterklasse« zurückzuziehen, war die Unfähigkeit der Akademiker, ihre Untersuchungen mit den Sorgen politischer Entscheidungsträgerinnen zu verbinden und auf die Anliegen der kommunalen Aktivisten in armen, segregierten Stadtvierteln einzugehen. Die Stiftung hatte gehofft, dass das Research Committee on the Urban Underclass des SSRC die Kluft zwischen reinem und angewandtem Wissen überbrücken würde. Dementsprechend wies sie den SSRC an, mit dem Community Planning and Action Program (CPAP) zusammenzuarbeiten, das die Stiftung in sechs Städten finanzierte, um die Probleme in den heruntergekommenen Gebieten anzugehen, in denen die »Unterklasse« vermutet wurde. Aber die Verbindung zwischen Forscherinnen und Praktikern wurde nie hergestellt, weil verschiedene »Kulturen und politische Prioritäten aufeinanderprallten«. Schlimmer noch, alle am CPAP beteiligten Basisvertreterinnen »lehnten ›Unterklasse‹ als Etikett ab« und auch »die auf Volkszählungen beruhende Kennzeichnung von Stadtteilen, wie sie von quantitativ arbeitenden Sozialwissenschaftlern verwendet wurde«.[9] Die Tatsache, dass »das Komitee sich nicht direkt mit den alltäglichen Kämpfen armer Menschen in den Innenstädten« oder »den Bedürfnissen von Aktivistinnen, die auf die Auswirkungen öffentlicher und privater Desinvestitionen reagieren«, auseinandersetzte, wurde durch den Ausbruch der Rodney-King-Krawalle in Los Angeles im April 1992 dramatisiert, zu denen das Research Committee on the Urban Underclass kaum etwas zu sagen hatte.[10] Der Rückzug der Rockefeller

8 Social Science Research Council: A Proposal for the Establishment of a Program of Research on the Urban Underclass, New York 1988; Martha A. Gephart/Robert W. Pearson: Contemporary Research on the Urban Underclass. A Selected Review of the Research that Underlies a New Council Program, in: Items (Social Science Research Council), Vol. 42 (1988), Nr. 1–2, S. 1–10; Robert W. Pearson: Economy, Culture, Public Policy, and the Urban Underclass, in: Items (Social Science Research Council), Vol. 43 (1989), Nr. 1–2, S. 23–29; Martha A. Gephart: Neighborhoods and Communities in Concentrated Poverty, in: Items (Social Science Research Council), Vol. 43 (1989), Nr. 4, S. 84–92. Die Umschreibung der »anhaltenden und konzentrierten Armut« sorgte nur für noch mehr Verwirrung: Manchmal wurde der Ausdruck als Ersatz für »Unterklasse« verwendet, manchmal als eine Eigenschaft der »Unterklasse« und manchmal als ein unabhängiges Phänomen, das mit dem Aufstieg der »Unterklasse« zusammenhängt, eine Ursache oder eine Folge von ihr ist.

9 O'Connor: Poverty Knowledge, S. 281 und 282.

10 Michael B. Katz: Improving Poor People. The Welfare State, the »Underclass«, and Urban Schools as History, Princeton (NJ) 1997, S. 63.

Foundation aus dem Unternehmen »Unterklasse« beraubte nicht nur Akademiker und Thinktanks einer wichtigen Finanzierungsquelle, sondern signalisierte auch anderen Stiftungen und der Universität, dass der Begriff nicht mehr die legendäre »Spitzenposition« von Forschung und Fürsprache darstellte.

Doch der Gnadenstoß für die Kategorie der »Unterklasse« kam aus dem sozialen Mikrokosmos, dessen Kämpfe ihren Aufstieg zu nationaler Bedeutung überhaupt erst ermöglicht hatten, nämlich dem Feld der Politik, und zwar in Form der »Wohlfahrtsreform«, die vom republikanischen Kongress verabschiedet und vom demokratischen Präsidenten Bill Clinton im Sommer 1996 unterzeichnet wurde. Vor dem Hintergrund einer boomenden Wirtschaft und einem spürbaren Rückgang der Straßenkriminalität wurde diese umstrittene Reform, die das Recht auf eine minimale öffentliche Unterstützung für arme, alleinerziehende Mütter durch die Verpflichtung zu einer Niedriglohnbeschäftigung ersetzte, kehrte die sozialpolitische Problematik von Grund auf um.[11] Über Nacht wurde die Metafrage der »Unterklasse«, die Mütter mit Sozialhilfebezug, abwesende Väter, heruntergekommene Stadtviertel, Arbeitslosigkeit und Straßenkriminalität zusammengeworfen hatte, *in ein Sammelsurium von Einzelproblemen pulverisiert*, von denen jedes sein eigenes Forschungspublikum und seine eigene bürokratische Zuordnung bekam: Bei den armen Frauen in den Städten verlagerte sich der Schwerpunkt der Politik von der Bekämpfung der »Sozialhilfeabhängigkeit« auf den Übergang »von Sozialhilfe in Arbeit«; bei den Männern im Hypergetto wurden »Null-Toleranz-Polizeiarbeit«, »Masseninhaftierung« und »Resozialisierung von Strafgefangenen« zu den neuesten Untersuchungsgebieten und politischen Problemstellungen; und die räumliche Fixierung auf das Hypergetto fand ihren Ausdruck in der florierenden Heimindustrie der Forschung über »Nachbarschaftseffekte«.[12]

Der Zusammenhang zwischen »Unterklasse« und »Wohlfahrtsreform« blieb auch versierten Beobachtern der politischen Szene nicht verborgen, wie etwa den Redakteuren der liberalen Zeitschrift *The New*

11 R. Kent Weaver: Ending Welfare As We Know It, Washington (DC) 2000; Sharon Hays: Flat Broke with Children. Women in the Age of Welfare Reform, New York 2004; Ellen Reese: Backlash Against Welfare Mothers. Past and Present, Berkeley (CA) 2005); und Loïc Wacquant: Bestrafen der Armen. Zur neoliberalen Regierung der sozialen Unsicherheit. 2., durchgesehene Aufl. Aus dem Französischen von Hella Beister, Opladen/Berlin/Toronto 2013 [2004], Kap. 3: Wohlfahrts»reform« als Armendisziplin und Staatskunst.

12 Bezeichnenderweise erschienen in der *Annual Review of Sociology* kurz hintereinander folgende Aufsätze, die alle die intellektuelle Veralterung von »Unterklasse« belegen: Alice O'Connor: Poverty Research and Policy for the Post-Welfare Era, in: Annual Review of Sociology, Vol. 26 (2000), S. 547–562; Mario Luis Small/Katherine Newman: Urban Poverty After *The Truly Disadvantaged:* The Rediscovery of the Family, the Neighborhood, and Culture, in: Annual Review of Sociology, Vol. 27 (2001), S. 23–45; Robert J. Sampson/Jeffrey D. Morenoff/Thomas Gannon-Rowley: Assessing »Neighborhood Effects«. Social Processes and New Directions in Research, in: Annual Review of Sociology, Vol. 28 (2002), S. 443–478; und Christy A. Visher/Jeremy Travis: Transitions from Prison to Community. Understanding Individual Pathways, in: Annual Review of Sociology, Vol. 29 (2003), S. 89–113.

Republic, die Präsident Clinton in einem markanten Leitartikel, der am Morgen nach der Verabschiedung des Gesetzes veröffentlicht wurde, zur Unterzeichnung des umstrittenen Gesetzes aufforderten: »Die anhaltende Agonie der Unterklasse zerstört unsere Städte, unsere Rassenbeziehungen, unseren Sinn für Höflichkeit und unseren Glauben an die Möglichkeiten der Regierung. Es lohnt sich, einiges zu riskieren, um das zu beenden.«13 Tatsächlich schrumpfte die Zahl der Sozialhilfeempfängerinnen durch die neue Sozialgesetzgebung sofort, und in Verbindung mit einem steilen Rückgang der Kriminalität und Vollbeschäftigung wurden die Ängste in den Städten des Landes gemildert, sodass sich die öffentliche Aufregung über die »Unterklasse« in der zweiten Hälfte dessen, was der Historiker James Patterson die »erstaunlichen 1990er-Jahre« nennt,[14] schnell legte.

Das Verschwinden von »Unterklasse« ging um ein Jahrzehnt der empirischen Erkenntnis *voraus*, dass die Zahl der »Unterklassenviertel« bis zum Ende des Jahrhunderts (als Folge der boomenden Wirtschaft und des angespannten Arbeitsmarktes) deutlich zurückgegangen war, woran sich die Entkopplung von Diskurs und Realität zeigt.[15] Rückwirkend offenbart der Begriff seine wichtigste Daseinsberechtigung während der zwei Jahrzehnte seiner Blütezeit von 1977 bis 1997: Er fungierte als *urbanes Esperanto* – gesprochen unter Akademikern, Journalisten und Thinktank-Leuten –, das dazu diente, die kollektive Reaktion von Angst und Abscheu vor dem *materiellen und symbolischen Eindringen des schwarzen Prekariats* in die mentalen und physischen Räume der Mittelklasse auszudrücken. Charles Murray, Chefideologe des Manhattan Institute (das im selben Zeitraum eine Kampagne zum Abbau der Sozialhilfe und zur Verstärkung der Polizeiarbeit als den beiden Mitteln der Klassensäuberung in der Stadt durchführte),[16] gebührt das Verdienst, diese emotionale und kognitive Reaktion offen formuliert zu haben, basierend auf einer aufschlussreichen Opposition zwischen »uns« und »ihnen«: »Es war nicht die Existenz einer Unterklasse, die uns beunruhigte, sondern die Tatsache, dass die Unterklasse vor unserer Nase war.« »Auf vier Arten beeinträchtigte sie unmittelbar das Leben des Mainstream-Amerikas oder einfach ›uns‹«: »Mit Bussen wurden Kinder der schwarzen Unterklasse in unsere Schulen geschickt«; »die Obdachlosen drangen physisch

13 Leitartikel mit dem unverblümten Titel »Sign it« (Unterschreib es), The New Republic, 11.8.1996.

14 James T. Patterson: America's Struggle Against Poverty in the Twentieth Century. 4. Aufl., Cambridge (MA) 2000, Titel des letzten Kapitels.

15 Paul A. Jargowsky/Rebecca Yang: The »Underclass« Revisited. A Social Problem in Decline, in: Journal of Urban Affairs, Vol. 28 (2006), Nr. 1, S. 55–70. Die Forschung für diesen Artikel wurde von der Brookings Institution finanziert und als Brookings Working Paper veröffentlicht. Vgl. auch John F. McDonald: The Deconcentration of Poverty in Chicago: 1990–2000, in: Urban Studies, Vol. 41 (2004), Nr. 11, S. 2119–2137.

16 Loïc Wacquant: Elend hinter Gittern. Aus dem Französischen von Jörg Ohnacker, Konstanz 2000 [1999], S. 10–21.

in unsere öffentlichen Räume ein«; »die öffentliche Ordnung verfiel«, wie die Verbreitung von Graffiti und die Allgegenwart von Scheibenputzern an den Ampeln bezeugen, ganz zu schweigen von »Gruppen von bedrohlichen Teenagern und Straßenprostituierten in den ehemals netten Teilen der Stadt«; und »die Kriminalität machte die Angst zu einem chronischen Bestandteil des städtischen Lebens«,[17] sodass sich die gesetzestreue und wohlhabende Bürgerschaft drinnen bedrängt und draußen gefährdet fühlte.

Vor unserer Nase, Invasion, Verfall, Angst: Dieses Vokabular drückt anschaulich das akute *Gefühl der Belagerung* aus, das die »Mainstream-Gesellschaft« beim Anblick der fortgeschrittenen Marginalität verspürte, die sie gewaltsam in ihren desolaten Innenstädten abgeschottet hatte. Nicht das Hypergetto als solches, als eine das Negativbild und die lebendige Negation des »amerikanischen Traums« beherbergende *terra damnata*, war die Quelle der Beunruhigung, sondern das grassierende *Vordringen* gefährlicher und verschmutzter schwarzer Körper, die jenseits ihrer Grenzen außer Kontrolle gerieten, sei es in Form von Riots, Kriminalität, sexueller Promiskuität oder zügelloser öffentlicher Unsittlichkeit. Die Verunglimpfung der »Unterklasse« – offen und aggressiv in den Schriften der Thinktanks, subtil beschönigend in denen aus der akademischen Welt – ist eine Form der rhetorischen *Entweihung* dieser verfluchten Bevölkerung, die gleichzeitig die *Purifikation* der imaginären Mittelklasse bewirkt, die den mythischen »Mainstream« der amerikanischen Gesellschaft bildet.[18]

Meine Fallstudie in politischer Wissenssoziologie zeigt, wie fruchtbar Bourdieus Theorie des Feldes als analytischer Rahmen für die Analyse intellektuell-politischer Kontroversen ist. Um den Gegensatz zwischen einer internen Interpretation von Texten und einer externen Kausalanalyse ihrer Herstellung zu überwinden, müssen wir wie bei jedem Bereich der kulturellen Produktion den Raum der diskursiven *Positionierungen* zu »Unterklasse« (die strukturelle, die verhaltensorientierte, die sozialökologische) mit dem Raum der *Positionen* in Beziehung setzen, die ihre Produzenten und Konsumenten im Geflecht der entsprechenden Institutionen einnehmen.[19] Im vorliegenden Fall sind dies die verschiedenen an dieser Debatte Mitwirkenden in einem der *drei sich überschneidenden*

17 Charles Murray: The Underclass Revisited, Washington (DC) 1999, S. 29, 30, 31.

18 Die symbolische Dialektik von Entweihung und Reinigung wird von Mary Douglas herausgearbeitet: Reinheit und Gefährdung. Eine Studie zu Vorstellungen von Verunreinigung und Tabu. Aus dem Amerikanischen übersetzt von Brigitte Luchesi, Berlin 1985 [1966].

19 Pierre Bourdieu: The field of Cultural Production. Essays on Art and Literature, New York 1993, Kap. 1 und 6. »Die Felder der kulturellen Produktion geben den in ihnen Tätigen einen *Raum des Möglichen* vor, der ihre Forschungen, ohne dass sie es wissen, tendenziell in eine bestimmte Richtung lenkt. Denn dieser Raum definiert das Universum der Probleme, der Referenzen, der intellektuellen Bezugspunkte (die oft aus den Namen der führenden Persönlichkeiten des Feldes bestehen), der -ismus-Begriffe, kurz gesagt, all das, was jemand im Hinterkopf haben muss, um im Spiel zu sein« (S. 176). Darüber hinaus erhält jede Positionierung »ihren besonderen *Wert*

Felder, die an der kollektiven Herstellung der »urbanen Unterklasse« als Klassifizierungsschema beteiligt waren: das akademische Feld, das wissenschaftliche Autorität ausübt; das Feld der Politik, der Philanthropie und der Thinktanks, das einer politischen Vernunft gehorcht, die sich als bürgerliches Wohlwollen tarnt; und das Feld des Journalismus, das einer Medienlogik der Dringlichkeit, der Neuheit und der Sensationslust folgt.[20] Rekapitulierend sind in Abb. 4 die wichtigsten Stationen des mühsamen Wegs von »Unterklasse« dargestellt und die Transaktionen zwischen den drei Feldern nachgezeichnet.

Der 1963 von dem Wirtschaftswissenschaftler Gunnar Myrdal entwickelte strukturelle Begriff der »Unterklasse« beeinflusste Glasgow (1980) und wurde von Wilson in »The Declining Significance of Race« (1978) aufgegriffen. Doch Mitte der 1970er-Jahre wanderte der Begriff in die Welt der philanthropischen Politik (Pfeil 1), wo er zu einem verhaltensbezogenen und moralischen Konstrukt mutierte, das von Sviridoff und anderen Vertretern der Ford Foundation befürwortet und verbreitet wurde, insbesondere durch Arbeitsprogramme der Manpower Development and Research Corporation (MDRC). Dieses Konstrukt wurde dann von den Medien aufgegriffen, verstärkt und rassialisiert (Pfeil 2), beginnend mit dem Artikel des *Time Magazine* nach den Riots von 1977, der Ken Auletta zu seinem Bericht von 1982 veranlasste, die beide wiederum das Buch der Chicago Tribune von 1986, »The American Millstone« (Der amerikanische Mühlstein), und die Artikel von Nicolas Lemann über »The Origins of the Underclass« (Die Ursprünge der Unterklasse«) in *The Atlantic Monthly* von 1986 motivierten.

Die journalistischen Berichte und das Medieninteresse lösten Untersuchungen von akademischen Forschern und Thinktank-Experten aus (Pfeil 3), wie das von der Rockefeller-Stiftung finanzierte Underclass Project am Urban Institute. Dieses Projekt mündete Mitte der 1980er-Jahre in eine Reihe von Artikeln der Wirtschaftswissenschaftlerinnen Mincy, Ricketts und Sawhill, die den verhaltensorientierten Begriff der »Unterklasse« kodifizierten und (Pfeil 4) trotz der erneuerten sozioökologischen Theorien von Wilson (1987) und Massey und Denton (1992) die Forschung zu diesem Thema dominierten.

aus ihrem negativen Verhältnis zu den koexistierenden Positionierungen, auf die sie objektiv bezogen ist und die ihr Schranken auferlegen« (S. 30).

20 Exemplarische Studien dieser drei Universen sind zum akademischen Feld Pierre Bourdieu: Homo academicus. Übersetzt von Bernd Schwibs, Frankfurt a. M. 1988 [1984]; zum Mikrokosmos der politischen Institutionen Thomas Medvetz: Think Tanks in America, Chicago (IL) 2012; zur Logik der Medien Jan Fredrik Hovden: Profane and Sacred. A Study of the Norwegian Journalistic Field, Bergen 2008.

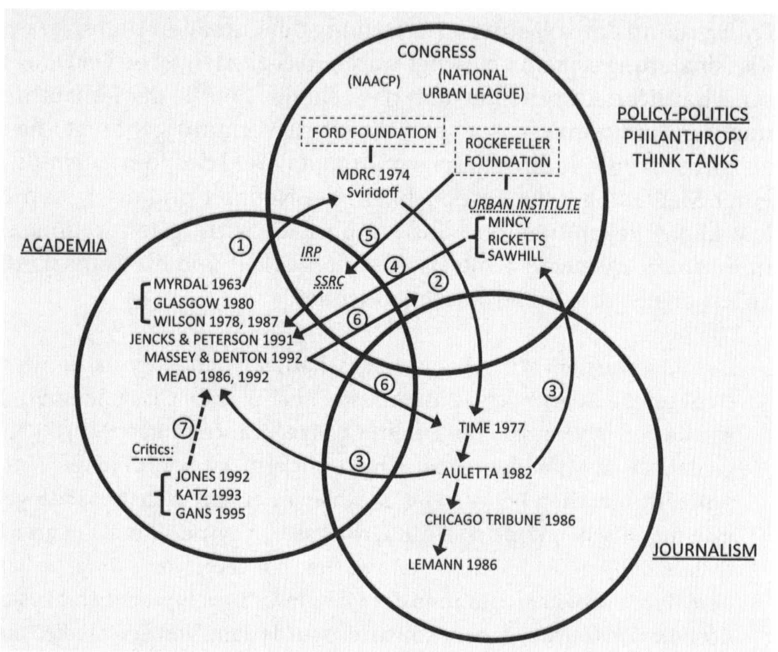

Abb. 4: Die Wanderungen von »Unterklasse« durch die akademischen, politisch-philanthropischen und journalistischen Felder (1963–1996)

Diese Forschungen nahmen einen rasanten Aufschwung (Pfeil 5), als die Rockefeller Foundation 1988–1993 das Committee of Research on the Underclass beim Social Science Research Council (SSRC) und die entsprechenden Aktivitäten des Institute for Research on Poverty (IRP) finanzierte, was wiederum (Pfeil 6) die weitere Produktion sowohl von politisch-philanthropischen Instituten als auch von Journalisten anregte. Anfang der 1990er-Jahre formierte sich innerhalb des akademischen Felds Dissens und Widerstand (Pfeil 7), angeführt von den historischen und analytischen Kritiken von Jones (1992), Katz (1993) und Gans (1995). Der Kongress drückte dem moralisch-verhaltensorientierten Begriff durch offizielle Anhörungen und Veröffentlichungen seinen Stempel auf, während Bürgerrechtsorganisationen wie die NAACP und die National Urban League sich dem plötzlichen Auftauchen des Begriffs gegenüber ambivalent verhielten: Sie verwendeten den Begriff sparsam und behutsam, da sie sich Sorgen über seine abwertenden Bedeutungen machten, mit denen implizit den Opfern die Schuld gegeben wurde.

Was waren die sozialen Bedingungen für den Aufstieg, die Blüte und den Fall des dämonischen Märchens von der »Unterklasse« jenseits der *strukturellen Komplizenschaft* zwischen dem akademischen, dem journalistischen und dem politischen Feld und der aktiven Förderung und boomenden finanziellen Unterstützung durch philanthropische Stiftungen?[21] In ähnlicher Weise, wie die Ende des 19. Jahrhunderts entstehende pseudowissenschaftliche Vorstellung von einem Zusammenhang von Schwarzsein und Kriminalität durch das gefestigt wurde, was der Historiker Khalil Muhammad die »Revolution der Rassendaten« nennt,[22] wurde die in den 1980er-Jahren zusammenwachsende Debatte über »Unterklasse« durch die *Revolution der Armutsdaten* stark vorangetrieben und entscheidend geprägt. In exponentiell steigendem Maße standen Daten zur Messung der Einkommensverschlechterung zur Verfügung, die mit einem ganzen Spektrum von anderen Eigenschaften korreliert werden konnten, die aus der zehnjährlichen Volkszählung (einschließlich öffentlich genutzter Mikrostichproben), dem Current Population Survey (und seinem Annual Social and Economic Supplement), der Panel Study of Income Dynamics und der Fülle nationaler Berichte über Lebens-, Gesundheits-, Wohnungs-, Sozial-, Wirtschafts-, Bildungs- und Kriminalstatistiken gewonnen wurden.

Diese Datenrevolution war ein verspäteter Nebeneffekt von Lyndon Johnsons Krieg gegen die Armut. Letzterer förderte das enorme Wachstum einer »Armutsforschungsindustrie«, die die 1969 für bürokratische Zwecke geschaffene offizielle »Armutsgrenze« kanonisierte und bald das Gesicht der amerikanischen Sozialwissenschaft umgestaltete: Sie brachte das Thema Armut in der Hierarchie der wissenschaftlichen Objekte nach oben (sein Anteil an der Bundesforschungsfinanzierung explodierte von unter einem Prozent im Jahr 1965 auf über 30 Prozent im Jahr 1980); sie räumte auf der Humankapitaltheorie beruhenden ökonomischen Modellen den Vorrang ein und förderte groß angelegte kontrollierte Experimente, Mikrodatensimulationen und Programmevaluierungen; und sie förderte die Gründung von Public Policy Schools an führenden Universitäten.[23]

Die Suche nach dauerhaften Datenquellen, der Aufbau robuster Informationssysteme und die Verbreitung von Datenbanken sind von zentraler Bedeutung für die Entwicklung einer *positivistischen Problemstellung,* denn der gesunde Menschenverstand der Empiriker lehrt, dass etwas, über das es Daten gibt, auch real sein muss – und wenn es viele Daten gibt, muss es auch wichtig sein. In der Tat war eine der wichtigsten Errungenschaften des SSRC Committee on the Urban Underclass – und

21 »[...] die der Zugehörigkeit zu einem Feld innewohnenden Interessen begründen Komplizenschaften, die, wenigstens zum Teil, seinen Mitgliedern aufgrund der Konflikte, deren Grundlage sie bilden, selbst verborgen bleiben.« Pierre Bourdieu: Politik, Sozialwissenschaften und Journalismus [1996]. Übersetzt von Eva Kessler, in: ders.: Politik. Schriften zur Politischen Ökonomie 2. Herausgegeben von Franz Schultheis und Stephan Egger, Konstanz 2010, S. 265–290, hier S. 275.

22 Khalil Gibran Muhammad: The Condemnation of Blackness. Race, Crime, and the Making of Modern Urban America, Cambridge (MA) 2010, Kap. 1.

23 Michael B. Katz: The Undeserving Poor. From the War on Poverty to the War on Welfare, New York 1989, S. 115–122; Robert H. Haveman: Poverty Policy and Poverty Research. The Great Society and the Social Sciences, Madison (WI) 1987, insb. Kap. 3; und O'Connor: Poverty Knowledge, Kap. 9: »The Poverty Research Industry«.

ein besonderer Stolz der Rockefeller Foundation, die es finanziert hatte – die Schaffung der *Underclass Database* unter der Leitung des quantitativ arbeitenden Soziologen John Kasarda. Die Underclass Database war ein Paneldesign, das etwa »7300 wirtschaftliche, soziale, demografische und gesundheitliche Indikatoren für die 100 größten Metropolen und ihre Unterklassen- und Armutsgebiete« enthielt. Dazu wurden Daten aus 32 Quellen in maschinenlesbaren Dateien über mehrere Jahre hinweg gesammelt und Variablen ausgewählt, die »für die Unterklassenforschung von zentraler Bedeutung sind«.[24] Die SSRC-Datenbank war so umfangreich und reichhaltig, dass sie die Unterklassendatenbank (mit 1098 Variablen für 43 221 Gebiete für das Jahr 1980) in den Schatten stellte, die etwa zur gleichen Zeit am Urban Institute entwickelt wurde, ebenfalls mit finanzieller Unterstützung der Rockefeller Foundation.

Unter den bürokratischen Indikatoren, die der »Unterklassen«-Forschung zugrunde liegen, war keiner wichtiger als die geokodierte Messung von Armut, die Identifizierung von Volkszählungsbezirken nach ihrem aggregierten Armutsniveau (mit 20, 30 und über 40 Prozent der Haushalte, deren Einkommen unter der offiziellen »Armutsgrenze« liegt).[25] Mit den vom Census Bureau festgelegten Schwellenwerten wurde es möglich, die räumliche Ausbreitung und Konzentration von Armut zu messen und zu verfolgen. Diese Messungen führten zur einkommensbasierten Neudefinition des Gettos, die sich nicht mehr an Kaste orientierte, zur politischen Ausweisung von »Unterklasse-Gebieten« und zu dem neo-ökologischen Begriff der »Unterklasse« von William Julius Wilson.[26] Was den zeitlichen Rahmen anbelangt, so konzentrierten sich die Analysten der »Unterklasse« auf die Jahre 1970 bis 1980, und zwar aus dem einfachen Grund, weil dies die einzigen beiden Jahre waren, für die das Bureau of the Census Armutszahlen nach Volkszählungsbezirken vorlegte. Die administrativen Beschränkungen legten somit die Konturen des Untersuchungsgegenstandes fest und erklären den völligen Mangel an historischer Tiefe der Debatte.

24 John D. Kasarda: Urban Underclass Database. An Overview and Machine-Readable File Documentation, New York 1992. Etwa zur gleichen Zeit wandte sich Pearson, der für das SSRC Committee on the Urban Underclass zuständige Mitarbeiter, an die American Statistical Association und forderte mehr statistische Daten zu diesem »Tier«: Robert W. Pearson: Social Statistics and an American Urban Underclass. Improving the Knowledge Base for Social Policy in the 1990s, in: Journal of the American Statistical Association, Vol. 86 (1991), Nr. 414, S. 504–512.

25 Chris Herring: Concentrated Poverty, in: Anthony M. Orum (Hrsg.): The Wiley Blackwell Encyclopedia of Urban and Regional Studies, Malden (MA) 2019, S. 1–10.

26 Ich kann dies mit Gewissheit sagen: Als Wilsons leitender Forschungsassistent führte ich 1986–1989 die Datenerhebung und Berechnung der Verteilung schwarzer und weißer Einwohnerinnen nach Armutsgebieten in großen US-Städten durch, auf die sich seine These von den die Vergrößerung der »Unterklasse« befördernden »Konzentrationseffekten« stützte. Damals bedeutete dies lange Tage und Nächte Arbeit in den Eingeweiden der Regenstein-Bibliothek, um die riesigen Wälzer der Volkszählungsberichte für jede Stadt und jedes Jahrzehnt zu durchkämmen und die Gesamtsummen und -quoten von Hand zu berechnen.

Denn wie historische Untersuchungen zeigen, hat die Kombination von Urbanisierung und (Post)Industrialisierung überall soziale Marginalität, oft akut und dauerhaft, und Räume der Unordnung, real oder wahrgenommen, hervorgebracht. Die Frage ist hier, wie sie charakterisiert und benannt werden können und welche wissenschaftlichen und politischen Konsequenzen damit verbunden sind. »Unterklasse« ist nur der jüngste Eintrag in einer langen und wirren Liste von Etiketten, die speziell darauf abzielen, die Problembevölkerungen des städtischen Unterleibs zu kennzeichnen und zu beschuldigen. Er unterscheidet sich jedoch in dreierlei Hinsicht von früheren abfälligen Markierungen wie »Bettler«, »Abschaum«, »Residuum«, »Pöbel«, »Mob«, »Unterwelt«, »Landstreicher«, »submerged tenth« (untergetauchtes Zehntel), »zerlumpten Klassen«, »gefährliche Klasse« und »Lumpenproletariat«.[27]

Erstens verwandelte sich »Unterklasse« durch die amerikanischen Benutzerinnen des Worts von einem ethnisch neutralen Strukturbegriff in eine *kryptorassiale moralische Kategorie*, die unter dem Deckmantel des Hinweises auf eine »Klasse« die benachteiligten und verkommenen Afroamerikaner in der korrodierenden »Innenstadt« kennzeichnete. Dieser semantische Taschenspielertrick war besonders nützlich in einer Zeit, in der die offene Erwähnung von »Rasse« in philanthropischen Kreisen als geschmacklos und an der politischen Front als unwirksam galt. Paradoxerweise wurde die Rassensymbolik daher eingesetzt, um rassenneutrale Disziplinarmaßnahmen wie das restriktive »Workfare« im sozialen Bereich und das expansive »Prisonfare« im strafrechtlichen Bereich zu propagieren, die auf die Bevölkerung des Hypergettos zielten.[28]

27 Für eine gründliche Analyse von besonderen Begriffen in Bezug auf die städtische Marginalität vgl. Louis Chevalier: Labouring Classes and Dangerous Classes. In Paris During the First Half of the Nineteenth Century. Translated from the French by Frank Jellinek, London 1973 [1958]; Hyman Rodman: Culture of Poverty. The Rise and Fall of a Concept, in: The Sociological Review, Vol. 25 (1977), Nr. 4, S. 867–876; Gertrude Himmelfarb: The Idea of Poverty. England in the Early Industrial Age, New York 1983, über das »Residuum« und die »zerlumpten Klassen«; Robert L. Bussard: The »Dangerous Class« of Marx and Engels. The Rise of the Idea of the Lumpenproletariat, in: History of European Ideas, Vol. 8 (1987), Nr. 6, S. 675–692; Peter Stallybrass: Marx and Heterogeneity: Thinking the Lumpenproletariat, in: Representations, Nr. 31 (1990), S. 69–95; Ann M. Woodall: What Price the Poor? William Booth, Karl Marx and the London Residuum, London 2005; Jeffrey S. Adler: The Dynamite, Wreckage, and Scum in our Cities. The Social Construction of Deviance in Industrial America, in: Justice Quarterly, Vol. 11 (1994), Nr. 1, S. 33–49; Erik H. Monkkonen: Walking to Work: Tramps in America, 1790–1935, Lincoln (NE) 1984; Nancy Fraser/Linda Gordon: A Genealogy of *Dependency:* Tracing a Keyword of the US Welfare State, in: Signs: Journal of Women in Culture and Society, Vol. 19 (1994), Nr. 2, S. 309–336; Didier Fassin: Exclusion, underclass, marginalidad. Figures contemporaines de la pauvreté urbaine en France, aux États-Unis et en Amérique latine, in: Revue française de sociologie, Vol. 37, Nr. 1, S. 37–75; Alan Gilbert: The Return of the Slum: Does Language Matter?, in: International Journal of Urban and Regional Research, Vol. 31, Nr. 4, S. 697–713; Mary Daly/Hilary Silver: Social Exclusion and Social Capital: A Comparison and Critique, in: Theory & Society, Vol. 37 (2008), Nr. 6, S. 537–566; Dominique Kalifa: Les Bas-fonds. Histoire d'un imaginaire, Paris 2013, über die »Unterwelt«; und Tom Slater: The Invention of the »Sink Estate«: Consequential Categorisation and the UK Housing Crisis, in: The Sociological Review, Vol. 66 (2018), Nr. 4, S. 877–897.

28 Loïc Wacquant: Noch einmal: Die Verzahnung von *workfare* und *prisonfare*. Ein Interview mit Loïc Wacquant. Aus dem Englischen übersetzt von Hella Beister, Berliner Debatte Initial, Jg. 23 (2012), Heft 1, S. 60–76.

Zweitens wurde das Idiom der »Unterklasse« nicht nur durch den normalen und politischen Alltagsverstand gestützt, sondern auch durch eine neue, sich ausbreitende »Armutsforschungsindustrie«, die aus einer Vielzahl von miteinander vernetzten Thinktanks, politischen Instituten und spezialisierten akademischen Zentren bestand,[29] in staatliche Institutionen eingebunden war und von kreuz und quer verlaufenden Debatten belebt wurde, die ihr ein makelloses Zertifikat scheinbarer Wissenschaftlichkeit und die Imprimatur der öffentlichen Hand verliehen, die keines der früheren Labels genossen hatte. Die symbolische Macht der Wissenschaft und des Staates wurde auf diese Weise mobilisiert, um die politische Doxa der Zeit *zu autorisieren und zu desinfizieren.*

Ein drittes besonderes Merkmal von »Unterklasse« besteht darin, dass der Begriff nicht nur eine Problembevölkerung, sondern auch einen *Ort* der Angst und des Schreckens bezeichnet: ein Bollwerk der sozialen Schurkerei, des Lasters und der Gewalt, das seine Bewohner korrumpiert und die Stadt wie ein Virus zu verseuchen droht. Die Erfindung des »Unterklasse-Gebiets«, das quantitativ durch scheinbar neutrale und objektive Indikatoren abgegrenzt wird, markiert einen neuen Ort in der geografischen Vorstellungswelt des urbanen Schreckens und Terrors. All dies zeigt, dass »Unterklasse« nicht einfach nur der letzte Eintrag in einer langen Liste von Synonymen für die unwürdigen Armen war, wie Michael Katz und Herbert Gans behaupten.30 Vielmehr sind die Mitglieder der »Unterklasse« *dreifach verrufen*: Sie tragen das Stigma der müßigen Armut; sie sind durch die Zugehörigkeit zu einer niedrigen Kaste befleckt; und sie hausen in einem verunstalteten Viertel, das als städtisches Inferno wahrgenommen wird, dem Hypergetto. Es ist dieses *dreifache Stigma*, mit dem die »Gruppe« gleichzeitig im symbolischen, sozialen und physischen Raum markiert wird, das die Bezeichnung »Unterklasse« beispiellos macht.

Wie seine historischen Vorgänger und Verwandten entpuppt sich »Unterklasse« als ein *Spiegelbegriff*: Er reflektiert die moralischen Obsessionen und sozialen Fantasien derer, die ihn verwenden. Aus diesem Grund war die Unschärfe und Formbarkeit von »Unterklasse« keineswegs ein Hindernis für seine Verbreitung, sondern der Schlüssel zu seinem kurzlebigen Erfolg. Und daher wurde er ausschließlich aus der Ferne und von oben eingesetzt, von alarmierten Beobachterinnen der gefürchteten »Innenstadt«.

29 Das enorme Wachstum dieser Industrie in den drei Jahrzehnten nach der Ausrufung des »Kriegs gegen die Armut« wird von Alice O'Connor in »Poverty Knowledge«, Kap. 9, nachgezeichnet.

30 Michael B. Katz: The Urban Underclass as a Metaphor of Social Transformation, in: ders. (Hrsg.): The »Underclass« Debate. Views from History, Princeton (NJ) 1993, S. 3–23; Herbert J. Gans: Positive Functions of the Undeserving Poor: Uses of the Underclass in America, in: Politics & Society, Vol. 22 (1994), Nr. 3, S. 269–283. Schon zuvor hatten Leslie Innis und Joe R. Feagin diese Position vertreten: The Black »Underclass« Ideology in Race Relations Analysis, in: Social Justice, Vol. 16 (1989), Nr. 4, S. 12–34.

Eine kurze Kontrastierung der gegensätzlichen Herkunft, Verwendung und semantischen Aufladung der Vokabeln »Seele« und »Unterklasse« ist hier aufschlussreich. Der Begriff der »Seele« *(soul)*, der während der »Rassenunruhen« der 1960er-Jahre großen Anklang fand, war eine »volkstümliche Vorstellung vom eigenen ›Nationalcharakter‹ der städtischen ›negroes‹ aus der Unterschicht«.[31] Er war innerhalb der Gruppe und für den Gebrauch in ihr geschaffen worden und bezeichnete nicht nur die Sprache, die Musik, das Essen und den Stil der Schwarzen, sondern diente auch als Symbol der Solidarität und als Abzeichen für die Ausdauer und die Ehre der Gruppe. Im Gegensatz dazu wurde der Status »Unterklasse« gänzlich von außen (und von oben) festgelegt und ihren vermeintlichen Mitgliedern von Spezialisten der symbolischen Produktion – Journalistinnen, Politikern, Akademikerinnen und Regierungsexperten – zum Zwecke der kulturellen Sinnstiftung und bürokratischen Disziplinierung aufgezwungen, und zwar ohne die geringste Rücksicht auf das Selbstverständnis derer, die willkürlich in diese nur auf dem Papier existierende Gruppe hineingepackt wurden. Während der volkstümliche Begriff der Seele wertschätzend und Teil eines »internen Getto-Dialogs« zur Neubewertung der schwarzen Identität war,[32] ist das Idiom der »Unterklasse« abwertend, eine Identität, die niemand beschwört, außer um sie einem verunglimpften Anderen anzuhängen. Dass selbst schwarze oppositionelle Intellektuelle wie Cornell West die Terminologie der »Unterklasse« übernommen und diese von den »schwarzen arbeitenden Armen« abgegrenzt haben, zeigt, in welchem Maße das Hypergetto zu einem Fremdkörper in der Landschaft der amerikanischen Gesellschaft geworden ist.[33]

31 Ulf Hannerz: Soulside. Inquiries into Ghetto Culture and Community, New York 1969, S. 54, und ders.: The Rhetoric of Soul: Identification in Negro Society, in: Race, Vol. 9 (1968), Nr. 4, S. 453–465; vgl. auch John Horton: Time and Cool People, in: Trans-Action, Vol. 4 (1967), Nr. 5, S. 5–12.

32 Charles Keil: Urban Blues, Chicago (IL) 1966; für eine Erweiterung dieses Arguments vgl. Monique Guillory/Richard C. Green (Hrsg.): Soul. Black Power, Politics, and Pleasure, New York 1998.

33 Cornell West: Keeping Faith. Philosophy and Race in America, New York 1993.

5 —— Implikationen für die soziale Epistemologie der städtischen Marginalität

Nach zwei Jahrzehnten hitziger Debatten und der Verausgabung von Millionen von Forschungsgelderm zu ihrer Jagd herrschte immer noch die größte Verwirrung um die amerikanische »Unterklasse«. Der Begriff tauchte auf, verbreitete sich und stürzte mit gleicher Schnelligkeit wieder ab. Während er in der heutigen Sozialforschung weiterhin als *rhetorischer* Platzhalter (der den Ausschluss von oder die Position am unteren Ende einer Reihe von Rangordnungen bezeichnet, worauf ich im Anhang, S. 178–182, zurückkomme) oder in Anführungszeichen (die das Unbehagen bei seinem Gebrauch signalisieren) verwendet wird, hat er seine wissenschaftliche Aura verloren und ist in der öffentlichen Debatte aus der Mode gekommen.[1] Aus der merkwürdigen Karriere des Begriffs »Unterklasse« im Amerika nach der Bürgerrechtsbewegung lassen sich mehrere nachhaltige Lehren ziehen, sobald erkannt wird, dass diese Verwirrung nicht auf Mängel in seiner Analyse zurückzuführen ist, sondern eine seiner konstitutiven Eigenschaften darstellt.

Erstens zeugt die Erfindung von »Unterklasse« von der nationalen ideologischen Wende der 1970er-Jahre, einer *grundlegenden Veränderung in der Art und Weise, wie marginalisierte Gruppen von der Mittel- und Oberschicht wahrgenommen und behandelt werden.* Die Inkarnationen dieser Randgruppen waren auf der weiblichen Seite die sittenlose jugendliche »Sozialhilfe-Mutter« und auf der männlichen der gefährliche »Straßenschläger«, und der staatlichen Fürsorge und Bestrafung wurde vorgeworfen, diese Gruppen zu verhätscheln. Die wachsende Angst der Mittelschicht vor dem implodierenden Getto schürte den revanchistischen Konservatismus und die strafende Armutspolitik und sie befeuerte das malthusianische Stereotyp, wonach das Elend aus den psychologischen Defekten, dem moralischen Fehlverhalten und dem Leichtsinn der Armen resultiere. Charles Murray bringt dies klar zum Ausdruck, wenn er die »Ethik der Unterklasse« wie folgt definiert: »Nimm dir, was du willst, reagiere gewalttätig auf jeden,

1 Zu den zeitgenössischen rhetorischen Erweiterungen gehören die globale Unterklasse, die Regenbogenunterklasse, die akademische Unterklasse, die finanzielle Unterklasse, die kreative Unterklasse, die Pflegeunterklasse, die Informationsunterklasse, die konstitutionelle Unterklasse, die Energieunterklasse, die Internetunterklasse, die digitale Unterklasse, die Matheunterklasse und die virale Unterklasse.

der sich dir widersetzt; verachte Höflichkeit als Schwäche; sei stolz darauf, erfolgreich zu betrügen (zu stehlen, zu lügen, auszubeuten).«[2]

In der Tat spiegelt der Inhalt der Kategorie »Unterklasse« die immerwährende Sorge der städtischen Eliten um jene Segmente der Besitzlosen wider, die sich dem Joch der offiziellen Disziplin entziehen. Sie dient dazu, die würdigen von den unwürdigen Armen abzugrenzen, die angeblich verderblichen Auswirkungen öffentlicher Hilfe aufzudecken und einzudämmen, die aufrührerischen Armen auszumachen und zu neutralisieren und schließlich die finanziellen und administrativen Lasten, die sie der Stadt und der Nation aufbürden, zu minimieren. Der Einsatz der rassialisierten Trope der »Unterklasse« verrät auch das Bestreben, die »guten *Negros*« von den »schlechten *Niggers*« zu trennen,[3] was auf das Trauma der Weißen durch den »Rassenaufstand« der 1960er-Jahre und eine *doppelte Klassenspannung* zurückzuführen ist: die *zwischen* der schwarzen Mittelklasse und der schwarzen Arbeiterklasse und die *innerhalb* der schwarzen Arbeiterklasse selbst, zwischen ihrem stabilen Teil, der sich an der »Respektabilität« orientiert, die durch eine feste Anstellung und Wohneigentum ermöglicht wird, und ihrem prekären Teil, der auf der »Straße« abhängt und auf eine Mischung aus unsicheren Jobs, öffentlicher Unterstützung, informellen Geschäften und krimineller Ökonomie angewiesen ist.[4]

Zweitens blieben die Kriterien für die Zugehörigkeit zur städtischen »Unterklasse« trotz wiederholter Versuche der Kodifizierung vielfältig, unscharf und heterogen. Einige beziehen sich auf den Arbeitsmarkt (Beschäftigung, Einkommen) und Verwandtschaftsbeziehungen (Heirat, Haushaltstyp), andere auf den Staat in seiner Funktion als Erzieher (fehlende Zeugnisse), als Berufsausbilder (fehlende Qualifikationen) und als Verwalter verwahrloster und gefährlicher Bevölkerungsgruppen (Sozialhilfe und Strafjustiz), und wieder andere auf die Aufteilung des städtischen Raums (»No-go-Areas« oder statistische »Armutsgebiete«). Die Definition einer Gruppe anhand der Häufigkeit bestimmter Verhaltensweisen ihrer Mitglieder setzt voraus, dass die Frage nach ihrer Abgrenzung geklärt ist, und *untergräbt den Begriff der Gruppe selbst*, der eine Konstanz und Kohärenz voraussetzt, die das Verhalten nicht besitzt. Darüber hinaus vermengt der Begriff abhängige und unabhängige Variablen bis hin zu einer definitorischen Tautologie. In einer Variante erklärt die Existenz

2 Charles Murray: The Underclass Revisited, Washington (DC) 1999, S. 33. Zur Rückkehr des Moralismus in der Wahrnehmung der Armut siehe Stephen Pimpare: The New Victorians. Poverty, Politics, and Propaganda in Two Gilded Ages, New York 2004.

3 Diese historische und folkloristische Gegenüberstellung wird dargestellt bei Randall Kennedy: Nigger. The Strange Career of a Troublesome Word, New York 2008; Leon F. Litwack: Trouble in Mind. Black Southerners in the Age of Jim Crow, New York 1999, S. 437–457; und Roger D. Abrahams: Deep Down in the Jungle. Negro Narrative Folklore from the Streets of Philadelphia. 2. Aufl., New York 1970.

4 Eine Darstellung der ersten Spannung bietet Mary Pattillo: Black on the Block. The Politics of Race and Class in the City, Chicago (IL) 2007, und der zweiten Elijah Anderson: Code of the Street. Decency, Violence, and the Moral Life of the Inner City, New York 1999.

der Gruppe den Ansturm von »sozialen Pathologien«, in einer anderen ist es die Häufung »antisozialer Verhaltensweisen«, die das Entstehen der Gruppe verursacht und als Beweis für ihre Realität dient.[5] Eine solche *logische Zirkularität und semantische Unbestimmtheit* hätte »Unterklasse« als Instrument für soziale Untersuchungen schnell disqualifizieren müssen. Das Gegenteil war der Fall: Tautologie und Unbestimmtheit waren die sicherste Quelle für die Attraktivität des Begriffs, denn sie erlaubten es denjenigen, die sich auf ihn beriefen, seine Grenzen nach Belieben neu zu ziehen, je nach ihren intellektuellen oder ideologischen Interessen.

Ein drittes Manko der Thematik der »Unterklasse« ist ihr völliger *Mangel an historischer Tiefe und Aufmerksamkeit*, und zwar in zweierlei Hinsicht. Zunächst einmal ist der historische Verlauf *konstitutiv* für die sozialräumliche Konstellation des Fin de Siècle: Das Hypergetto kann in seiner Besonderheit nur verstanden werden, wenn es in die gesamte Geschichte der schwarzen Urbanisierung über ein Jahrhundert hinweg eingeordnet wird. Der Übergang von der Segregation zur Gettoisierung und dann zum Hypergetto markiert eine Transformation der Form und Funktion der Abschottung von Afroamerikanerinnen in der Metropole, die sich parallel zum Übergang vom Wettbewerbskapitalismus zum Fordismus und dann zum neoliberalen Postindustrialismus vor dem Hintergrund des Antiurbanismus vollzieht.

Der physische Verfall des Hypergettos ist die vielschichtige Materialisierung dieser beiden historischen Verschiebungen; seine doppelte Segregation nach Kaste und Klasse ist das Ergebnis der Machenschaften von Immobilienverwaltungen, Banken und städtischen Beamten über die gesamte Dauer eines Jahrhunderts; Veränderungen in der Familienpolitik und den Geschlechterverhältnissen zu Beginn des 20. Jahrhunderts ebneten den Weg für die Zunahme von Ein-Eltern-Haushalten unter den Armen in der Nachkriegszeit; die sich beschleunigende Deproletarisierung der städtischen Schwarzen in den 1980er-Jahren ist zum Teil die Spätfolge der Schwäche der schwarzen Arbeiterklasse in den Zwischenkriegsjahren; das katastrophale Bildungsprofil der Hypergettokinder ist ein Produkt der Einrichtung eines separaten und minderwertigen öffentlichen Bildungssystems, das doppelt nach Kaste und Klasse segregiert ist und seine Wurzeln in der Wohnungspolitik und der öffentlichen Bürokratie der 1940er-Jahre hat; der Exodus der afroamerikanischen Mittelschicht aus dem Zentrum der Metropole ist der Höhepunkt der kollektiven Mobilisierung der Schwarzen gegen die Abschottung weißer Viertel in den Städten des Nordens, die bis in die 1920er-Jahre zurückreicht.[6] So

5 Diese Zirkularität wird herausgestrichen von Herbert J. Gans: People, Plans, and Policies. Essays on Poverty, Racism, and Other National Urban Problems, New York 1991, S. 279.

6 Vgl. zu den einzelnen Aspekten Camilo José Vergara: The New American Ghetto, New Brunswick (NJ) 1995; Arnold R. Hirsch: Making the Second Ghetto. Race and Housing in Chicago 1940–1960. New expanded edition, Chicago 1998 [1983]; Kathryn M. Neckerman: The Emergence of »Under-

viel dazu, dass die enge Fokussierung der »Unterklassen«-Debatte auf die 1970er-Jahre – weil nur für dieses Jahrzehnt geokodierte Armutsdaten vorliegen – den eigentlichen Gegenstand, der konstruiert werden soll, künstlich zurechtstutzt und die *Sedimentation historischer Formen in den zeitgenössischen Konstellationen ignoriert*.

Der Diskurs über »Unterklasse« besteht den Test der Historizität in einem zweiten Sinne nicht: Er berücksichtigt nicht *vergleichbare* Befürchtungen, die zu früheren Zeiten und an anderen Orten in den Geschichtsbüchern auftauchen. Er behauptet, eine beispiellose amerikanische Realität aus den 1970er-Jahren in seinem Netz gefangen zu haben, während viele der in ihm artikulierten Trends, Diagnosen und politischen Strategien an den Kreuzungen von Urbanisierung, kapitalistischer Industrialisierung und Klassenungleichheit immer wieder zum Thema wurden. So war die Vorstellung, dass die *Konzentration* von Armen in heruntergekommenen Vierteln ihr Familienleben, ihre Moral und ihre Sittlichkeit untergrabe und sie daran hindere, ihrem Zustand zu entkommen, ein fester Bestandteil in den sozialen Kommentaren zu den Großstädten des 19. Jahrhunderts – sowohl in England als auch in Amerika – ebenso wie der Gedanke, dass diese Viertel die respektablen Armen anzustecken drohten und, wenn sie unkontrolliert blieben, die ganze Stadt verseuchen könnten.7 Die Überzeugung, dass es den Bewohnerinnen der Slums an *Kontakt mit der breiteren Gesellschaft mangele* und sie vom gesunden kulturellen Einfluss der Mittelschicht abgeschnitten seien, war Mitte des 19. Jahrhunderts weit verbreitet. Das ging so weit, dass »eine Sozialpolitik, die darauf abzielte, die soziale Isolation der Armen zu verringern, zu einem vorherrschenden Bestandteil des philanthropischen Denkens auf beiden Seiten des Atlantiks wurde«.[8] Die *Nachbarschaft* wurde in der immer wiederkehrenden Debatte über die Slums als Brutstätte von Marginalität und Unmoral dargestellt und sie war der zentrale praktische

class« Family Patterns, 1900–1940, in: Michael B. Katz (Hrsg.): The »Underclass« Debate. Views from History, Princeton (NJ) 1993, S. 194–219; Harvey Kantor/Barbara Brenzel: Urban Education and the »Truly Disadvantaged«: The Historical Roots of the Contemporary Crisis, 1945–1990, in: Katz (Hrsg.): The »Underclass« Debate, S. 366–402; Joe William Trotter, Jr.: Black Milwaukee. The Making of an Industrial Proletariat, 1915–45, Chicago (IL) 1985; und Thomas J. Sugrue: Sweet Land of Liberty. The Forgotten Struggle for Civil Rights in the North, New York 2008.

7 Michael B. Katz: From Underclass to Entrepreneur: New Technologies of Poverty Work in Urban America, in: ders.: Why Don't American Cities Burn? Philadelphia (PA) 2012, S. 101–150, hier S. 103–105. Die klassischen englischen Studien zu diesem Thema sind Friedrich Engels: Die Lage der arbeitenden Klasse in England. Nach eigner Anschauung und authentischen Quellen [1845], in: Karl Marx/Friedrich Engels: Werke [MEW], Berlin 1956 ff., Bd. 2, S. 225–506; und Charles Booths Mammutsoziografie der Londoner Armen in den 1890er-Jahren: Christian Topalov: The City as *Terra Incognita:* Charles Booth's Poverty Survey and the People of London, 1886–1891 [1991], in: Planning Perspective, Vol. 8 (1993), Nr. 4, S. 395–425. Der beste Bericht über die Vereinigten Staaten ist Paul S. Boyer: Urban Masses and Moral Order in America, 1820–1920, Cambridge (MA) 1978.

8 David Ward: Poverty, Ethnicity, and the American City, 1840–1925. Changing Conceptions of the Slum and the Ghetto, Cambridge (MA) 1989, S. 22.

Ansatzpunkt, an dem sich die Arbeit der Siedlungsbewegung ein ganzes Jahrhundert vor dem Aufkommen von »Unterklasse« orientierte.[9]

Nachbarschaft, Konzentrationseffekte und soziale Isolation sind also nicht erst durch die »Unterklassen«-Theorie der 1980er-Jahre in den Blick geraten, sondern beschäftigen bereits seit über einem Jahrhundert alle, die sich mit dem Unterleib der Stadt befassen. Auch der Drang, die »Unterklasse« zu kategorisieren, zu messen und zu quantifizieren, um sensationslüsterne Darstellungen in der Presse durch eine neutrale Wissensgrundlage für aufgeklärte Politik zu ersetzen, aktualisiert lediglich die Logik und Praxis der von Charles Booth in den 1890er-Jahren eingeführten »Sozialerhebung«, zusammengefasst in der Triade »Beobachten, Klassifizieren, Reformieren«.[10]

Darüber hinaus verdeckt die monomanische Konzentration auf die »Unterklasse im Getto« die Zunahme von allen möglichen prekarisierten Bevölkerungsgruppen, die durch die Umstrukturierung des amerikanischen Kapitalismus nach der Auflösung des fordistisch-keynesianischen Gesellschaftsvertrags verursacht wurde. Und die ausschließliche Aufmerksamkeit, die den städtischen Armen zuteilwird, verstärkt die irrige Vorstellung, dass »ländliche Armut irgendwie gesünder und weniger entwürdigend ist als ihr städtisches Gegenstück«.[11] Tatsächlich findet sich die absolut gesehen erdrückendste, hartnäckigste und isolierteste Armut in Amerika nicht im Herzen der Großstädte, sondern in den Reservationen der Great Plains für indigene Amerikanerinnen, den Kleinstädten der Rio-Grande-Region, dem Mississippi-Delta, den Appalachen in Kentucky und verschiedenen landwirtschaftlichen Hinterlandgebieten im ganzen Land. Unabhängig davon, ob sie strukturell, verhaltensmäßig oder neo-ökologisch definiert wird, übertrifft die ländliche »Unterklasse« ihre städtische Verwandtschaft in Bezug auf Größe, Persistenz und Intensität.[12] Zusätzlich zur schieren materiellen Deprivation leiden die ländlichen Armen in Kleinstädten und dünn besiedelten Gebieten unter dem fehlenden Zugang zu den wichtigsten öffentlichen Einrichtungen, auf die sich die Lebensstrategien der städtischen Armen stützen können, wie z. B. Hochschulbildung, Krankenhäuser, Sozialhilfe, öffentliche Verkehrsmittel und Gerichte.[13]

9 Christopher Silver: Neighborhood Planning in Historical Perspective, in: Journal of the American Planning Association, Vol. 51 (1985), Nr. 2, S. 161–174; Thomas Lee Philpott: The Slum and the Ghetto: Neighborhood Deterioration and Middle-Class Reform, New York 1978, Teil IV.

10 Topalov: The City as *Terra Incognita*, S. 420.

11 Jacqueline Jones: The Dispossessed. America's Underclasses from the Civil War to the Present, New York 1992, S. 270.

12 Cynthia M. Duncan: Worlds Apart. Why Poverty Persists in Rural America, New Haven (CT) 1999; Kathleen Ann Pickering/Mark H. Harvey/David Mushinsky: Welfare Reform in Persistent Rural Poverty. Dreams, Disenchantments, and Diversity, University Park (PA) 2006.

13 David Showalter: Steps Toward a Theory of Place Effects on Drug Use: Risk, Marginality, and Opportunity in Small and Remote California Towns, in: International Journal of Drug Policy, Vol. 85 (2020), S. 102–119.

»AUTOFENSTER-SOZIOLOGIE«* AUF DEM WEG INS MISSISSIPPIDELTA

»Ländliche Gebiete leiden oft unter schrecklichen Bedingungen. Tunica, Mississippi, ist ein Beispiel. [Fußnote: Wir besuchten Tunica im Mai 1989 im Rahmen einer Reise, die uns von Memphis durch das Mississippidelta hinunter nach Jackson und dann durch die in Arkansas liegende Seite des Deltas hinauf nach Little Rock führte.] Die Häuser sind kaum mehr als heruntergekommene Hütten, in vielen Fällen ohne fließendes Wasser oder Abwasseranschlüsse. Die Straßen sind ungepflastert und soziale Probleme sind weit verbreitet. Es liegt auf der Hand, dass diese Bedingungen in mancher Hinsicht den Bedingungen in städtischen Gettos gleichkommen, wenn nicht sogar schlimmer sind als diese. Wir wissen nur sehr wenig über die Armut in ländlichen Gebieten und das Thema verdient viel mehr Aufmerksamkeit. Dennoch sind Tunica, Mississippi, und Harlem, New York, sehr unterschiedliche Orte. Im weiteren Verlauf dieses Kapitels sprechen wir nur noch über die Gettoarmut in Großstädten.«

Paul A. Jargowsky/Mary-Jo Bane: Ghetto Poverty: Basic Questions, in: Laurence E. Lynn/Michael G.H. McGeary (Hrsg.): Inner-City Poverty in the United States, Washington (DC) 1990, S. 16–67

** »Autofenster-Soziologie« ist ein Ausdruck, mit dem W. E. B. Du Bois die Studien weißer Gelehrter über das Leben der Schwarzen im Jim-Crow-Süden bezeichnete, die auf flüchtigen und verschwommenen Beobachtungen aus der Ferne beruhten (wie sie während einer Urlaubsreise aus dem Auto heraus gemacht werden können).*

Wie lässt sich angesichts dieser nackten Tatsachen die Beschränkung des wissenschaftlichen und politischen Fokus auf die Metropolen rechtfertigen und das merkwürdige *Verschwinden der weißen »Unterklasse« erklären,* trotz Charles Murrays tapferer Bemühungen, sie auf das kollektive Radar zu bringen?[14] Ken Auletta gibt auf diese beiden Fragen eine Antwort, die das Verdienst der Offenheit hat: Auch wenn »die Rassen sich alle gleich verhalten«, so stellt er fest, seien »trotzige antisoziale Verhaltensweisen« im ländlichen Süden deutlich weniger »verbreitet« und schwarze »Außenseiter« in den Städten »deutlich gefährlicher und sichtbarer« als ihre weißen Pendants vom Lande. Lawrence Mead bestätigt diese Diagnose, wenn er in seiner Aussage vor dem Kongress erklärt, dass »es zwar eine weiße Unterklasse gibt, aber die weißen Menschen *stellen keine besonderen Forderungen. Sie widersetzen sich nicht gesellschaftlicher Autorität«.*[15]

14 Charles Murray: The Coming White Underclass, in: Wall Street Journal, 29.10.1993, und: The Emerging White Underclass and How to Save It, in: Philadelphia Inquirer, 15.11.1993.

15 Ken Auletta: The Underclass, New York 1982, S. 200; Lawrence Mead in: Joint Economic Committee: The Underclass, Hearing Before the Joint Economic Committee of the 101st Congress

> **»DIE WEISSE UNTERKLASSE WIRD ERKENNBAR WERDEN«**
> »Anfänglich wird die weiße Unterklasse an vereinzelten Phänomenen erkennbar werden. Achten Sie darauf, ob bestimmte Schulen in weißen Vierteln in den Ruf geraten, nicht mehr unterrichten zu können, mit einer großen Anzahl von störenden Schülern und gleichgültigen Eltern. Sprechen Sie mit der Polizei; achten Sie auf Berichte über weiße Stadtteile, in denen die Zahl von häuslichen Streitigkeiten und gelegentlichen Gewalttätigkeiten in die Höhe geschossen ist. Halten Sie Ausschau nach weißen Vierteln mit einer starken Konzentration von Drogenkriminalität und einer großen Zahl von Männern, die aufgehört haben zu arbeiten.«
> *Charles Murray: The Coming White Underclass, Washington (DC) 1993*

Zum Schluss können wir aus dem spektakulären Platzen der *spekulativen Begriffsblase* »Unterklasse« mehrere Empfehlungen für die soziale Epistemologie der städtischen Marginalität und Hinweise auf die Politik der Theorie ableiten. Erstens sollte man sich vor dem *Christoph-Kolumbus-Komplex* hüten, d. h. vor dem Drang, in regelmäßigen Abständen die Entdeckung einer neuen »Gruppe« in den Niederungen und entlegenen Winkeln des urbanen Raums zu verkünden – die nur allzu oft durch ihre Funktionsstörung und ihren schlechten Ruf charakterisiert wird.[16] Die Aufgabe der Soziologie besteht hier darin, die Klassifizierungskämpfe zu begutachten, in denen um die Differenzierung, Strukturierung und Benennung von Problemgruppen gestritten wird, und nicht darin, sich an diesen Kämpfen zu beteiligen, um Gewinner und Verlierer zu bestimmen, indem die Sozialwissenschaften als eine performative symbolische Macht ausgespielt werden. Zweitens sollte sie sich von *schlüsselfertigen Problematiken* fernhalten, die ihr von der Tagespresse, politischen Debatten oder aufkommenden akademischen Moden auf dem Silbertablett serviert werden: In der Regel werden damit die gesellschaftspolitischen Vorurteile des Augenblicks und die praktischen Sorgen von Stadtmanagern und staatlichen Eliten in den Forschungsbetrieb eingeschrieben und verzerren ihn dementsprechend. (Auf diesen Punkt werde ich in meinem Fazit noch zurückkommen.) Dies gilt insbesondere dann, wenn man sich in einer von Antiurbanismus und Puritanismus geprägten Gesellschaft wie den Vereinigten Staaten in Gebiete des Abstiegs wagt, also sich einem Objekt nähert, das *in der Realität bereits als schmutzig und gefährlich konstruiert ist* und daher dazu neigt, die Analyse mit entwürdigenden Bezeichnungen und infernalischen Konnotationen zu verunreinigen.

of the United States, 25 May 1989, Washington (DC) 1989, S. 71, Hervorh. L. W. Eine vollständige Analyse dieser Anhörung findet sich oben, S. 57–62.

16 Die eingebaute Logik dieser periodischen (Wieder-)Entdeckung wird von David Matza in seinem klassischen Aufsatz untersucht: The Disreputable Poor, in: Neil J. Smelser/Seymour Martin Lipset (Hrsg.): Social Structure and Mobility in Economic Development, New Brunswick (NJ) 1966, S. 310–339.

Drittens und damit zusammenhängend gilt es, dem *Sog der Heteronomie innerhalb* des sozialwissenschaftlichen Feldes zu widerstehen, in dem philanthropische Stiftungen und Thinktanks die Wissensproduktion durch die Ausbildung von Abgesandten, Bevollmächtigten und Verbündeten beeinflussen – nicht nur durch Finanzierungsströme und Direktiven, sondern auch durch eine subtile Veränderung der Hierarchie von Forschungsfragen und Untersuchungsbedingungen. Im Fall von »Unterklasse« bedürfte es einer umfassenden Soziologie der »Rockefeller-Soziologie«, um vollständig zu klären, wie diese Stiftung, zusammen mit der Ford Foundation und der Russell Sage Foundation, diesem Begriff Leben einhauchte und ihre Akademikerinnen beeinflusste, indem sie andere mögliche Fragestellungen verdrängte[17] – wie etwa Deproletarisierung und Prekarisierung, die Rolle neoliberaler staatlicher Umstrukturierung bei der Entstehung des schwarzen Prekariats, die anhaltende räumliche Ausgrenzung von Afroamerikanern in den Städten oder das erbärmliche Versagen staatlicher Institutionen bei der Verteilung wichtiger öffentlicher Güter am unteren Ende der Klassenstruktur. Außerwissenschaftliche Agenturen üben innerhalb des wissenschaftlichen Feldes nicht nur durch *kognitive Kolonisierung* Einfluss aus, sondern auch durch *analytische Vorwegnahmen*. Indem sie »neutrale« Agenden vorantreiben, die die institutionelle Ordnung als gegeben akzeptieren, tragen sie aktiv zur kollektiven Ignoranz der Sozialwissenschaften gegenüber den politischen Wurzeln der städtischen Marginalität bei.[18]

Eine vierte Empfehlung, die sich aus dieser Fallstudie über den Aufstieg und Niedergang von »Unterklasse« ergibt, besteht darin, auf die *semantische Labilität und Echos von Schlüsselwörtern* zu achten, also darauf, wie ein und derselbe Begriff mit unterschiedlichen Bedeutungen und Resonanzen verbunden ist, wenn er in verschiedenen Bereichen der kulturellen Produktion oder in verschiedenen Sektoren desselben Bereichs zirkuliert (z. B. in verschiedenen Disziplinen des akademischen Universums oder in verschiedenen theoretischen Traditionen innerhalb ein und derselben Disziplin). Diese sich verändernden Bedeutungen sind zu erklären, ihre Kohärenz und Kompatibilität zu prüfen und die sozialen Charaktere und Interessen derjenigen offenzulegen, die ihnen Gewicht verleihen. Da es sich

17 Ein erster Beitrag zu einer solchen Soziologie ist David L. Seim: Rockefeller Philanthropy and Modern Social Science, London 2013.

18 Eine beispielhafte Studie dazu, wie Thinktanks Einfluss ausüben, indem sie Kategorien verändern, intellektuelle Strohfeuer entfachen und politische Entscheidungsträger aus der Schusslinie von autonomen Akademikerinnen nehmen, findet sich in Thomas Medvetz: Think Tanks in America, Chicago (IL) 2012, Kap. 5: »From Deprivation to Dependency: Expert Discourse and the American Welfare Debate«. Zur kollektiven Ignoranz als Ergebnis kultureller und politischer Kämpfe im Allgemeinen vgl. Robert N. Proctor/Londa Schiebinger (Hrsg.): Agnotology. The Making and Unmaking of Ignorance, Stanford (CA) 2008.

bei »Unterklasse« um ein *rassialisiertes* pseudowissenschaftliches Schreckgespenst handelte, war die Gültigkeit des Begriffs in entscheidender Weise von der Unterstützung schwarzer Wissenschaftler und ihrer intellektuellen Autorität abhängig, ähnlich wie kontroverse Forschungen über Kinder und Familie Glaubwürdigkeit gewinnen, wenn sie von *weiblichen* oder besser noch von *feministischen* Wissenschaftlerinnen überprüft werden.[19]

Schlussendlich sollte man darauf achten, dass die eigenen analytischen Kategorien nicht bereits das vorwegnehmen, was bewiesen werden soll. Bedauerlicherweise ist die *petitio principii* (der Zirkelbeweis) in den Sozialwissenschaften nur allzu häufig anzutreffen – kein Geringerer als Émile Durkheim war ein bekannter Wiederholungstäter.[20] Die Charakterisierung der »Unterklasse« als Verkörperung der sozialen Desorganisation und Personifizerung des urbanen Exotismus hindert uns daran, die Prinzipien ihrer Organisation und die weniger exotische Eigenschaften ihrer vermeintlichen Mitglieder auszumachen; ihre Definition als lebendiges Konzentrat der Unmoral macht es unmöglich, die sozialen Bedingungen zu bestimmen, unter denen sich die Bewohnerinnen des Hypergettos an konventionelle Normen halten, von ihnen abweichen oder sie kreativ umgestalten.

All dies soll nicht heißen, dass keine robusten analytischen Begriffe *geschaffen* werden können, um eine neuartige soziale Realität zu untersuchen, wie ich es an anderer Stelle mit den Begriffen Getto, Hypergetto und fortgeschrittene Marginalität versucht habe und wie ich es weiter unten mit »Prekariat« (S. 153–159) und am Ende dieses Buchs mit »Rasse« versuchen werde. Ganz im Gegenteil. Aber so, wie ich es im Epilog zu dieser intellektuellen und sozialen Reise durch die Schattenseiten der amerikanischen Metropole tun werde, ist darauf zu bestehen, dass solche Begriffe historisiert, klar von volkstümlichen Konstrukten abgegrenzt und in aller Offenheit ausgearbeitet werden, mit einem klaren Blick für ihren Zweck, ihre Grenzen und ihre Vorzüge, zu denen mindestens semantische Kohärenz, logische Konsistenz und kognitive Produktivität gehören sollten. Nur wenn das praktiziert wird, was Pierre Bourdieu als »reformistische Reflexivität«

19 Als fortschrittlicher schwarzer Wissenschaftler, der für seine Schriften zu kontroversen Rassenfragen bekannt war, und als energischer Verfechter einer sozialdemokratischen Politik spielte William Julius Wilson eine besonders wichtige Rolle bei der Legitimierung und Delegitimierung von »Unterklasse«. Offengelegt hat Wilson seine Politik in: The Bridge over the Racial Divide. Rising Inequality and Coalition Politics, Berkeley (CA) 1999. Schwarze Forscher lieferten auch rassialisierte Belege für Studien von Thinktanks und in Anhörungen vor Regierungsstellen. Herbert Gans zufolge gab es darüber hinaus einen »internen ethnischen Klassenkonflikt« zwischen in der Karibik geborenen Fachleuten und den afroamerikanischen Armen, was sich daran zeige, dass die meisten schwarzen »Befürworter einer verhaltensorientierten Definition [der Unterklasse] westindischer Herkunft waren«. Herbert J. Gans: The War Against the Poor. The Underclass and Anti-Poverty Policy, New York 1995, S. 53.

20 Steven Lukes: Émile Durkheim, his Life and Work. A Historical and Critical Study, Stanford (CA) 1973, S. 31.

bezeichnet, die Verbindung von epistemologischer Wachsamkeit und Besonnenheit, können wir hoffen, die Soziologie der gefährlichen Gruppen und geheimnisvollen Orte voranzubringen.[21]

21 Pierre Bourdieu: Science de la science et réflexivité, Paris 2001, S. 179.

Ausstieg

In seiner beeindruckenden Abhandlung »The Denial of Slavery in American Sociology« (Die Leugnung der Sklaverei in der amerikanischen Soziologie) nennt Orlando Patterson drei Ursachen für das verblüffende »Schweigen des soziologischen Clans« zu dieser Frage: »disziplinärer Provinzialismus«, »allgegenwärtiger Präsentismus« und Unterwerfung unter »ideologische Launen und Moden«.[1] Dieselben drei Ursachen stehen hinter dem plötzlichen Aufstieg, der lautstarken Verbreitung und dem schnellen Untergang von »Unterklasse«. Die Untersuchung der städtischen Marginalität durch dieses begriffliche Prisma war eine Möglichkeit, *die sich verändernde und doch andauernde Verflechtung von Kaste, Klasse und Staat in der postindustriellen Metropole zu leugnen*, indem die Aufmerksamkeit der Untersuchung und praktische Maßnahmen auf das individuelle Verhalten, die Familie und die Nachbarschaft gerichtet wurden.

Im Nachhinein stellt sich heraus, dass der Begriff »Unterklasse« an der Schnittstelle von zwei akuten öffentlichen Debatten über städtische Marginalität in Umlauf kam, die in den Medien hochkochten, politische Entscheidungsträger in Atem hielten und wissenschaftliche Energien aufsaugten, und zwar in dem Zeitraum, der mit den Blackout-Riots in New York City 1977 begann und mit der Verabschiedung der Sozialhilfereform von 1996 endete, die den Rechtsanspruch auf Unterstützung für Arme abschaffte. Vor dem Hintergrund eines tief verwurzelten Antiurbanismus und aufgewühlt durch das schwere Trauma, das der Aufstand der Schwarzen in den 1960er-Jahren bei Weißen hinterlassen hatte, waren diese beiden Debatten offenkundig rassistisch geprägt, aber auch geschlechtsspezifisch und altersabhängig gespalten.

Auf der *weiblichen Seite* konzentrierte sich die öffentliche Besorgnis auf die angebliche *Abhängigkeit* armer schwarzer Frauen von Sozialhilfe und insbesondere auf die Schwangerschaften junger schwarzer Frauen (»Babys, die Babys bekommen«), obwohl Feldforschungen eindeutig zeigten, dass die Sozialhilfezahlungen an arme Haushalte zu gering waren,

1 Orlando Patterson: The Denial of Slavery in Contemporary American Sociology, in: Theory & Society, Vol. 48 (2019), Nr. 6, S. 903–914, hier S. 908–909.

um davon ohne Ergänzungen durch illegale Jobs, verwandtschaftliche Netzwerke und Straßenhandel leben zu können.[2] Auf der *männlichen Seite* bezogen sich die öffentlichen Ängste auf die vermeintlich *ausufernde Kriminalität* auf der Straße, die durch ein nachsichtiges »Drehtür«-Justizsystem gefördert werde, und insbesondere auf die Ausbreitung der Bandengewalt und ihrer reißerischen Ausläufer, Crackhandel, Schießereien aus dem Auto heraus und Autodiebstähle, die angeblich von immer jüngeren Straftätern begangen wurden – obwohl die Zahl von Gewaltopfern stabil blieb, während die Zahl der Gefängnisinsassen zwischen 1975 und 1995 um mehr als das Dreifache anstieg.[3]

Die »Sozialhilfe-Mutter« und der »Gang-Banger« (und sein Cousin, der »Super-Predator«) traten so als die beiden ikonischen Galionsfiguren der städtischen Hydra der »Unterklasse« ins Rampenlicht der Öffentlichkeit, wobei die eine eine moralische Bedrohung im häuslichen Bereich und die andere eine physische Bedrohung im öffentlichen Raum verkörperte.[4] Diese beiden Avatare der Hypermarginalität stellten zudem ein fiskalisches Paradoxon dar: Während schwarze Frauen, die Sozialhilfe bezogen, als untragbare Belastung für die Staatskasse galten und daher drastische Haushaltskürzungen erforderlich machten, wurden die Ausgaben für den Bau von Gefängnissen, in denen schwarze Straßenkriminelle eingesperrt werden sollten, als nicht übertrieben angesehen. So kam es zu einer Zweiteilung der Politik: Schrumpfung der Wohlfahrt und Ausweitung des Strafvollzugs, Zerschlagung des sozialen Netzes und Intensivierung der Rasterfahndung nach Kriminellen, Disziplinierung und Neutralisierung, Workfare und Prisonfare – die beiden Planken im Aufbau des neoliberalen Staats, die zusammen auf die im Hypergetto gefangenen verarmten und stigmatisierten Bevölkerungsgruppen gerichtet sind.

Um die Neuartigkeit von »Unterklasse« am Ende des Jahrtausends als *verdoppelte öffentliche Schande*[5] zu erfassen, die durch den Makel von

2 Michael B. Katz: The Undeserving Poor. From the War on Poverty to the War on Welfare, New York 1989; Leon Dash: When Children Want Children. The Urban Crisis of Teenage Childbearing, New York 1989; Kristin Luker: Dubious Conceptions. The Politics of Teenage Pregnancy, Cambridge (MA) 1996; Kathryn Edin/Laura Lein: Making Ends Meet. How Single Mothers Survive Welfare and Low-Wage Work, New York 1997, Kap. 2 und 6.

3 Michael Tonry (Hrsg.): Youth Violence, Chicago (IL) 1998; John M. Hagedorn: People and Folks. Gangs, Crime and the Underclass in a Rustbelt City, Chicago (IL) 1988; Katherine Beckett: Making Crime Pay. Law and Order in Contemporary American Politics, New York 1999; Loïc Wacquant: Prisons of Poverty. Erw. Aufl., Minneapolis (MN) 2009, S. 144–150, zur Stabilität der Zahlen von Opfern von Gewaltverbrechen und dem Boom der Gefängnisse, der im Laufe der Zeit zu einer zunehmenden Entkopplung von Kriminalität und Inhaftierung geführt hat.

4 Dieses doppelköpfige Monster ist umso verblüffender, wenn wir uns vergegenwärtigen, dass die große Mehrheit der »Unterklasse« – wie auch immer definiert – aus Kindern bestand und besteht.

5 Zur Wirkungsweise der »sozialen Einschätzung der ›Ehre‹«, positiv oder negativ, vgl. Max Weber: Wirtschaft und Gesellschaft. Grundriss der verstehenden Soziologie, Tübingen 1972 [1921], S. 534–537; zu »Rasse« als Form der staatlichen Entehrung vgl. Loïc Wacquant: »Rasse« als staatsbürgerliches Verbrechen [2005]. Übersetzung Robert Schmidt, in: Robert Schmidt/Volker Woltersdorff (Hrsg.): Symbolische Gewalt. Herrschaftsanalyse nach Pierre Bourdieu, Konstanz 2008, S. 289–331.

Armut und »Rasse« an der (weiblichen) sozialen Front und den Schandfleck von Kriminalität und »Rasse« an der (männlichen) strafrechtlichen Front markiert wurde, müssen wir uns daran erinnern, dass die gedankliche Verbindung von Schwarzsein, Sozialhilfe und Gefängnis damals in der nationalen Wahrnehmung gerade erst entstanden war. Bis in die 1960er-Jahre wurde Sozialhilfe nicht mit schmarotzenden schwarzen Müttern, sondern mit zähen weißen Witwen in Verbindung gebracht. Erst mit dem Aufkommen der Protestbewegung von Wohlfahrtsempfängerinnen, die von den schwarzen Aktivistinnen der National Welfare Rights Organization angeführt wurde, und der anschließenden Ausweitung der öffentlichen Unterstützung wurden Schwarzsein und Sozialhilfe miteinander verschmolzen, was den weißen Widerstand gegen die weitere Ausweitung des sozialen Sicherheitsnetzes für arme Mütter aktivierte und die Ansicht zementierte, dass Sozialhilfeempfängerinnen unwürdige Schmarotzerinnen seien.[6]

In ähnlicher Weise war in den 1950er-Jahren das vorherrschende öffentliche Bild des Häftlings das eines »humorvollen, patriotischen, kaukasischen und vom Pech verfolgten« Mannes, der sich unbedingt »rehabilitieren« wolle und nach sozialer Integration strebe. In den 1970er-Jahren wurde dieser »altruistische Kaukasier« durch die furchterregende Figur eines bösartigen schwarzen Sträflings ersetzt, der aus den »Rassenkonflikten« der 1960er-Jahre stamme, aus purer Lust auf Gewalt gewalttätig sei und sich aufgrund seiner angeborenen kriminellen Natur so verhielte, dass eine Resozialisierung aussichtslos sei, was seine brutale Züchtigung erfordere.[7] Die Welle der *Straßenunruhen* in den 1960er-Jahren und die damit einhergehende Verwandlung von Gefängnisinsassen in Symbole für die Unterdrückung der Schwarzen hatten zu einer Rassialisierung des Bildes vom Sträfling geführt. Durch die Welle von *Gefängnisunruhen* nach dem Aufstand und dem Massaker im Attica-Gefängnis im Jahr 1971, die ein Ausdruck der Verlagerung der Bürgerrechtsbewegung hinter die Gitter war, wurde dieses rassistische Bild des Strafgefangen noch verstärkt und verfestigt.[8]

Die gleichzeitige Schwärzung der weiblichen Sozialhilfeempfängerin und des männlichen Straßenkriminellen und Sträflings in spe machte *Workfare und Gefängnis zu zwei Kerninstitutionen in der Verwaltung des städtischen Schwarzseins*. Sie bereitete den symbolischen Boden für

6 Jill S. Quadagno: The Color of Welfare. How Racism Undermined the War on Poverty, New York 1994; Premilla Nadasen: Welfare Warriors. The Welfare Rights Movement in the United States, New York 2004; Martin Gilens: Why Americans Hate Welfare. Race, Media, and the Politics of Antipoverty Policy, Chicago (IL) 2009.

7 John Sloop: The Cultural Prison. Discourse, Prisoners, and Punishment, Tuscaloosa (AL) 2001, S. 15 und S. 16–17.

8 Heather Ann Thompson: Blood in the Water. The Attica Prison Uprising of 1971 and Its Legacy, New York 2016; Bert Useem/Peter Kimball: States of Siege. US Prison Riots, 1971–1986, New York 1991; Dan Berger: Captive Nation. Black Prison Organizing in the Civil Rights Era, Chapel Hill (NC) 2014.

das dämonische Märchen von der »Unterklasse«, dessen Wachstum und Blüte wiederum diese Assoziationen verstärkte und sie in einem geschwätzigen und monotonen Diskurs zementierte, der mit der Autorität von Wissenschaft, Journalismus und Staat ausgestattet war. Liberale Wissenschaftler, Thinktank-Experten, Funktionäre von Philanthropien und Forschungsstiftungen sowie Journalisten entfachten gemeinsam ein gigantisches Feuerwerk von Papieren, das durch Klassenabscheu und Rassenangst angeheizt wurde. Die von der Rechten aufgestellte These vom Anwachsen der »Unterklasse« in den Innenstädten passte auch bestens zur antistaatlichen Grundstimmung jener Zeit, weil sie die skandalöse Verschwendung und sträfliche Nachsicht des Staates im Umgang mit der städtischen Marginalität ins Rampenlicht rückte. Jedes Mal, wenn linke Wissenschaftlerinnen den Begriff bemühten, um den Staat zur Hilfe zu rufen, verliehen sie ungewollt, aber unvermeidlich diesen Klagen des großstädtischen Liberalismus Glaubwürdigkeit.[9]

DIE PERSONIFIZIERTE »UNTERKLASSE«: DIE WOHLFAHRTSKÖNIGIN UND DER VERGEWALTIGER – UND DIE RETTENDE »SELBSTJUSTIZ IN DER U-BAHN«

Die beiden symbolischen Aushängeschilder der »Unterklasse«– die liederliche »Sozialhilfe-Mutter« und der unverbesserliche »Straßengangster« – wurden von zwei realen Personen verkörpert. Die erste ist die Cadillac-fahrende *»welfare queen«* (Wohlfahrtskönigin) Linda Taylor, die von Ronald Reagan ab dem Präsidentschaftswahlkampf 1976 ein Jahrzehnt lang gegeißelt wurde. Die zweite ist der Mörder und Vergewaltiger Willie Horton, der von George Bush, dem Älteren, in seinem eigenen Rennen um das Weiße Haus 1988 verteufelt wurde. Beide waren afroamerikanisch und Sinnbilder für eine aus dem Ruder gelaufene Großstadtregierung. Beide Stereotypen wurden erfolgreich eingesetzt, um die Sozialhilfe zu kürzen und die Bestrafung von Straftätern zu verschärfen, die beiden Hauptpfeiler der politischen Antwort auf die städtische »Unterklasse«.

Linda Taylor war eine 47-jährige, umherziehende und psychotische Betrügerin, die wegen Sozialhilfebetrugs im Gefängnis saß (sie hatte vier Aliasnamen benutzt, um illegal 3000 Dollar zu kassieren), als sie von der *Chicago Tribune* in einem Artikel über die Inkompetenz der öffentlichen Verwaltung porträtiert wurde. Die Figur der »Wohlfahrtskönigin« blieb im nationalen Bewusstsein lange genug haften, um Clinton 1996 dabei zu helfen, »die Wohlfahrt, wie wir sie kennen, zu beenden«. (1) Unter dem empörten Aufschrei seines Publikums behauptete Reagan: »Sie hat 80 Namen, 30 Adressen, zwölf Sozialversicherungskarten und kassiert Veteranenleistungen für vier nichtexistierende verstorbene Ehemänner. Und sie kassiert

9 Jonathan Rieder: Canarsie. The Jews and Italians of Brooklyn Against Liberalism, Cambridge (MA) 1985.

Sozialleistungen mit ihren Karten. Sie hat Medicaid, bekommt Lebensmittelmarken und bezieht unter jedem ihrer Namen Sozialhilfe. Allein ihr steuerfreies Bareinkommen beträgt über 150 000 Dollar.« (2) Die Geschichte war der eindeutige Beweis dafür, dass Sozialhilfeempfängerinnen den Haushalt und die Moral des Landes in den Ruin treiben. Sie griff die rassistischen Ressentiments der weißen Wähler aus der Arbeiter- und Mittelschicht gegenüber den Empfängerinnen öffentlicher Hilfen und den Afroamerikanern auf, die dank verschwenderischer staatlicher Förderprogramme sozial aufsteigen könnten. Das passte haargenau zum Märchen von der »Unterklasse«.

William Horton war ein 37-jähriger verurteilter Mörder in Massachusetts, der während eines Wochenendfreigangs geflohen war. Er entführte ein weißes Ehepaar, erstach den Mann und vergewaltigte mehrfach seine Frau. Bush machte ihn zum Kernstück seiner aggressiven Wahlkampagne gegen die Kriminalität und warf seinem demokratischen Rivalen, dem Gouverneur von Massachusetts, Michael Dukakis, vor, »Mördern Wochenendfreigänge zu gewähren«. In dem düsteren Wahlkampfvideo, das sein Fahndungsfoto zeigt, wurde William Horton in »Willie« umbenannt und als emblematisches Mitglied der kriminellen »Unterklasse« dargestellt, die eine »neue Geschichte der amerikanischen Kriminalität schreibt: willkürliche Gewalt gegen unschuldige Opfer aus der Mittelklasse, begangen von Kriminellen, die das System hätte besser kontrollieren können«. (3)

Eine dritte öffentliche Figur *vervollständigt das symbolische Dreieck der städtischen »Unterklasse«: das weiße Opfer ihrer physischen und psychischen Misshandlungen*. Wenige Tage vor Weihnachten 1984 erlangte der 47-jährige weiße Nuklearingenieur Bernhard »Bernie« Goetz sofort nationale Berühmtheit – und Heldenstatus – als »der U-Bahn-Selbstjustizler«, weil er in einer U-Bahn in Manhattan auf vier schwarze Teenager geschossen hatte, nachdem einer von ihnen auf ihn zugekommen war und »Gib mir fünf Dollar« gerufen hatte. Goetz, der sich nach einer fieberhaften neuntägigen Fahndung bei der Polizei stellte, wurde zunächst wegen versuchten Mordes, Körperverletzung und einer Reihe damit zusammenhängender Vorwürfe angeklagt. Er behauptete, er habe in Notwehr geschossen, weil er befürchtete, dass die Jungen ihn ausrauben wollten (er war vor einigen Jahren von drei schwarzen Teenagern »ausgeraubt« worden und hatte sich angewöhnt, eine mit Hohlspitzgeschossen geladene Pistole in seinem Hüftgurt zu tragen).

Der Vorfall löste eine landesweite Debatte über »Rasse«, Kriminalität und Waffen aus, angeheizt durch reißerische Bilder einer »Unterklasse«, die durch die Stadt randalierte. Die vorherrschende öffentliche Reaktion war »ein Gefühl der Freude, sogar der Dankbarkeit«; Goetz war »die Verkörperung von jedermanns Fantasien. Er ist derjenige, der handelt, statt zu reden, der Typ, der stinksauer ist und sich das nicht mehr gefallen lassen will.« Ein Supermarktmanager aus New York City erklärte dazu: »Wenn ihr mich fragt, ist der Mann ein Heiliger. Wir sollten ihm zusätzliche Kugeln, zusätzliche Gewehre und einen Jahresvorrat an U-Bahn-Münzen geben und ihn auf die U-Bahnen loslassen.« Der Vorsitzende des Congress for Racial Equality lobte den Schützen als »Rächer für uns alle. Ein Schwarzer hätte es schon lange vorher tun sollen [...] Ich wünschte, ich wäre es gewesen«. (4)

Die Medien zeichneten ein einfühlsames, farbenreiches Bild von Goetz, während die vier Opfer (von denen eines durch die Schießerei einen Hirnschaden erlitt und lebenslang gelähmt ist) in einen Topf geworfen wurden, als fremde Kreaturen, die aus Haushalten alleinerziehender Mütter stammten und in einem heruntergekommenen Wohnprojekt in der Bronx von öffentlicher Hilfe lebten. »Ungebildet, mit Vorstrafen, auf der Jagd nach ein paar Dollar, verkörperten sie die Unterklasse jugendlicher Krimineller, die sowohl von Schwarzen als auch von Weißen gefürchtet wurde.« (5) Schnell wurde ein Bernard Goetz Legal Defense Fund gegründet; die Bewunderung für den Mann wurde zum Kult. Ein Kolumnist der *New York Times* zitierte aus den Zuschriften seiner Leserinnen (die fünf zu eins für den Schützen stimmten) einen Brief, der jubelte: »Bernhard Hugo Goetz macht mich stolz, P-R-O-U-D, ein weißer, männlicher Amerikaner zu sein!« Ein Graffito in der U-Bahn verkündete: »Goetz rules niggers.« (6) Goetz' Verteidiger kündigte an, dass sein Mandant das Strafrechtssystem auf den Prüfstand stellen und sich auf die dringende Notwendigkeit der öffentlichen Sicherheit in der Stadt konzentrieren werde.

Zwei volle Jahre und drei Geschworenengerichte nach der Schießerei sprach ein Geschworenengericht Goetz von allen zwölf Anklagepunkten wegen Selbstverteidigung frei, mit Ausnahme eines einzigen Anklagepunkts wegen illegalen Waffenbesitzes, für den er acht Monate im Gefängnis saß, obwohl er bei der Polizei folgendes Geständnis abgelegt hatte, das während des Prozesses als Beweis verlesen wurde: »Ich hatte die Absicht, alles zu tun, was ich konnte, um ihnen zu schaden. Meine Absicht war es, sie zu ermorden, ihnen weh zu tun, sie so viel wie möglich leiden zu lassen [...] Wenn ich mehr Kugeln gehabt hätte, hätte ich wieder und wieder und wieder auf sie geschossen.« (7)

(1) Ange-Marie Hancock: The Politics of Disgust. The Public Identity of the Welfare Queen, New York 2004. Die Rolle des Stereotyps wird von Ron Haskins, einem Senior Fellow an der Brookings Institution und frühem Befürworter der Wohlfahrtsreform von 1996, stolz anerkannt, die er in einer schlagkräftigen Formel zusammenfasste: »Goodbye Welfare Queens, Hello Working Moms« (Lebwohl Wohlfahrtsköniginnen, seid gegrüßt arbeitende Muttis) (zitiert in Carly Hayden Foster: The Welfare Queen: Race, Gender, Class, and Public Opinion, in: Race, Gender & Class, Vol. 15 (2008), Nr. 3–4, S. 162–179, hier S. 163.

(2) Josh Levin: The Queen. The Forgotten Life behind an American Myth, Boston (MA) 2019, S. 26; Jeremy Lybarger: The Price You Pay: On the Life and Times of the Woman Known as the Welfare Queen, in: The Nation, 19.7.2019.

(3) David C. Anderson: Crime and the Politics of Hysteria. How the Willie Horton Story Changed American Justice, New York 1995, S. 55. Bushs Wahlkampfleiter prahlte damit, dass sie die Werbung so häufig ausstrahlen würden, dass »die Wähler denken [werden], Horton sei Dukakis' Kandidat geworden« (S. 223).

(4) Zitiert in Lillian B. Rubin: Quiet Rage. Bernie Goetz in a Time of Madness, Berkeley (CA) 1988, S. 42–43, 55 und 10.

(5) George P. Fletcher: A Crime of Self-Defense. Bernhard Goetz and the Law On Trial, Chicago (IL) 1990, S. 2.

(6) Rubin: Quiet Rage, S. 104.

(7) Ebd., S. 38. Ein Insiderbericht des Richters, der den Fall verhandelte, ist Stephen G. Crane: The Trial of Bernhard Goetz, in: Cornell Law Forum, Vol. 16 (1990), Nr. 3, S. 2–6. Elf Jahre später wurde Goetz von einem Zivilgericht zur Zahlung von 43 Millionen Dollar Schadensersatz an eines seiner Opfer verurteilt. Ein zweites schreckliches Verbrechen in New York löste die gleichen kollektiven Emotionen aus, die sich um die Gewalt der »Unterklasse« ranken: die Verprügelung und Vergewaltigung der »Central Park Joggerin« im Jahr 1989, die zur irrtümlichen Verurteilung von fünf schwarzen und hispanischen Jugendlichen führte: Sarah Burns: The Central Park Five. The Untold Story behind One of New York City's Most Infamous Crimes, New York 2012, und die Netflix-Miniserie von Ava Du Vernay: When They See Us (2020).

In der Sprache von Reinhart Koselleck lässt sich sagen, dass »Unterklasse« ein *Schlagwort* der amerikanischen Geschichte nach der Bürgerrechtsbewegung ist, einer Zeit, die von intensiver Klassenverachtung und übermächtiger Rassenangst gekennzeichnet ist. Das Wort hat seine Wurzeln in der funktionalen Überholtheit und der strukturellen Implosion des dunklen Gettos, aber es ist kein *Grundbegriff* der Soziologie von Kaste und Klasse in der Stadt. Es *belebte* eine Debatte über die Grenzen der wissenschaftlichen, journalistischen und politisch-philanthropischen Felder hinweg, aber es *erhellte* sie nicht. Im Gegenteil, es sorgte für begriffliche Unklarheit und empirische Vernebelung in einer Situation, in der Klarheit und Transparenz angesichts der Brisanz des Themas dringend nötig gewesen wären, und es bediente sich erhitzter Emotionen, während ein kühler Verstand gebraucht wurde. Letztlich verschärfte das Märchen von der »Unterklasse« als der unehelichen Tochter des Gettoaufstands der 1960er-Jahre rassialisierte Darstellungen des städtischen Verfalls und verewigte das Elend einer klassenlosen Soziologie des Elends.

Teil 2 —— Lehren aus dem Märchen

»Die Wahrheit ist nichts anderes als die Berichtigung einer langen Reihe von Irrtümern.«

Gaston Bachelard: Der neue wissenschaftliche Geist, 1934

»Die Terminologie ist wichtig. Sie kann die Gedanken beeinflussen. Wenn sie unlogisch und falsch ist, offenbart sie eine Neigung zu Voreingenommenheit und sie zeigt die Richtung dieser Neigung an. Eine Hauptaufgabe des Wissenschaftlers ist es, Begriffe und Bezeichnungen sauber, rein, logisch und der Realität angemessen zu halten. Auf diesem heiklen Feld kann nur der äußerste Purismus akzeptiert werden.«

Gunnar Myrdal: Against the Stream. Critical Essays on Economics, 1973

In der Art eines begrifflichen Leichenbeschauers habe ich das Leben und Sterben von »Unterklasse« in der amerikanischen Debatte über »Rasse« und Armut dokumentiert. Ich habe nachgezeichnet, wie der Begriff geprägt, verbreitet und in drei verschiedenen, sich aber überschneidenden institutionellen Arenen verwendet wurde: in der akademischen Forschung, im Journalismus und in der politischen Philanthropie in den Vereinigten Staaten.[1] Ich habe gezeigt, wie die wichtigsten symbolischen Agenturen der Wissenschaft, der Medien und der Politik in dem Bestreben, die rivalisierenden strukturellen, verhaltensbezogenen und neo-ökologischen Vorstellungen von »Unterklasse« zu artikulieren und zu legitimieren und auf die so definierte urbane Marginalität durch eine entsprechend konzipierte öffentliche Wohlfahrts-, Wohnungs- und Strafrechtspolitik einzuwirken, manchmal zusammenwirkten, manchmal in Streit gerieten. Ich habe festgestellt, dass der Begriff infolge dieser symbolischen Kämpfe, in die Sozialwissenschaftler *nolens volens* verwickelt waren, zunehmend chaotisch, mit moralischem Ballast überfrachtet und mit sozialen Ängsten und Rassenfantasien imprägniert wurde – und aus diesen Gründen an wissenschaftlichem Wert verlor, auch wenn er weiterhin in Schriften von Sozialforscherinnen zirkulierte (und zirkuliert), die sich seiner verworrenen Genealogie und verwirrenden Anatomie nicht bewusst waren oder sich an ihnen nicht störten.

Dilemmata und Folgen der Benennung

Es muss betont werden, dass diese Entwicklung nicht mit dem Wort »Unterklasse« zusammenhängt (auch wenn die Vorsilbe »unter« einen herabsetzenden Klang hat) und dass dieses epistemische Fiasko kein vorherbestimmtes Ergebnis war. Die linguistischen Grübeleien des späten Wittgenstein erinnern uns daran, dass die Bedeutung eines Wortes durch die verschiedenen Arten, wie von ihm Gebrauch gemacht wird, bestimmt

1 Zur Dynamik von Feldern als Räume von Kräften und Räume von Kämpfen siehe Pierre Bourdieu/Loïc Wacquant: Reflexive Anthropologie. Übersetzt von Hella Beister, Frankfurt a. M. 1996 [1992], S. 34–40, 124–147.

ist.[2] Die Entwicklung von »Unterklasse« hätte auch anders verlaufen können. Der in Kapitel 1 unternommene Ausflug zur Theoriebildung in Großbritannien hat gezeigt, dass Ende der 1970er-Jahre in den Schriften von Anthony Giddens und John Rex der Weg zu einem fruchtbaren neoweberianischen Begriff eingeschlagen wurde, der mit dem von Myrdal übereinstimmte und der impliziten Orientierung des frühen William Julius Wilson an Weber in »The Declining Significance of Race« entsprach.

Diese Möglichkeit, die Klassentheorie »nach unten« und über den Atlantik hinweg auszuweiten und dabei Ethnizität und Raum zu berücksichtigen, wurde durch die nationale Engstirnigkeit und Heteronomie der amerikanischen Debatte über »Unterklasse« vereitelt; durch die rasche Subsumierung des Begriffs unter die nationale Besessenheit von »Rasse« als Schwarzsein; durch das Interesse von Philanthropien, ihre Programme in Bezug auf eine neue »Zielgruppe« neu zu legitimieren; und durch Wilsons spätere Hinwendung zu einer politischen Problematik und einem Publikum, das seine hartnäckigen, aber letztlich erfolglosen Bemühungen untergrub, den Begriff wieder in eine solide Theorie der städtischen Ungleichheit und Marginalität einzubetten.[3] Zu diesem Zeitpunkt war das dämonische Pferd der verhaltensbezogenen »Unterklasse« bereits aus dem wissenschaftlichen Stall gelassen worden und der Begriff konnte nicht mehr gerettet werden.

Das Märchen von der »Unterklasse« erinnert uns an eine soziologische Binsenweisheit, die es wert ist, erläutert zu werden: Soziale Wirklichkeiten, angefangen bei den Wörtern, mit denen sie bezeichnet werden, und den Diskursen, mit denen sie auf dem Papier und in der Wirklichkeit erkannt und gestaltet werden, sind das Ergebnis einer *historischen Arbeit der kollektiven Fabrikation* – im doppelten etymologischen Sinne von Herstellung und Fälschung, denn soziale Wirklichkeit wird immer bis zu einem gewissen Grad sowohl erkannt als auch verkannt. In dieser gemeinsamen Anstrengung wetteifern die symbolischen Produzenten um das, was Pierre Bourdieu die *Macht der legitimen Benennung* nennt, zu der die Fähigkeit der »Bildung und Auflösung sozialer Gruppen« gehört, indem der soziale Raum auf eine bestimmte Art und Weise aufgeteilt und diese Art und Weise als herrschende »Vorstellungs- und Gliederungsprinzipien« durchgesetzt wird.[4] Ob sie es merken oder nicht,

2 »Man kann für eine *große* Klasse von Fällen der Benützung des Wortes ›Bedeutung‹ – wenn auch nicht für *alle* Fälle seiner Benützung – dieses Wort so erklären: Die Bedeutung eines Wortes ist sein Gebrauch in der Sprache.« Ludwig Wittgenstein: Philosophische Untersuchungen, Frankfurt a. M. 1971 [1953], S. 41.

3 Vgl. insbesondere William Julius Wilson: Social Theory and the Concept Underclass, in: David B. Grusky/Ravi Kanbur (Hrsg.): Poverty and Inequality, Stanford (CA) 2006, S. 103–116.

4 Pierre Bourdieu: The Social Space and the Genesis of Groups [1984], in: Theory & Society, Vol. 14 (1985), Nr. 6, S. 723–744; Staatsgeist. Genese und Struktur des bürokratischen Felds [1993], in: ders.: Praktische Vernunft. Zur Theorie des Handelns. Aus dem Französischen von Hella Beister, Frankfurt a. M. 1998, S. 91–125, und ders.: Sociologie générale. Cours du Collège de France 1981–1983, Bd. 1, Paris 2015, insb. S. 121–172. Klassifizierungskämpfe sind »Kämpfe um das

ob sie es mögen oder nicht, Sozialwissenschaftlerinnen sind in diesen Klassifizierungskampf verwickelt und müssen sich mit der ständigen *Vermischung und dem Ausbluten von Bedeutungen* auseinandersetzen, die er mit sich bringt.

Auf der einen Seite verlassen wissenschaftliche Kategorien das akademische Feld, um in den Medien, in politischen Kreisen und sogar im Alltag zu zirkulieren, wo sie neue Bedeutungen erlangen: So sind soziologische Begriffe wie Individualismus, Charisma, obere Mittelschicht, Vorbild, kulturelles Kapital und andere in den allgemeinen Sprachgebrauch eingegangen. Auf der anderen Seite sickern volkstümliche Begriffe wie »Nachbarschaft«, »Governance«, »Exklusion« oder »Diversität«, die vom Staat, vom Journalismus, von Thinktanks, der Wirtschaft oder dem Alltagsverstand geschätzt werden, in die Wissenschaft ein und kontaminieren das analytische Denken. Die heikelsten und gefährlichsten Begriffe sind jene hybriden epistemischen Konstrukte, die abwechselnd oder gleichzeitig als alltäglich, politisch und wissenschaftlich gelesen werden können, wie die Begriffe »Rasse«, »Stadt«, »Getto«, »Kriminalität« oder »Gemeinschaft«, wenn es um Marginalität in der Stadt geht. Diese Begriffe leben von dem ständigen Missverständnis, ihre Benutzer würden dasselbe meinen, weil sie die gleichen Wörter verwenden, obwohl sie in Wirklichkeit aneinander vorbeireden und über unterschiedliche Realitäten sprechen.[5]

Eine *besondere Schwierigkeit und Gefahr besteht in der Benennung von enteigneten und entehrten Gruppen*, die in den verfallenden Gebieten der Stadt wohnen – aus drei Gründen. Erstens sind diese Gruppen in der Regel der symbolischen Mittel beraubt, ihre eigene Repräsentation zu produzieren, sodass ihre Namen und ihre Bilder von Außenstehenden geschaffen werden – bis sie kollektiv angefochten, abgelehnt oder neu angeeignet werden können, gemäß dem Paradigma »Black is beautiful« (Schwarz ist schön).[6] Seit der Mitte des 19. Jahrhunderts sind es Sozialreformerinnen, Polizeibeamte, Sozialwissenschaftlerinnen, Romanautoren und Journalistinnen, die das öffentliche Idiom der städtischen Marginalität geschmiedet haben, das auf der Dreifaltigkeit von Elend, Unmoral und Kriminalität beruht. Zweitens haben die Bewohner des Unterleibs der Stadt schon

Monopol auf die Macht über das Sehen und Glauben, Kennen und Anerkennen, über die legitime Definition der Gliederung der sozialen Welt und damit über die *Bildung und Auflösung sozialer Gruppen*« (Pierre Bourdieu: Was heißt sprechen? Zur Ökonomie des sprachlichen Tausches. Übersetzt aus dem Franösischen von Hella Beister. 2., erw. und überarb. Aufl., Wien 2005 [1982], S. 122, Hervorh. im Original).

5 Die Gefahren dieser »Illusion der Übereinstimmung«, die durch die Vermischung von alltäglichen und soziologischen Definitionen entsteht, werden von Richard Swedberg hervorgehoben: On the Use of Definitions in Sociology, in: European Journal of Social Theory, Vol. 23 (2020), Nr. 3, S. 431–445.

6 Ein aktuelles Beispiel für eine Strategie der symbolischen Umkehrung ist die Organisation einer jährlichen »Roma-Pride«-Demonstration durch Romani-Aktivistinnen (Gypsy, Sinti, Tsingani, Manouches) in einem Dutzend Städten in ganz Europa, um Diskriminierung anzuprangern, negativen Stereotypen entgegenzuwirken und die kollektive Identifikation mit der Diaspora zu fördern.

seit Langem im Bildungsbürgertum starke Emotionen hervorgerufen, die lange Zeit von Faszination und einem Kitzel geprägt waren, was sich an der gleichzeitigen Entstehung von »Slumming« (sich unter das gemeine Volk mischen) und einem »Undercover«-Journalismus, der sich Ende des 19. Jahrhunderts auf die Unterwelt der Industriemetropolen konzentrierte, zeigt.[7] Dasselbe gilt für die politischen und kulturellen Eliten – Akademiker eingeschlossen – in der postindustriellen Metropole am Ende des 20. Jahrhunderts, nur dass sich die Faszination in Abscheu und der Kitzel in Terror verwandelt haben, wie die weite Verbreitung eines neuen Vokabulars des urbanen Schreckens und der Degeneration zeigt, das mit »Unterklasse«, »Abhängigkeit«, »unehelich«, »Sozialhilfe-Mutter«, »Bandenmitglied«, »Straßenraub«, »verwildert« und »Super-Räuber« verbunden wird.

Eine dritte Schwierigkeit besteht darin, dass Gruppen am unteren Ende des sozialen und physischen Raums Träger dessen sind, was Norbert Elias (in Anlehnung an Max Weber) als »Gruppenschande« bezeichnet. Sie werden verachtet und sie drohen, diejenigen zu verunreinigen und zu entwürdigen, die mit ihnen in Kontakt kommen, über sie sprechen oder, schlimmer noch, in ihrem Namen sprechen.[8] Elias betont, dass Gruppencharisma und Gruppenschande »Komplementärphänomene« sind, die nur in ihrer und durch ihre Gegenüberstellung existieren. Dies wirft die Frage auf, wer das charismatische, Lob und Bewunderung verdienende Gegenstück zu der in Ungnade gefallenen »Unterklasse« ist. Es ist die sagenumwobene »Mittelschicht« *(middle class)* des (weißen) amerikanischen »Mainstreams«, die durch die Prekarisierung von Arbeit und Familie unter dem Druck der neoliberalen Politik destabilisiert und von Abstiegsängsten geplagt wird. Die Anthropologin Katherine Newman beschreibt diese Tendenz brillant in »Falling from Grace. Downward Mobility in the Age of Affluence« (In Ungnade fallen. Abwärtsmobilität in Zeiten des Wohlstands), dem unverzichtbaren Begleitband und politischen Gegenstück zu Wilsons »The Truly Disadvantaged« (die beiden Bücher erschienen im Abstand von einem Jahr).[9] Und so erkennen wir, dass die rituelle Degradierung der »Unterklasse« im öffentlichen Diskurs zwischen 1977 und 1997 – hemmungslos in der Publizistik und gedämpft, aber hartnäckig in der Wissenschaft – der

7 Dominique Kalifa: Les Bas-fonds. Histoire d'un imaginaire, Paris 2013. Das abschließende Kapitel dieses Buchs über die Chronik der städtischen Unterwelt in der westlichen sozialen Vorstellungswelt behandelt die »Unterklasse« als den letzten Avatar in einer langen Reihe der Verkörperungen von sozialem Elend, Laster und Kriminalität.

8 »Max Weber selbst formt einen Begriff des Gruppencharismas ohne Beziehung auf das Komplementärphänomen der Gruppenschande. Der ganze Komplex von Gruppenverachtung, Gruppenausschluss, Gruppenbeschimpfung und Gruppenentehrung findet als *soziologisches* Phänomen noch verhältnismäßig wenig Beachtung.« Norbert Elias: Gruppencharisma und Gruppenschande. Vortrag am 15. Deutschen Soziologentag in Heidelberg, 28.–30.4.1964, in: ders.: Gruppencharisma und Gruppenschande. Mit einer biografischen Skizze von Hermann Korte. Herausgegeben von Erik Jentges, Marbach am Neckar 2014 [1964], S. 6–32, hier S. 8.

9 Katherine S. Newman: Falling from Grace. Downward Mobility in the Age of Affluence, New York 1988.

symbolischen Aufwertung der ängstlichen Mittelschicht diente, die durch das Vordringen der sozialen Unsicherheit in die soziale und räumliche Struktur der Großstadt ihr Gefühl der Sicherheit und Identität verloren hatte. Dies bestätigt, dass die mythische »Unterklasse« und die ebenso mythische »Mittelschicht« zwei Komponenten eines einzigen »asymmetrischen Gegenbegriffs« à la Koselleck sind.

Symbolische Kategorien prägen unsere Wahrnehmung der Welt und orientieren damit unser Handeln in der Welt und unsere Bemühungen, sie individuell und kollektiv zu gestalten. Die Unterscheidung zwischen den drei Konstrukten von »Unterklasse« – dem strukturellen, dem verhaltensbezogenen und dem neo-ökologischen – ist von Bedeutung, weil diese in drei verschiedene Richtungen der staatlichen Politik weisen, unabhängig davon, ob sie von den Befürworterinnen des jeweiligen Konstrukts ausdrücklich unterstützt wird. Der strukturelle Begriff von Myrdal empfiehlt die Sicherung von Vollbeschäftigung durch keynesianische Maßnahmen der sozialen und wirtschaftlichen Unterstützung, der Bildung und Ausbildung und der eventuellen Bereitstellung öffentlicher Arbeitsplätze zu existenzsichernden Löhnen (in der Art einer »Jobgarantie des Bundes«), um die ausgrenzende Wirkung des Postindustrialismus abzumildern. Der Weg eines Ausbaus der Sozial- und Wirtschaftspolitik wurde von den Vereinigten Staaten und anderen entwickelten Ländern, die von hartnäckiger städtischer Armut betroffen sind, *nicht* eingeschlagen. Deutlich wird dies unter anderem an der internationalen Zunahme der Obdachlosigkeit, der Verallgemeinerung des Phänomens der arbeitenden Armen und der Ausbreitung von sozialer Unsicherheit – objektiv für die Arbeiterklasse und subjektiv für die Mittelschicht. Ein alternativer Weg, der aus Myrdals Diagnose einer *zunehmenden* Marginalisierung aufgrund der Entwicklung in den *fortgeschrittensten* Wirtschaftssektoren abgeleitet werden könnte, wäre die Entkopplung von Arbeit und Lebensunterhalt durch ein universelles Grundeinkommen (mit oder ohne eine gleichzeitige Arbeitsplatzgarantie).[10]

Der verhaltensorientierte Begriff der Thinktank-Ökonomen und ihrer Anhänger schlägt eine Kampagne der kulturellen Züchtigung vor, um die Normen von Arbeit und Familie wiederherzustellen, und eine verstärkte Bestrafung, um die Häufigkeit von antisozialem Verhalten wie Kriminalität zu verringern. Dies ist der politische Weg, den die Vereinigten Staaten am Ende des Jahrhunderts eingeschlagen haben: die Vermählung einer disziplinierenden Sozialpolitik (*Workfare*, eingeführt durch den Personal Responsibility and Work Opportunity Act von 1996) mit der neutralisie-

10 Loïc Wacquant: Die Verdammten der Stadt. Eine vergleichende Soziologie fortgeschrittener Marginalität. Übersetzung von Alexander Frings, Wiesbaden 2018 [2008], S. 300–304. Eine ausführliche zivilgesellschaftliche und wirtschaftliche Verteidigung einer solchen Politik findet sich in Philippe Van Parijs/Yannick Vanderborght: Basic Income. A Radical Proposal for a Free Society and a Sane Economy, Cambridge (MA) 2017.

renden Strafjustiz (*Prisonfare*, vorangetrieben durch den Violent Crime Control and Law Enforcement Act von 1994). Auf diese Weise wurde das schwarze Prekariat des Hypergettos im Sinne einer geschlechtsspezifischen Arbeitsteilung der staatlichen Kontrolle unterworfen: *Workfare* für die Frauen (und ihre Kinder) und *Prisonfare* für die Männer.[11] Theoretisch begründet wurde dieser Ansatz von dem konservativen Politikwissenschaftler Lawrence Mead mit Unterstützung des liberalen Thinktanks Brookings Institution und als *neuer Paternalismus* bezeichnet. Er soll aus »Überwachungsprogrammen« bestehen, mit denen die Regierung die Unterstützung für »abhängige« Bevölkerungsgruppen – Sozialhilfeempfänger, missratene Schülerinnen, Obdachlose, Drogenabhängige und Kriminelle – von deren Verhalten abhängig macht.[12]

Für die neo-ökologische Perspektive, die von Wilson, Massey und Theoretikern der »Nachbarschaftseffekte« entwickelt wurde, ist das Wohnumfeld der wichtigste Ort für staatliche Interventionen. Dieser Ansatz hat Programme gefördert, mit denen die »konzentrierte Armut« verringert werden soll, indem große Sozialwohnungsblöcke abgerissen, sozial gemischte Wohnviertel gefördert und die Bewohnerinnen der Innenstädte durch höhere Mietzuschüsse geografisch zerstreut werden (wie durch den 1998 verabschiedeten Quality Housing and Work Responsibility Act).[13] Die Hauptwirkungen dieser Programme bestanden jedoch darin, den Bestand an Sozialwohnungen gegen den Widerstand armer schwarzer Mieter drastisch zu reduzieren; die stabileren Haushalte aus dem Hypergetto abzuschöpfen und die prekären zurückzulassen; die Klassenspannungen innerhalb der afroamerikanischen Bevölkerung zwi-

11 Loïc Wacquant: Bestrafen der Armen. Zur neoliberalen Regierung der sozialen Unsicherheit. 2., durchgesehene Aufl. Aus dem Französischen von Hella Beister, Opladen/Berlin/Toronto 2013 [2004]; ders.: Noch einmal: Die Verzahnung von *workfare* und *prisonfare*. Ein Interview mit Loïc Wacquant. Aus dem Englischen übersetzt von Hella Beister, Berliner Debatte Initial, Jg. 23 (2012), Heft 1, S. 60–76.

12 Lawrence M. Mead (Hrsg.): The New Paternalism. Supervisory Approaches to Poverty, Washington (DC) 1997. Der Präsident der Brookings Institution, die die Forschung unterstützte und das Buch zu diesem Thema veröffentlicht hat, stellt in seinem Vorwort fest: »In jüngster Zeit hat die Regierung versucht, das Leben armer Menschen, die von ihr abhängig werden, zu überwachen, sei es *durch die Sozialhilfe oder das Strafrechtssystem*. [...] Diese Politik ist höchst umstritten, weil manche meinen, dass damit ›dem Opfer die Schuld für soziale Probleme gegeben wird‹ oder sie ein Signal dafür sei, dass die Regierung ihr Engagement für die Bedürftigen aufgegeben habe. Die steuernden Programme haben sich jedoch durchgesetzt, *weil die Öffentlichkeit über die Wohlfahrtsausgaben und die Kriminalität beunruhigt ist.*« Michael H. Armacost: Vorwort, S. vii–viii, Hervorh. L. W. Bemerkenswerterweise erstreckt sich das Erfordernis der Verhaltensüberwachung nicht auf die Mittel- und Oberschicht, obwohl diese durch Steuernachlässe für höhere Bildung, Wohneigentum, Gesundheitsfürsorge und Altersversorgung in hohem Maße vom Staat »abhängig« sind.

13 Es sei darauf hingewiesen, dass die Konzentration allein auf den Wohnungsbau nicht die politische Richtung von Wilson ist, der umfassende staatliche Anstrengungen in den Bereichen Wirtschaft und Steuern, Bildung, Familien- und Kinderbetreuung, Gesundheit sowie Ausbildung und Arbeitsbeschaffung fordert. Damit steht er Myrdal näher als den Befürwortern einer von der Theorie der »Nachbarschaftseffekte« inspirierten Wohnungsreform. William Julius Wilson: The Truly Disadvantaged. The Inner City, the Underclass, and Public Policy, Chicago 1987), S. 150–157; When Work Disappears. The World of the New Urban Poor, New York 1996, Kap. 8; und: Reflections on Responses to *The Truly Disadvantaged*, in: ders., The Truly Disadvantaged. 2. erw. Aufl., Chicago (IL) 2012, S. 251–309, hier S. 285–288.

schen Hausbesitzerinnen und Mietern, die um die gleichen Enklaven im Übergang kämpfen, zu verschärfen; und neue Möglichkeiten für die Gentrifizierung der damit entstandenen Brachflächen zu schaffen.[14] Diese Programme haben den großen Mangel an bezahlbarem Wohnraum für einkommensschwache Schichten in den Großstädten nur verschleiert. Vor allem aber haben sie bei Wissenschaftlerinnen, Staatsbeamten und städtischen Eliten die absurde Vorstellung genährt, der Raum sei eine autogene kausale Variable, die aus ihrer eigenen Logik heraus – und nicht aufgrund der Agglomeration von Kapital – ein hohes Maß an wirtschaftlichem Elend und sozialer Verwahrlosung hervorruft. Die Frage nach der Entstehung und dem Schicksal eines rassialisierten Prekariats wird damit auf eine einfache geografische Gleichung reduziert.

Es gab noch einen anderen, direkteren, neo-ökologischen Ansatz zum Abbau der »Unterklasse«, den Douglas Massey und Nancy Denton in »American Apartheid« vorgeschlagen hatten: ein frontaler und multiskalarer (also Makro-, Meso- und Mikroebene integrierender) Angriff auf die Wohnsegregation, angeregt durch »eine moralische Verpflichtung und eine parteiübergreifende Führung«.[15] Der politische Wille für einen solchen Angriff kam nie zustande. Darüber hinaus wird ein konzertiertes nationales Vorgehen an dieser Front durch die unzusammenhängende und zersplitterte Struktur der amerikanischen Bürokratie erschwert und unwahrscheinlich gemacht. Der Hyperlokalismus der Entscheidungsfindung in Bezug auf den Wohnungsbau und die Bereitstellung öffentlicher Dienstleistungen, von Schulen über die öffentliche Sicherheit bis hin zu sauberem Wasser, wiegt ebenfalls schwer zugunsten des räumlichen Status quo, der durch die Segregation von Vierteln der Reichen und ethnorassialen Wohngebieten gekennzeichnet ist.[16]

Die Kombination aus Workfare, Prisonfare und erzwungener räumlicher Streuung hat das Territorium und die Bevölkerung des Hypergettos schrumpfen lassen und die Marginalität in dessen Mitte verstärkt. Doch aus der Sicht von Staatsbeamten und Stadtmanagern hat sie vor allem einen Vorteil: Sie hat die elende Zwangslage der schwarzen Armen im städtischen Kern nahezu *unsichtbar* gemacht und so die Angst der schwarzen und weißen Mittelschicht vor der »Innenstadt« gemildert und die »urbane Renaissance« zu Beginn des 21. Jahrhunderts ermöglicht.[17]

---

14 Edward G. Goetz: Clearing the Way. Deconcentrating the Poor in Urban America, Washington (DC) 2003; Lawrence J. Vale: Purging the Poorest. Public Housing and the Design Politics of Twice-Cleared Communities, Chicago (IL) 2013.

15 Douglas Massey/Nancy A. Denton: American Apartheid. Segregation and the Making of the Underclass, Cambridge (MA) 1993, S. 235.

16 Jessica Trounstine: Segregation by Design. Local Politics and Inequality in American Cities, New York 2018.

17 Derek S. Hyra: The New Urban Renewal. The Economic Transformation of Harlem and Bronzeville, Chicago (IL) 2008; Mary Pattillo: Black on the Block. The Politics of Race and Class in the City, Chicago (IL) 2007.

Robuste Begriffe schmieden

Soziologen halten selten inne, um über die Werkzeuge nachzudenken, mit denen sie denken, abgesehen von methodologischen Konzepten. Standardmäßig überlassen sie Fragen der Begriffsbildung und -prüfung den Wissenschaftsphilosophinnen, die ihrerseits nur selten die tatsächliche Begriffspraxis der arbeitenden Sozialwissenschaftler untersuchen und sich stattdessen auf metatheoretische Überlegungen und normative Festlegungen beschränken.[18] Aber das Versäumnis, die Instrumente ihrer Wissenschaft auf eben diese Instrumente anzuwenden, ist mit erheblichen soziologischen Kosten verbunden. Wenn es um die Benennung sozialer Gruppen geht – wohl eine der heikelsten intellektuellen Operationen, da sie eine ganze politische Ontologie betrifft und in der Realität selbst umstritten ist –, erlaubt dieses Versäumnis, dass *hybride Konstrukte* verbreitet werden und zirkulieren, die alltägliche und wissenschaftliche Bedeutungen, Gefühl und Vernunft, moralisches Urteil und empirische Feststellung, Beschuldigung (oder Würdigung) und Aufklärung vermischen. Die Lösung für dieses Problem findet sich in den Lehren der historischen Erkenntnistheorie, wie sie von Gaston Bachelard (für Physik und Chemie) und Georges Canguilhem (für Biologie und Medizin) entwickelt und von Pierre Bourdieu auf die Sozialwissenschaften ausgeweitet wurde19 – um eine klare und saubere *Abgrenzung zwischen volks-*

18 Vier Ausnahmen sind Robert Merton und Rogers Brubaker in der Soziologie sowie Giovanni Sartori und David Collier in der Politikwissenschaft. Vgl. zum Beispiel Robert K. Merton: Socio-Economic Duration: A Case Study of Concept Formation in Sociology, in: Walter W. Powell/Richard Robbins (Hrsg.): Conflict and Consensus. A Festschrift in Honor of Lewis A. Coser, New York 1984, S. 262–282, und Robert K. Merton/Elinor Barber: The Travels and Adventures of Serendipity. A Study in Sociological Semantics and the Sociology of Science, Princeton (NJ) 2004; Rogers Brubaker: Ethnizität ohne Gruppen. Aus dem Englischen von Gabriele Gockel und Sonja Schuhmacher, Hamburg 2007 [2004], und ders.: Grounds for Difference, Cambridge (MA) 2015; Giovanni Sartori: Concept Misformation in Comparative Politics, in: American Political Science Review, Vol. 64 (1970), Nr. 4, S. 1033–1053, und ders. (Hrsg.): Social Science Concepts. A Systematic Analysis, Beverly Hills (CA) 1984; David Collier/James E. Mahon Jr.: Conceptual »Stretching« Revisited: Adapting Categories in Comparative Analysis, in: American Political Science Review, Vol. 87 (1993), Nr. 4, S. 845–855; und David Collier/Robert Adcock: Democracy and Dichotomies: A Pragmatic Approach to Choices about Concepts, in: Annual Review of Political Science, Vol. 2 (1999), S. 537–565.

Es ist zu beachten, dass Fragen der Kritik von Begriffen und ihrer Gliederung in den Werken der Begründer der Soziologie von zentraler Bedeutung waren: Karl Marx: Zur Kritik der Politischen Ökonomie. Erstes Heft. Berlin 1859, in: Karl Marx/Friedrich Engels: Werke [MEW], Berlin 1956 ff., Bd. 13, S. 3–160; Émile Durkheim: Die Regeln der soziologischen Methode. Herausgegeben und eingeleitet von René Kölnig, Neuwied 1970 [1895]; Max Weber: Wirtschaft und Gesellschaft. Grundriss der verstehenden Soziologie, Tübingen 1972 [1921], Kap. 1, und: Gesammelte Aufsätze zur Wissenschaftslehre, Tübingen 1922. Zwei neuere Arbeiten in der Soziologie bzw. Politikwissenschaft sind: Richard Swedberg: The Art of Social Theory, Princeton (NJ) 2014, Kap. 3: »Naming, Concept, and Typology«, und Gary Goertz: Social Science Concepts and Measurements, Princeton (NJ) 2020, Kap. 9: »Intension-Extension: Concept Structure and Empirical Description«.

19 Gaston Bachelard: Der neue wissenschaftliche Geist. Übersetzt von Michael Bischoff, Frankfurt a. M. 1988 [1934]; Georges Canguilhem: Die Erkenntnis des Lebens. Aus dem Französischen von Till Bardoux, Berlin/Köln 2009 [1952]; Pierre Bourdieu/Jean-Claude Chamboredon/Jean-Claude Passeron: Soziologie als Beruf. Wissenschaftstheoretische Voraussetzungen soziologischer Erkenntnis. Deutsche Ausgabe herausgegeben von Beate Krais. Übersetzt von Hella Beister, Reinhard Blomert und Bernd Schwibs, Berlin/New York 1991 [1968]. Zur französischen Schule der Diskontinuität in der Wissenschaftsphilosophie vgl. Gary Gutting (Hrsg.): Continental Philosophy of Science, Oxford 2008, Kap. 11, 13 und 15.

tümlichen Begriffen und analytischen Begriffen vorzunehmen, zwischen Begriffen, die als pragmatische kognitive Rezepte zur Orientierung im gesellschaftlichen Leben entwickelt wurden, und Begriffen, mit denen Beschreibungen, Interpretationen und Erklärungen sozialer Phänomene erstellt werden sollen. Émile Durkheim bringt es am besten auf den Punkt, wenn er in »Die Regeln der soziologischen Methode« schreibt:

> »[...] denn es handelt sich nicht einfach darum, ein Mittel zu entdecken, das uns die Tatsachen, auf welche sich die Ausdrücke der Umgangssprache und die in ihnen niedergelegten Gedanken beziehen, mit hinreichender Sicherheit wiederfinden lässt. Vielmehr ist es erforderlich, durchaus neue Begriffe aufzustellen, die den Bedürfnissen der Wissenschaft angepasst sind und mit Hilfe einer besonderen Terminologie ausgedrückt werden.«[20]

Die Erkenntnis, dass Soziologinnen, wie alle Wissenschaftler, ihre eigenen Begriffe entwickeln müssen, anstatt die vorgefertigten Begriffe des gesunden Menschenverstandes – des alltäglichen, politischen oder wissenschaftlichen – zu übernehmen, sagt uns jedoch nicht, wie wir *gute Begriffe* entwickeln können. Ausgehend von den Irrungen und Wirrungen von »Unterklasse« als einem Schlüsselwort der Debatte über »Rasse« und städtische Armut am Ende des Jahrhunderts möchte ich drei Kriterienpaare vorschlagen, die einen robusten analytischen Begriff ausmachen, und ein Gleichgewicht zwischen Vollständigkeit und Kompaktheit anstreben.

(1) *Semantik – Klarheit und Neutralität:* Die Bedeutung des Begriffs ist klar, eindeutig und stabil. Er minimiert die Möglichkeit abweichender Interpretationen. Er spielt nicht mit Emotionen, ist nicht von politischen Überzeugungen abhängig und impliziert kein moralisches Urteil (was Max Weber unter *»Werturteilsfreiheit«* versteht).

(2) *Logik – Kohärenz und Typenspezifität:* Die Attribute des Begriffs »halten zusammen« und widersprechen sich nicht gegenseitig. Der Begriff identifiziert eine bestimmte Konfiguration und grenzt sie von benachbarten Konfigurationen ab, wodurch die Vermengung von verwandten, aber unterschiedlichen Objekten verhindert wird.

(3) *Heuristik – empirische Angemessenheit und theoretische Fruchtbarkeit:* Der Begriff eignet sich gut, um reichhaltige und vielfältige Beobachtungen zu machen. Er regt Hypothesen an und fördert eine Theoriebildung, die über einzelne Fälle hinausgeht und mit anderen Theorien verbunden werden kann (um sie zu bestätigen, weiterzuentwickeln oder infrage zu stellen).

20 Durkheim: Die Regeln der soziologischen Methode, S. 132.

»Unterklasse« erweist sich in allen drei Punkten als ein schlechter Begriff. *Semantisch* ist er unscharf und offen für verschiedenste und widersprüchliche Lesarten. Im zeitlichen Verlauf und bei seiner Wanderung durch verschiedene diskursive Gebiete ist er nicht stabil. Das Suffix »Klasse« suggeriert, dass er zu einer Theorie der Schichtung gehört, obwohl dies nicht der Fall ist.[21] Er ist überladen mit ideologischem und moralischem Ballast (verbunden mit dem Präfix »unter«); und anstatt das zu fördern, was Durkheim eine »kühle und trockene Analyse« nennt, löst er starke Emotionen aus und ist mit einem negativen moralischen Urteil verbunden. In der Tat ist es die emotionale Resonanz, die »Unterklasse« für viele seiner Nutzerinnen attraktiv macht. Und kollektive Emotionen sind von zentraler Bedeutung für die Herausbildung eines rassialen Habitus und die Überwachung rassialer Grenzen und damit für die Rassialisierung der Kategorie.[22]

»Unterklasse« ist auch in *logischer* Hinsicht mangelhaft: Der Begriff wirft völlig verschiedene soziale Gruppen zusammen, die auf verschiedene soziale Beziehungen zurückzuführen sind: Arbeitsmarkt, Familie, Nachbarschaft, Schule, Sozialhilfe, Wohnen, Polizeiarbeit usw. Er bezieht sich abwechselnd auf eine Bevölkerungsgruppe, eine Reihe von Verhaltensweisen, einen Ort in der Metropole, eine Position im sozialen Raum oder einen Diskurs über »Rasse« und Armut und kann daher nicht das erreichen, was Carl Hempel als »intersubjektive Prüfbarkeit« bezeichnet. »Unterklasse« liefert keine Begründung dafür, warum die Lage der Afroamerikaner in der »Innenstadt« aus dem breiteren Kontinent der Hypermarginalität – schwarz, weiß und hispanisch, städtisch und ländlich – herausgetrennt und isoliert behandelt werden sollte. Und wenn der Schwerpunkt auf der rassialisierten Enteignung liegt, warum wird dann nicht stattdessen von einer »Unterkaste« gesprochen, um dies zu verdeutlichen?[23]

Hat »Unterklasse« das *heuristische* Kriterium erfüllt? Auf jeden Fall hat der Begriff die empirische Forschung zu den Überschneidungen von »Rasse«, Raum und Armut in der Großstadt angeregt und bot Wissenschaftlerinnen ein lexikologisches Sprungbrett, um in die wirbelnde politische Debatte über den Wohlfahrtsstaat einzusteigen, wenn auch zu

21 Erik Wrights Vorschlag, die »sogenannte ›Unterklasse‹« in eine neomarxistische Klassentheorie einzufügen, als »eine Kategorie von sozialen Akteuren, die wirtschaftlich unterdrückt, aber nicht konsequent ausgebeutet werden«, hat sich nicht durchgesetzt. Erik Olin Wright: Interrogating Inequality. Essays on Class Analysis, Socialism, and Marxism, London 1994, S. 48.

22 Zur zentralen Bedeutung und Materialität kollektiver Emotionen bei der Konstruktion und Aufrechterhaltung von rassialen Spaltungen vgl. Mustafa Emirbayer/Matthew Desmond: The Racial Order, Chicago (IL) 2015, S. 117–126; und Eduardo Bonilla-Silva: Feeling Race: Theorizing the Racial Economy of Emotions, in: American Sociological Review, Vol. 84 (2019), Nr. 1, S. 1–25.

23 Herbert J. Gans: From »Underclass« to »Undercaste«: Some Observations about the Future of the Post-Industrial Economy and its Major Victims, in: Enzo Mingione (Hrsg.): Urban Poverty and the Underclass. A Reader, Cambridge (MA) 1995, S. 141–152.

Bedingungen, die sie nicht festgelegt hatten.[24] Aber hat er zu irgendeiner empirischen Erkenntnis geführt, die nicht auch ohne ihn gewonnen worden wäre? Die räumliche Konzentration der städtischen Armut ist ein Kandidat, aber nachdem sie in den 1980er-Jahren leicht zugenommen hatte, ging sie in den 1990er-Jahren dramatisch zurück, bevor sie in den 2000er-Jahren wieder rapide anstieg, ohne dass der Begriff Hinweise auf das Wie oder Warum lieferte.[25] Die Idee von Nachbarschaftseffekten ist ein weiterer Kandidat, aber trotz ihrer technischen Raffinesse und der Fülle von quantitativen Daten wird diese Forschungsrichtung nach wie vor dadurch behindert, dass ihre Auswahlkriterien von Vorurteilen beeinflusst sind. Außerdem ist weiterhin ungeklärt, was den besonderen Einfluss der Nachbarschaft im Verhältnis zu anderen Faktoren ausmacht, wie zum Beispiel staatlichen Maßnahmen oder Arbeitsmarktschocks. Das soll nicht heißen, dass der Ort keine Rolle spielt, aber sein Einfluss ist selbst nach den für seinen Einfluss sprechenden Studien bescheiden und wird leicht von den exogenen Kräften zunichtegemacht, die in Wilsons eigenem Modell im Mittelpunkt stehen.[26]

Hat »Unterklasse« zur Gewinnung von reichhaltigen und nuancierten Daten beigetragen, die neue Einblicke in das soziale Leben im städtischen Kern gewähren? Im Gegenteil, der Begriff hat die routinemäßige Anhäufung von aggregierten Daten auf der Grundlage von Verwaltungskategorien (Armutsgrenze, Volkszählungsgebiet, Schwarz-Weiß-Dichotomie, Sozialhilfe versus Arbeit usw.) gefördert, die nicht geeignet sind, die soziale Morphologie und die Strategien marginalisierter Bevölkerungsgruppen in der Metropole zu erfassen.[27] Noch entscheidender ist, dass die Forschung zu »Unterklasse« *die Institutionen, die ihr Leben bestimmen* und sie in einem bürokratischen Labyrinth einsperrt, das ihre Marginalität aufrechterhält, *ausblendet*.

24 Mario Luis Small/Katherine Newman: Urban Poverty After *The Truly Disadvantaged:* The Rediscovery of the Family, the Neighborhood, and Culture, in: Annual Review of Sociology, Vol. 27 (2001), S. 23–45; Alice O'Connor: Poverty Research and Policy for the Post-Welfare Era, in: Annual Review of Sociology, Vol. 26 (2000), S. 547–562. Vgl. auch die Reihe von Studien, die von William Julius Wilson besprochen werden: Reflections on Responses to *The Truly Disadvantaged,* in: ders., The Truly Disadvantaged. 2. erw. Aufl., Chicago (IL) 2012, S. 251–309.

25 Paul A. Jargowsky: Concentration of Poverty in the New Millennium, Rutgers (NJ) 2013; und John Island/Erik Hernandez: Understanding Trends in Concentrated Poverty: 1980-2014, in: Social Science Research, Vol. 62 (2017), S. 75–95.

26 In einem neueren Aufsatz scheint Sampson den theoretischen Anspruch dieses Forschungsprogramms neu zu justieren, wenn er die Nachbarschaft als »einen wichtigen Treiber *und Vermittler* städtischer Transformation« (Hervorh. L. W.) darstellt, die zum Teil durch »Strukturen höherer Ordnung« (zu denen »Staat, Wirtschaft, Recht, Rassismus, Mobilitätsnetzwerke« gehören) hervorgerufen wird. Welcher Teil genau, bleibt zu klären. Robert J. Sampson: Neighbourhood Effects and Beyond: Explaining the Paradoxes of Inequality in the Changing American Metropolis, in: Urban Studies, Vol. 56 (2019), Nr. 1, S. 3–32.

27 Vergleichen wir nur die Armut des Bilds der Armut, das vom »Unterklassen«-Forschungsprogramm geliefert wurde, mit den umfangreichen und differenzierten Feldstudien, die von Faith M. Deckard und Javier Auyero begutachtet wurden: Poor People's Survival Strategies: Two Decades of Research in the Americas, in: Annual Review of Sociology, Vol. 48 (2022), S. 373–395.

In dieser Hinsicht ist es aufschlussreich, dass die besten Feldstudien aus dieser Zeit die Verwendung von »Unterklasse« und die mit dem Begriff verbundenen Vorstellungen (wie »Desorganisation«, »soziale Isolation« und »Sozialhilfe-Mutter«) sorgsam vermeiden: »Islands in the Street. Gangs in Urban American Society« von Martín Sánchez-Jankowski, »In Search of Respect. Selling Crack in El Barrio« von Philippe Bourgois und »Making Ends Meet. How Single Mothers Survive Welfare and Low-Wage Work« von Kathryn Edin and Laura Lein. Diese Studien diskreditieren deutlich den makroanalytischen Blick aus der Ferne auf die Armut und zeigen, wie die Menschen an der Basis den Kategorien dieser Theorien ständig widersprechen und sie überschreiten (wie den fiktiven Gegensatz zwischen »arbeitenden Armen« und »nicht arbeitenden Armen«).[28]

Eine methodologische Konsequenz dieser Trennung ist die Notwendigkeit, indirekte Messungen aus der Ferne mit *direkter Beobachtung aus der Nähe* zu kombinieren und *Makrokategorien* (wie Haushaltszusammensetzung, Beschäftigungsstatus oder kriminelle Verstrickung) an die Fluidität und Durchlässigkeit der Lebenssituationen *anzupassen*, damit die Besonderheiten von sozialen Beziehungen und Erfahrungen der städtischen Armen durch die Analyse von aggregierten statistischen Daten nicht stark verzerrt oder völlig übersehen werden. Außerdem sollten Makrosoziologen der Marginalität den wissenschaftlichen Wert von vielschichtigen Nahbeobachtungen der sozialen Welt wiederentdecken, in denen Tiefe, Feinkörnigkeit und sinnliche Wahrnehmung wichtiger sind als ihre Repräsentativität und Replizierbarkeit, und ihre statistischen Modelle dementsprechend anpassen. Matthew Desmond und Bruce Western formulieren es so:

> »Wenn Benachteiligungen in hohem Maße korreliert sind und sich gegenseitig bedingen, kann eine Fixierung auf kausale Schlüsse fehl am Platz sein. Dem Gedankenexperiment, eine einzelne Bedingung zu manipulieren, mangelt es an Realitätssinn. Sozialwissenschaftler können und sollten das, was die Gesellschaft zusammengefügt hat, nicht wegkontrollieren. Die Herausforderung besteht darin, neue Methoden zur Beschreibung des Wesens der Armut zu entwickeln und dabei die reduktionistischen Tendenzen der Disziplin zu vermeiden,

28 Martín Sánchez-Jankowski: Islands in the Street. Gangs in Urban American Society, Berkeley (CA) 1991; Philippe Bourgois: In Search of Respect. Selling Crack in El Barrio, New York 1995; Kathryn Edin/Laura Lein: Making Ends Meet. How Single Mothers Survive Welfare and Low-Wage Work, New York 1997; Sudhir Alladi Venkatesh: American Project. The Rise and Fall of a Modern Ghetto, Cambridge (MA) 2000. Eine spätere Welle ethnografischer Studien untermauert dieses Argument, darunter Mario Luis Small: Villa Victoria. The Transformation of Social Capital in a Boston Barrio, Chicago (IL) 2004; Alford A. Young Jr.: The Minds of Marginalized Black Men. Making Sense of Mobility, Opportunity, and Future Life Chances, Princeton (NJ) 2011; Nikki Jones: Between Good and Ghetto. African American Girls and Inner-City Violence, Brunswick (NJ) 2010; Randol Contreras: The Stickup Kids. Race, Drugs, Violence, and the American Dream, Berkeley (CA) 2012.

die ein unübersichtliches soziales Problem reinwaschen. Wenn sich Benachteiligungen häufen, kann die kausale Priorität einer Benachteiligung gegenüber einer anderen weniger wichtig (und unmöglich zu bestimmen) sein als die qualitativ unterschiedliche Art der Not, die sich aus ihrer Häufung ergibt.«[29]

Und es ist auch nicht gelungen, mit dem Begriff »Unterklasse« etwas Neues zur Gesellschaftstheorie beizutragen oder eine Verbindung zu bestehenden Theorien über Klasse, »Rasse« oder Ort herzustellen. Tatsächlich hat der Begriff *den unverbrämten Empirismus und den aggressiven Anti-Strukturalismus* verstärkt, von denen die Armutsforschung seit den 1960er-Jahren beherrscht wird, weil er Beziehungen durch Zahlen, Institutionen durch Bevölkerungsgruppen und soziologische Kategorien durch administrative Konstrukte ersetzt. »Unterklasse« hat auch den nationalen Provinzialismus der Untersuchungen zur städtischen Enteignung verstärkt, die sich »ausschließlich auf die Vereinigten Staaten und oft nur auf einige wenige Städte im Norden« konzentrieren, und die Ignorierung *von Machtverhältnissen durch die akademische und politische Forschung zur städtischen Armut verfestigt.*[30]

In dem von Jencks und Peterson herausgegebenen kanonischen Sammelband »The Urban Underclass« (1991) kommt das Wort »Macht« (power) tatsächlich kein einziges Mal vor (außer im Ausdruck »purchasing power« [Kaufkraft]). Auch die Worte Ausbeutung, Herrschaft und Unterordnung fallen durch ihre Abwesenheit auf. Die Wissenschaft von der »Unterklasse« reduziert Armut auf einen *Zustand*, im Gegensatz zu einer *asymmetrischen Beziehung*, in der die Akteurinnen in den oberen und unteren Regionen des sozialen Raums zueinanderstehen, vermittelt durch das bürokratische Feld (in dem Staatsfunktionäre an vorderster Front die von Staatsmanagern beschlossenen Maßnahmen umsetzen). Sie löscht die organisatorischen Orte aus, an denen sich diese mit widersprüchlichen Interessen ausgestatteten und mit chronischer Ressourcenknappheit konfrontierten Akteure von Angesicht zu Angesicht begegnen: das Sozial- und Wohnungsamt, die staatliche Schule, das Bezirkskrankenhaus, die Straße und die Polizeiwache, das Gefängnis und die Straf-,

29 Matthew Desmond/Bruce Western: Poverty in America: New Directions and Debates, in: Annual Review of Sociology, Vol. 44 (2018), S. 305–318, hier S. 309.

30 David Brady: Theories of the Causes of Poverty, in: Annual Review of Sociology, Vol. 45 (2019), S. 155–175, hier S. 156. Brady stellt fest, dass drei Jahrzehnte nach der Blütezeit von »Unterklasse« »der Armutsforschung weiterhin eine klare Theorie fehlt. Es gibt nur wenige explizit benannte Theorien und kaum explizite theoretische Debatten. Wenn eine Theorie über die Ursachen von Armut formuliert wird, dann wird sie in der Regel nur mit der Nullhypothese verglichen, der zufolge die jeweilige Ursache keinen Effekt habe. Selten werden zwei oder mehr Theorien miteinander verglichen. Mehr noch als in anderen Bereichen konzentrieren sich Armutsforscherinnen häufig auf deskriptive oder normative Aussagen, ohne die Ursachen der Armut zu erklären.« Es ist aufschlussreich, dass das Wort »Unterklasse« in diesem Überblicksartikel nicht ein einziges Mal vorkommt.

Wohnungs- und Familiengerichte. Noch entscheidender ist, dass sie die herrschenden Institutionen völlig ausblendet, die städtische Marginalität *von oben und aus der Ferne* produzieren und formen, indem sie die soziale und räumliche Verteilung von Kapitalformen in der Metropole bestimmen: den lokalen und zentralen Staat, die Unternehmen, die Immobilien- und Finanzindustrie und die ethnorassiale Aufteilung von allem.[31]

DAS SCHWEIGEN DER HERKÖMMLICHEN SOZIOLOGIE DER ARMUT UND DIE AUFKEIMENDE WISSENSCHAFT DES REICHTUMS

»Wenn Amerikaner über Armut sprechen, bleiben einige Dinge ungesagt. Der Mainstream-Diskurs über Armut, ob liberal oder konservativ, schweigt weitgehend über Politik, Macht und Gleichheit. Aber bei Armut geht es schließlich um Verteilung; sie entsteht, weil einige Menschen viel weniger erhalten als andere. Beschreibungen der Demografie, des Verhaltens oder der Überzeugungen von Teilpopulationen können die strukturierten Ungleichheiten nicht erklären, die in jeder Epoche der amerikanischen Geschichte zu beobachten sind. Sie sind das Ergebnis von Herrschaftsstilen, der Art der Machtausübung und der Verteilungspolitik. Mehr als ein Jahrhundert lang hat der amerikanische politische Diskurs Fragen der Macht und der Verteilung als Fragen der Identität, der Moral und der Klientelpolitik neu definiert. So geschah es auch mit der Armut, die leicht und unreflektiert in eine Sprache der Familie, der Rasse und der Kultur abglitt, statt in eine Sprache der Ungleichheit, der Macht und der Ausbeutung. Das Schweigen ist also keine Anomalie.«

Michael B. Katz: The Undeserving Poor. From the War on Poverty to the War on Welfare, New York 1989, S. 8

In den 2010er-Jahren machte sich eine neue, mit digitaler Kommunikation vertraute Generation von Aktivistinnen daran, das Thema der Ungleichheit von Einkommen und Vermögen auf die öffentliche Tagesordnung in den Vereinigten Staaten zu setzen – von Occupy über die Präsidentschaftskampagnen von Bernie Sanders und Black Lives Matters bis hin zur Wahl Hunderter progressiver Vertreter auf lokaler Ebene. Soziologinnen haben auf diesen gesellschaftspolitischen Vorstoß reagiert, indem sie diesen

31 Eine genaue Analyse der Begegnungen im »multi-institutionellen Labyrinth« der staatlichen Bürokratie, die die Armen überwacht, bietet Leslie Paik: Trapped in a Maze. How Social Control Institutions Drive Family Poverty and Inequality, Berkeley (CA) 2021. Eine Analyse der Dilemmata, mit denen die Akteurinnen auf der Straße konfrontiert sind, ist Bernardo Zacka: When the State Meets the Street. Public Service and Moral Agency, Cambridge (MA) 2017. Eine geschickte Diskussion der makrosozialen Institutionen, die abwechselnd Verbündete und Gegner sind und die Metropole als physische und soziale Form gestalten, findet sich bei John R. Logan/Harvey L. Molotch: Urban Fortunes. The Political Economy of Place, Berkeley (CA) 2007 [1987], Kap. 1, 3 und 5 (»How Government Matters«). Eine präzise Abhandlung über die vielfältigen Ursachen von Rassentrennung und Enteignung in der Stadt ist Douglas Massey: Categorically Unequal. The American Stratification System, New York 2007, Kap. 3 und 4.

Bewegungen intellektuelle Klarheit und Munition lieferten. (1) Die herkömmliche Sozialwissenschaft der Armut, die von Ökonomen, Demografinnen und Politikwissenschaftlern beherrscht wird, muss diese Bewegungen erst noch wahrnehmen und die Herausforderung verarbeiten, die sie für ihren gesunden Menschenverstand darstellen, der die Enteignung aus der Klassenstruktur herauslöst, in die sie eingebettet ist.

Sozialwissenschaftlerinnen sollten lange und intensiv gemeinsam über diese Frage nachdenken: Warum gibt es praktisch keine Soziologie des Reichtums, keine regelmäßigen Hochschulkurse und Graduiertenseminare zu diesem Thema, keine professionellen Netzwerke und Tagungen und keine Fachzeitschriften, die sich diesem Thema widmen, wie es bei der Armut der Fall ist? (2) Stellen die soziale Abschottung und die Raffgier der Superreichen nicht ein großes »soziales Problem« für die Gesellschaft dar, da sie die Wirtschaft destabilisieren, Bildungseinrichtungen pervertieren und sich politische Institutionen aneignen? (3) Prägen die abwertenden und ängstlichen Blicke der Reichen auf die Armen nicht die Struktur der städtischen Ungleichheit mithilfe von Raumstrategien und Stadtpolitik? (4) Ist die »Kultur des Reichtums« und ihre Deterritorialisierung nicht schädlich für das soziale und moralische Gefüge des Landes? (5) Ist Reichtum nicht der Schlüssel zur Reproduktion ethnorassialer Ungleichheit und damit zum Fortbestehen schwarzer Armut über Generationen hinweg in den Vereinigten Staaten? (6) Wann werden die von wissenschaftlichen und philanthropischen Stiftungen bereitgestellten Mittel für die Erforschung der Anhäufung von Reichtum und der Disparitäten mehr als nur einen winzigen Bruchteil der Unterstützung für die Armutsforschung ausmachen?

Die im Entstehen begriffene Sozialwissenschaft des Reichtums muss sich davor hüten, sich zu einem isolierten, in sich geschlossenen Fachgebiet zu entwickeln, das sich in technischen Fragen verzettelt und von der Erforschung von Armut, Unternehmenskontrolle, Elitenbildung und öffentlicher Politik getrennt bleibt. Für diese Generation von Armuts- und Reichtumsforschern besteht die eigentliche Herausforderung darin, beide Forschungsbereiche miteinander *zu verbinden* und zu einem gemeinsamen wissenschaftlichen und zivilgesellschaftlichen Projekt zu werden, das ein helles Licht auf *die Rolle des Staats bei der Erzeugung wie auch beim Abbau von Ungleichheit* und bei der Verteilung von asymmetrischen Lebenschancen am unteren und oberen Rand wirft. (7)

(1) Michael A. Gould-Wartofsky: The Occupiers. The Making of the 99 Percent Movement, New York 2015; David Graeber: Inside Occupy. Aus dem Englischen von Bernhard Schmid, Frankfurt a. M./New York 2012; Manuel Castells: Networks of Outrage and Hope. Social Movements in the Internet Age, Cambridge 2015; Keeanga-Yamahtta Taylor: Von #BlackLivesMatter zu Black Liberation. Übersetzung von Gabriel Kuhn, Münster 2017 [2016]; und Jonathan Smucker: Hegemony How-To. A Roadmap for Radicals, Chico (CA) 2017. Eine überzeugende Analyse der generationellen Komponente dieser Bewegungen ist Ruth Milkman: A New Political Generation: Millennials and the Post-2008 Wave of Protest, in: American Sociological Review, Vol. 82 (2017), Nr. 1, S. 1–31.

(2) Für einen Überblick über die zaghaften Anfänge eines solchen Forschungsgebiets vgl. Lisa A. Keister: The One Percent, in: Annual Review of Sociology, Vol. 40 (2014), S. 347–367; und Alexandra Killewald/Fabian T. Pfeffer/Jared N. Schachner: Wealth Inequality and Accumulation, in: Annual Review of Sociology, Vol. 43 (2017), S. 379–404, die wohlwollend behaupten, das Forschungsfeld sei »von der Kindheit in die Pubertät« übergegangen. Eine seltene Paarung der dualen politischen Ökonomie von Armut und Reichtum ist Massey: Categorically Unequal, Kap. 5. Eine wichtige Ausnahme von diesem Muster kollektiver Blindheit sind die Pionierarbeiten französischer Soziologinnen über das Großbürgertum, den Adel, Händler und Vermögensverwalter (Michel und Monique Pinçon, die im Gefolge der Arbeiten von Pierre Bourdieu ein halbes Dutzend Monografien zu diesem Thema verfasst haben, Sébastien Chauvin, Bruno Cousin, Olivier Godechot, Grégory Salle, Isabelle Hugo, Céline Bessière, Sibylle Gollac und Camille Herlin-Giret) sowie die umfangreichen historischen und länderübergreifenden Untersuchungen, die von den Ökonomen Thomas Piketty, Emmanuel Saez und Gabriel Zucman auf globaler Ebene durchgeführt und angeregt wurden; siehe die Arbeiten, die von Gabriel Zucman angeführt werden: Global Wealth Inequality, in: Annual Review of Economics, Vol 11 (2019), S. 109–138. Lesenswert ist auch die faszinierende Studie von Cristobal Young: The Myth of Millionaire Tax Flight. How Place Still Matters for the Rich, Stanford (CA) 2017, zu dem, was als die »Nachbarschaftseffekte« bei den Reichen bezeichnet werden könnte.

(3) Kevin Phillips: Wealth and Democracy. A Political History of the American Rich, New York 2003; Jacob Rowbottom: Democracy Distorted. Wealth, Influence, and Democratic Politics, Cambridge 2010; Michel Pinçon/Monique Pinçon-Charlot: Le Président des riches, Paris 2011; Martin Gilens: Affluence and Influence. Economic Inequality and Political Power in America, Princeton (NJ) 2012; Benjamin I. Page/Jason Seawright/Matthew J. Lacombe: Billionaires and Stealth Politics, Chicago (IL) 2018; Richard D. Kahlenberg (Hrsg.): Affirmative Action for the Rich. Legacy Preferences in College Admissions, Washington (DC) 2010. Siehe auch die Forschungsergebnisse von Kenneth Scheve/David Stasavage: Wealth Inequality and Democracy, in: Annual Review of Political Science, Vol. 20 (2017), S. 451–468.

(4) Serge Paugam/Bruno Cousin/Camila Giorgetti/Jules Naudet: Ce que les riches pensent des pauvres, Paris 2017.

(5) Brooke Harrington: Capital without Borders. Wealth Managers and the One Percent, Cambridge (MA) 2017; Rachel Sherman: Uneasy Street. The Anxieties of Affluence, Princeton (NJ) 2017; Ashley Mears: Very Important People. Status and Beauty in the Global Party Circuit, Princeton (NJ) 2020; sowie die Themenhefte von *Actes de la recherche en sciences sociales* zu den »Bediensteten der Reichen« (Nr. 230, Dezember 2019) und von *Cultural Politics* zu »Befragung der Superreichen: Repräsentationen, Strukturen, Erfahrungen« (Vol. 15, Nr. 1, März 2019).

(6) Dalton Conley: Being Black, Living in the Red. Race, Wealth, and Social Policy in America, Berkeley (CA) 2000 (neue Aufl. 2010); Thomas M. Shapiro: The Hidden Cost of Being African American. How Wealth Perpetuates Inequality, New York 2004; Melvin L. Oliver/Thomas M. Shapiro: Black Wealth, White Wealth. A New Perspective on Racial Inequality, New York 2006; Keeanga-Yamahtta Taylor: Race for Profit. How Banks and the Real Estate Industry Undermined Black Homeownership, Chapel Hill (NC) 2019.

(7) Der Staat ist das strukturelle Scharnier, das die Schicksale von Arm und Reich miteinander verbindet, auch wenn ihre sozialen Welten immer weiter auseinanderklaffen. Der Zusammenhang von Armut und Reichtum wird nicht durch Interaktionen hergestellt (wie bei dem illusorischen Paar aus Vermieter und Mieter, vgl. Matthew Desmond: Evicted. Poverty and Profit in the American City, New York 2016). Die Wohlhabenden müssen auf ihrer täglichen Runde keinen Armen begegnen, um deren Lebenschancen zu beeinflussen (man denke nur an einen Hedgefondsbesitzer und einen Obstpflücker ohne Papiere). In der gegenwärtigen polarisierten Klassen- und Raumstruktur sind die einzigen Institutionen, in denen sich Angehörige der Kulturbourgeoisie (z. B. Ärztinnen, Anwälte, Universitätsprofessorinnen) und Subproletarierinnen gegenüberstehen, Handelsunternehmen, das öffentliche Krankenhaus, der Universitätscampus sowie die Familien- und Strafgerichte. Dies sind keine Orte der wirtschaftlichen Ausbeutung, sondern der sozialen Domestizierung.

In seinen ausführlichen Überlegungen zu den Reaktionen auf »The Truly Disadvantaged«, die die zweite Auflage des Buches abschließen, diskutiert Wilson Berge von empirischen Studien, die durch seine Schrift angeregt wurden. Aber diese zerlegen ausnahmslos den Begriff »Unterklasse« und gehen der Rolle der einen oder anderen Komponente nach (schwache Arbeitsmarktbindung, räumliche Fehlanpassung, soziale Isolation,

Konzentrationseffekt), statt das Bündel von Eigenschaften zu untersuchen, das den Begriff definiert. Was die eigentliche Theorie anbelangt, so entwirft Wilson eine verlockende »Theorie des sozialen Wandels der Innenstadt« (S. 255–259), *ein anderes Objekt als die Entstehung und das Wachstum einer »Gruppe«*. Weit entfernt davon, ein Vorteil zu sein, erweist sich »Unterklasse« als eine epistemologische Last, als »terminologischer Filter« à la Kenneth Burke, der die Realität verschleiert und Wilson daran hindert, seine Theorie voll zu entfalten.

Um zu erklären, warum er vom Begriff der »Unterklasse« zu dem der »Getto-Armen« als Ordnungskategorie übergegangen ist, räumt Wilson dann auch ein: »Ich habe diese nominelle Änderung vorgenommen, weil ich befürchte, dass selbst ein theoretisch abgeleiteter Begriff von Unterklasse auf lange Sicht durch *unsystematische, willkürliche und atheoretische Verwendungen* überfrachtet wird, die oft als ideologische Slogans oder Codewörter enden.«[32] Ebenso wird »Unterklasse« in der ambitioniertesten und erfolgreichsten Erweiterung der neo-ökologischen Dimension von Wilsons Arbeit nicht verwendet: »Great American City. Chicago and the Enduring Neighborhood Effect« von Robert Sampson. Der Autor formuliert es diplomatisch so, dass der Zuschnitt des Buchs »als implizite Kritik am ›Armutsparadigma‹ von Unterklasse in der Stadtsoziologie gelesen werden könnte«.[33]

EIN VORSICHTIGES PLÄDOYER FÜR PREKARIAT

Der Autor dieses Buchs kann zu Recht gefragt werden: Wenn nicht »Unterklasse«, welchen Begriff sollen wir dann für die Bewohnerinnen des amerikanischen Hypergettos am Ende des Jahrhunderts und, allgemeiner, für die enteigneten und entehrten Bevölkerungsgruppen verwenden, die in den Vierteln des städtischen Zerfalls in den fortgeschrittenen Gesellschaften nach der Deindustrialisierung leben? Der Wert eines Begriffs, das sollte inzwischen klar sein, ist immer *historisch, sogar konjunkturell,* das heißt relativ zu einem bestimmten sozialen Moment, einer intellektuellen Konstellation und einem epistemischen Zweck. Seine Wahl hängt von der übergreifenden Theorie ab, die ihn stillschweigend oder explizit mit Inhalt füllt und seine analytischen Konturen formt sowie seinen empirischen Auftrag festlegt. Wie in meinem 2008 erschienenen Buch »Urban Outcasts« (dt. Die Verdammten der Stadt) vorgeschlagen und in der Einleitung zu diesem Buch erwähnt, bevorzuge ich die vorsichtige Verwendung des Begriffs *Prekariat*, der als Kofferwort aus *prekär* (im Sinne von unsicher, unzuverlässig,

32 William Julius Wilson: Reflections on Responses to *The Truly Disadvantaged,* in: ders.: The Truly Disadvantaged. 2. erw. Aufl., Chicago (IL) 2012, S. 251–309, hier S. 259, Hervorh. L. W.

33 Robert J. Sampson: Great American City. Chicago and the Enduring Neighborhood Effect, Chicago (IL) 2012, S. 87.

instabil, unregelmäßig) und *Proletariat* (in der marxschen Bedeutung von Verkäufer von Arbeitskraft) entstanden ist. (1)

Hier ist eine kurze Genealogie angebracht. Der Begriff wurde in den 1980er-Jahren von italienischen Gewerkschafterinnen *(precariato)* unter dem Einfluss des in Bologna ansässigen anarcho-kommunistischen Kollektivs *Precari nati* (»prekär geboren«) geprägt, um die Ausbreitung der Gelegenheitsarbeit in den unteren Schichten des Arbeitsmarktes zu bezeichnen. In den 1990er- und 2000er-Jahren entwickelten französische Sozialwissenschaftler, darunter Robert Castel, Serge Paugam, Évelyne Perrin und Patrick Cingolani, das Thema der *»précarité«* (Prekarität), das die Unsicherheit der Arbeit mit der Unsicherheit des Lebens verbindet. Sie betonten damit die Ausbreitung von atypischen, kurzfristigen, teilzeitlichen und episodischen Arbeitsverhältnissen ohne tarifliche Zusatzleistungen sowie von dauerhafter Arbeitslosigkeit und deren zersetzenden Auswirkungen auf die Sozialpsychologie, die existenziellen Möglichkeiten und die Reproduktionsstrategien der postindustriellen Arbeiterklasse. (2) Von dort aus verbreitete sich der Begriff Prekariat in die englischsprachige Debatte über die neoliberale Umgestaltung von Arbeit und Politik zu Beginn des 21. Jahrhunderts, die vor allem durch den britischen Wirtschaftswissenschaftler Guy Standing angeregt wurde. Der Begriff ist in zahlreichen Ländern, von Schweden über Japan und Deutschland bis Kanada, in den wissenschaftlichen Sprachgebrauch eingegangen. In letzter Zeit wird er auch in den Vereinigten Staaten gebraucht. Um nur drei herausragende Beispiele zu nennen: Die Präsidentin der American Political Science Association gab ihrer Präsidentschaftsrede 2018 den Titel »The American Precariat: US Capitalism in Comparative Perspective« (Das amerikanische Prekariat: Der US-Kapitalismus in vergleichender Perspektive); eine führende Forscherin zur postindustriellen Arbeiterklasse schlug vor, die Arbeit von Einwanderern durch das Prisma des Prekariats zu überdenken; und der führende Klassentheoretiker hielt es für notwendig, mit einem Hauch von Sorge die Frage zu stellen: »Is the Precariat a Class?« (Ist das Prekariat eine Klasse?) (3)

Nach dieser Definition umfasst das Prekariat jene sozialen Gruppen, die über kein ökonomisches oder kulturelles Kapital verfügen und in unsicherer Niedriglohnbeschäftigung, chronischer Unterbeschäftigung und dauerhafter Arbeitslosigkeit feststecken oder zwischen ihnen pendeln – als Folge der allgemeinen Degradierung der Arbeit, ganz zu schweigen von der Bandbreite an Programmen zur Arbeitsvorbereitung, subventionierten Arbeitsplätzen, Ausbildungsprogrammen und anderen Grenzzuständen zwischen Beschäftigung und Nichterwerbstätigkeit. Ihre sozialen Strategien des Durchhaltens – und nicht des Überlebens – kombinieren typischerweise Ressourcen, die aus dem bestehen, was ich als *die vier wirtschaftlichen Eckpunkte der Marginalität* bezeichne: unsichere Lohnarbeit (der Markt), vorläufige oder dauerhafte informelle Aktivitäten (die Straße), restriktive Sozialhilfe (der Staat) und die wechselseitige Ökonomie von Verwandten, Freundinnen und Nachbarn (soziale Bindungen). Mit weberschen Worten ließe sich sagen, dass ihre »Klassensituation« von anhaltender materieller und rechtlicher Unsicherheit geprägt ist und ihre »Lebenschancen« entsprechend beschnitten sind. Das kulturelle und verwaltungstechnische Konstrukt, das die Institutionalisierung von Prekarität am besten zum Ausdruck bringt, ist der Begriff der »Beschäftigungsfähigkeit« und die von ihr produzierte besondere Subjektivität. (4)

Ethnorassiale Spaltungen kommen durch drei Vermittlungen als *Verstärker von Prekarität* hinzu: durch den Arbeitsmarkt, die Nachbarschaft und den Staat. Erstens verschärfen sie die Marginalität auf dem Arbeitsmarkt durch Diskriminierung, insbesondere für schwarze Männer mit einem Straßenhabitus, die von Arbeitgebern als bedrohlich, widerspenstig und anfällig für kriminellen Unfug am Arbeitsplatz wahrgenommen werden. Zweitens konzentriert sich das schwarze Prekariat in den am meisten heruntergekommenen Stadtteilen mit den chaotischsten Wohnverhältnissen, wodurch sich ihre Lebensbedingungen verschlechtern und eine Ausgrenzung aufgrund territorialer Stigmatisierung (wie bei der Adressendiskriminierung) begünstigt wird. Drittens erleichtert »Rasse« als negatives symbolisches Kapital die Durchsetzung der gepaarten öffentlichen Politik von disziplinierender *Workfare* und neutralisierender *Prisonfare*, da Sozialhilfeempfängerinnen als unzuverlässige schwarze Frauen und Strafgefangene als gefährliche schwarze Männer wahrgenommen werden. Der Diskurs über die »Unterklasse« verfestigt diese negative Assoziation zwischen »Rasse«, Klasse und Staat in der neoliberalen Metropole durch eine typische selbsterfüllende Prophezeiung: Er verschärft die soziale Unsicherheit im Hypergetto, indem er seine Bewohnerinnen zur Hauptzielscheibe von strafenden Sozial- und Justizprogrammen der Regierung macht. (5)

Prekariat hat den Vorteil, dass es sich um einen relativ neuen Begriff handelt, der beim Lesen innehalten lässt und dazu einlädt, seine Bedeutung zu überprüfen. Er ist semantisch klar und kompakt sowie frei von moralischen Konnotationen und politischen Untertönen – wie sie beispielsweise den Begriff des *Lumpenproletariats* belasten. Er bezieht sich sowohl auf einen objektiven Zustand, der in der Fragmentierung der Lohnarbeit und dem Rückzug des Sozialstaates wurzelt, als auch auf die subjektive Erfahrung, in einer Welt ohne Garantien, Schutz und ein sicheres Morgen zu leben. Prekarität ist ein Zustand, der auch andere Anbieter entsozialisierter Arbeit betrifft: Gigworker, Künstlerinnen, Hochschullehrer oder Beraterinnen. Aber wir sollten nicht die positive Prekarität, die von qualifizierten Akteuren gewählt wird, mit der negativen Prekarität verwechseln, die enteigneten Bevölkerungsgruppen aufgezwungen wird und die in den unteren Regionen des sozialen und physischen Raums, also im Hypergetto, ihren Höhepunkt erreicht. Mit zunehmender Intensität geht die Prekarisierung in eine regelrechte Deproletarisierung über und hält die Menschen in langfristiger oder dauerhafter Arbeitslosigkeit gefangen.

Natürlich gibt es unterschiedliche Ansätze und Ansprüche an die Erforschung des Prekariats, daher möchte ich meinen Standpunkt zu vier Schlüsselfragen darlegen. Erstens die Periodisierung: Das Prekariat ist das Ergebnis der *Auflösung des fordistisch-keynesianischen Gesellschaftsvertrags*, der das Leben der Arbeiterklasse (Verkäufern von unqualifizierter Arbeitskraft) etwa vom Ersten Weltkrieg bis Mitte der 1970er-Jahre stabilisierte und die kollektive Erwartung der wirtschaftlichen Unterstützung und des sozialen Schutzes durch den Staat schuf. Dieses politisch-ökonomische Regime geriet in den letzten drei Jahrzehnten des 20. Jahrhunderts ins Wanken, und zwar aufgrund (i) der beschleunigten Mobilität des Kapitals, der technologischen Innovation und der zunehmenden Flexibilisierung der Arbeit und der strukturellen Arbeitslosigkeit oder Unterbeschäftigung; (ii) der feministischen Revolution, die die männliche Vorherrschaft in der häuslichen Sphäre untergraben hatte und unbeabsichtigt dazu beitrug, einen neuen Pool schutzloser Arbeitskräfte zu schaffen; (iii) der Universalisierung der Sekundarschulbildung und die daraus resultierende Abwertung von Handarbeit und proletarischer Kultur; (iv) der Umwandlung des schützenden Wohlfahrtsstaates in einen neoliberalen Zentaurenstaat, der an der Spitze der Klassenstruktur Laissez-faire gegenüber den Inhabern von ökonomischem und kulturellem Kapital praktiziert, und an der Basis einen strafenden Paternalismus in Form einer restriktiven Sozialpolitik und einer expansiven Strafpolitik. (6)

In der polarisierenden Stadt verbinden sich Lohnarbeitsfragmentierung und territoriale Stigmatisierung (die eng mit Klasse und Ethnie korreliert, d. h. Schwarzsein in den USA und postkoloniale Einwanderung in Westeuropa) zu einem neuen Regime städtischer Armut, das ich *fortgeschrittene Marginalität* getauft habe, weil es weder randständig noch vorübergehend ist, sondern sich aus dem Vormarsch des neoliberalen Postindustrialismus speist. Besonders in den amerikanischen Metropolen paart sich die Prekarisierung mit der Implosion des kommunalen Gettos der fordistischen Ära, um eine Hypermarginalität auf der dreifachen Basis von Klasse, Kaste und Ort hervorzubringen. (7)

Daraus folgt zweitens, dass sich die Verwendung des Begriffs Prekariat geografisch auf die *fortgeschrittenen Gesellschaften des kapitalistischen Westens* beschränken und nicht auf die ungesicherten Arbeiterinnen (in spe) des gesamten Planeten ausgedehnt werden sollte. Von einem globalen Prekariat zu sprechen, wie Guy Standing es fordert, wirft politisch-ökonomische Hinterlassenschaften und strukturelle Dynamiken in einen Topf, die zu unterschiedlich sind, um von demselben Begriff erfasst zu werden. Im postkolonialen Süden waren »Superausbeutung, Akkumulation durch Enteignung und ›permanente ursprüngliche Akkumulation‹« die Norm, sodass der Begriff der Prekarität, der durch den Gegensatz zur wirtschaftlichen Stabilität und sozialen Unterstützung durch den Fordismus und den keynesianischen Wohlfahrtsstaat definiert wird, kaum von Bedeutung ist. (8)

Drittens unterscheide ich mich grundlegend von Guy Standing, dem führenden Theoretiker des Prekariats, darin, dass für mich das Prekariat bei Weitem keine »Klasse im Werden« ist, keine Klasse an sich auf dem Weg zur Klasse für sich, die ein gemeinsames Bewusstsein und eine gemeinsame Identität entwickelt. Vielmehr handelt es sich um eine *noch nicht geborene Gruppe*, ein zersplittertes Aggregat ohne den minimalen Zusammenhalt, der notwendig wäre, um eine kollektive Existenz zu begründen und sich an nachhaltigen koordinierten Aktionen zu beteiligen – ungeachtet der tapferen Bemühungen von Aktivistinnen, die drei Hauptgruppen der *sans*, die Arbeitslosen, Obdachlosen und papierlosen Migranten auf beiden Seiten des Atlantiks zu organisieren. Im Gegensatz zu den Mitgliedern des Industrieproletariats, die sich auf der Basis einer positiven beruflichen Identität zusammengeschlossen haben, um eine gemeinsame Position zu verteidigen und ihre kollektive Situation zu verbessern, mobilisieren sich die Mitglieder des Prekariats, um einen Job zu finden, eine Wohnung zu bekommen oder einen legalen Aufenthalt zu erreichen. Dadurch wollen sie dem Prekariat entfliehen und es verkleinern. Sie wollen sich nicht als Prekariat vereinigen, seine Grenzen verteidigen und ihr gemeinsames Schicksal verbessern. In der Sprache von Albert Hirschman bevorzugt das Proletariat den *Widerspruch*, während das Prekariat aufgrund seiner Beschaffenheit zur *Abwanderung* tendiert. (9)

Aus diesem Grund – und das ist mein vierter Punkt – lässt sich das Prekariat am besten als eine *verletzliche Fraktion der Arbeiterklasse* verstehen, die durch die Aushöhlung des Lohnarbeitsvertrags und der sozioökonomischen Staatsbürgerschaft geschaffen wurde, und nicht als eine neue, eigene Klasse. (10) Die meisten ihrer Mitglieder entstammen der Arbeiterklasse, streben danach, ihr beizutreten, und gehen wieder in ihr auf, wenn ihnen der Aufstieg gelingt. Umgekehrt besteht für die Mitglieder der etablierten Arbeiterklasse immer die Gefahr, mit dem Verlust ihres Arbeitsplatzes, ihres Einkommens und ihrer sozialen Absicherung allmählich oder plötzlich ins Prekariat abzurutschen. Prekarität ist eine Frage des Grades und nicht der Art. Hier geht es nicht nur darum, die epistemische Falle des »Gruppismus« zu vermeiden, definiert als »die Tendenz, einzelne, abgegrenzte Gruppen als Grundkonstituenten des gesellschaftlichen Lebens, als Hauptprotagonisten sozialer Konflikte und als fundamentale Einheiten der Gesellschaftsanalyse zu betrachten«. (11) Es geht darum, zu erkennen, dass das analytische Konstrukt des Prekariats eine Gruppe ist, *die in der Praxis nicht als solche realisiert werden kann.*

So viel dazu, dass mein Argument für Prekariat als einem heuristischen Begriff für die Untersuchung der rassialisierten (De-)Proletarisierung in der polarisierten Stadt auf einer radikal *historisierenden sozialen Ontologie* beruht, die *Gruppenhaftigkeit als eine historische Variable* behandelt – von einer bloßen Kategorie auf dem Papier bis hin zu einem vollständig organisierten Kollektiv für gemeinsames Handeln auf der politischen Bühne – und als ein kontingentes Produkt des »Herstellens und Auflösens von Gruppen« durch die symbolische Arbeit des Benennens, Delegierens und Mobilisierens im sozialen Raum. (12) Es stellt sich hier nicht die Frage – bei allem Respekt vor den Verfechtern eines kritischen Realismus und doxischen Empirismus –, ob es »da draußen« in der Gesellschaft eine neue »Gruppe« gibt, sondern ob die Kategorie des Prekariats ein fruchtbarer Leitfaden für die Beschreibung, Interpretation und Erklärung der sich verändernden sozialen Struktur, der Strategien und der Erfahrung fortgeschrittener Marginalität im Hypergetto ist.

(1) Loïc Wacquant: Die Verdammten der Stadt. Eine vergleichende Soziologie fortgeschrittener Marginalität. Übersetzung von Alexander Frings, Wiesbaden 2018 [2008], S. 264–267, und oben in diesem Buch engl. S. 7, Fn 7. Dem Oxford English Dictionary zufolge leitet sich *precarious* vom klassischen lateinischen *precārius* ab und bedeutet »von der Gunst eines anderen abhängig, unsicher, zweifelhaft, bittstellerisch«.

(2) Robert Castel: Die Metamorphosen der sozialen Frage. Eine Chronik der Lohnarbeit. Aus dem Französischen von Andreas Pfeuffer, Konstanz 2000 [1995], und ders.: Au-delà du salariat ou en deçà de l'emploi? L'institutionnalisation du précariat?, in: Serge Paugam (Hrsg.): Repenser la solidarité. L'apport des sciences sociale, Paris 2007, S. 416–433; Serge Paugam: Le Salarié de la précarité, Paris 2000; Évelyne Perrin: Chômeurs et précaires au coeur de la question sociale, Paris 2004; Patrick Cingolani: La Précarité, Paris 2006.

(3) Guy Standing: Prekariat. Die neue explosive Klasse. Aus dem Englischen übersetzt von Sven Wunderlich, Münster 2015 [2011], und ders.: Eine Charta des Prekariats. Von der ausgeschlossenen zur gestaltenden Klasse. Aus dem Englischen von Sven Wunderlich, Münster 2016 [2014]. Eine Auswahl dieser Debatte findet sich in Matthew Johnson (Hrsg.): Precariat. Labour, Work, and Politics, London 2016. Zum neueren amerikanischen Sprachgebrauch vgl. Kathleen Thelen: The American Precariat: US Capitalism in Comparative Perspective, in: Perspectives on Politics, Vol. 17 (2019), Nr. 1, S. 5–27; Ruth Milkman: Immigrant Labor and the New Precariat, Cambridge 2020; Erik Olin Wright: Is the Precariat a Class?, in: Global Labour Journal, Vol. 7 (2016), Nr. 2, S. 123–135.

(4) Gretchen Purser/Brian Hennigan: Disciples and Dreamers: Job Readiness and the Making of the US Working Class, in: Dialectical Anthropology, Vol. 42 (2018), Nr. 2, S. 149–161.

(5) Diese drei Mechanismen der Marginalisierung werden dargestellt in Loïc Wacquant: Marginalität, Ethnizität und Strafen in der neoliberalen Stadt. Eine analytische Kartografie. Aus dem Englischen von Jan Wielgohs, in: Berliner Debatte Initial, Jg. 25 (2014), Nr. 1, S. 87–105.

(6) Loïc Wacquant: Bestrafen der Armen. Zur neoliberalen Regierung der sozialen Unsicherheit. 2., durchgesehene Aufl. Aus dem Französischen von Hella Beister, Opladen/Berlin/Toronto 2013 [2004], und ders.: Der neoliberale Leviathan. Eine historische Anthropologie des gegenwärtigen Gesellschaftsregimes [2012]. Übersetzung aus dem Englischen von Ulf Kadritzke, in: PROKLA, Heft 169, 42. Jg. (2012), Nr. 4, 677–698.

(7) Wacquant: Die Verdammten der Stadt, Kap. 8, insbesondere S. 252–267.

(8) Ronaldo Munck: The Precariat: A View from the South, in: Third World Quarterly, Vol. 34 (2013), Nr. 5, S. 747–762, hier S. 752.

(9) Albert O. Hirschman: Abwanderung und Widerspruch. Reaktionen auf Leistungsabfall bei Unternehmungen, Organisationen und Staaten. Übersetzt von Leonhard Walentik, Tübingen 1974 [1970].

(10) Ein gewisses Maß an theoretischer Vorsicht ist angebracht: Soziologen, die die Geburt einer neuen Klasse verkündeten, haben sich schon einige Male die Finger verbrannt, vgl. Iván Szélényi/Bill Martin: Three Waves of New Class Theory, in: Theory & Society, Vol. 17 (1988), No. 5, S. 645–667. Interessanterweise grenzt Standing das Prekariat sowohl von der Arbeiterklasse, den Arbeitslosen als auch der »Unterklasse« ab: »Unterhalb des Proletariats wächst das *Prekariat.*

Es ist keine Unter-Klasse. Das ist das *Lumpen-Prekariat*, Opfer, die auf der Straße ihr Dasein fristen, traurige Seelen, die einem frühen Tod entgegengehen.« (Guy Standing: The Precariat: The New Dangerous Class, in: Working-Class Perspectives, 27.10.2014, unter: workingclassstudies.wordpress.com/2014/10/27/the-precariat-the-new-dangerous-class). Zusammen mit dem »Salariat« und den »Professionellen« erfindet Standing nicht weniger als vier neue Klassen in einem Sieben-Klassen-Schema ohne kohärente klassifikatorische Grundlage.

(11) Rogers Brubaker: Ethnizität ohne Gruppen. Aus dem Englischen von Gabriele Gockel und Sonja Schuhmacher, Hamburg 2007 [2004], S. 17.

(12) Pierre Bourdieu: Wie eine soziale Klasse entsteht [1987]. Aus dem Englischen übersetzt von Jürgen Bolder, in: ders.: Der Tote packt den Lebenden. Schriften zu Politik & Kultur 2. Herausgegeben von Margareta Steinrücke, Hamburg 1997, S. 102–129.

Erkenntnistheoretische Opportunitätskosten

In »Die Bildung des wissenschaftlichen Geistes« betont Gaston Bachelard: »Die Erkenntnis des Wirklichen ist ein Licht, das immer auch Schatten wirft.«[34] Das bedeutet, dass wir einen Begriff (eine Theorie, eine Problematik, ein Paradigma) immer daraufhin befragen müssen, was verschleiert, verdeckt oder ausgelassen wird – also das abschätzen, was wir als ihre *epistemischen Opportunitätskosten* bezeichnen könnten. Die Besessenheit der Theoretiker der »Unterklasse« von Einkommensarmut, Nachbarschaft, Wohlfahrt, Familie, Illegitimität und antisozialem Verhalten innerhalb des Hypergettos hat dazu geführt, dass sie vier wichtige Entwicklungen übersehen haben, die die Landschaft der städtischen Marginalität in den letzten Jahrzehnten des 20. Jahrhunderts und seitdem neu gezeichnet haben.

1. Die allgemeine Destabilisierung und Degradierung der Arbeit, die durch die Zersplitterung der Lohnarbeit verursacht wird und zur Verbreitung flexibler, kontingenter und unterbezahlter Arbeitsverhältnisse in der unteren Schicht der Beschäftigtenstruktur geführt haben – was nicht, wie Wilson meint, auf Deindustrialisierung und das einfache Verschwinden von Arbeitsplätzen reduziert werden kann. Die unaufhaltsame Ausbreitung von überflüssiger Beschäftigung, verkörpert durch »McJobs« in den Vereinigten Staaten, »petits boulots« in Frankreich, »Billig-Jobs« in Deutschland, »Null-Stunden-Verträgen« im Vereinigten Königreich und »lavoretti« in Italien, beweist, dass dies eine strukturelle Tendenz des fortgeschrittenen Kapitalismus ist.[35] Prekäre Arbeit und damit eine umfassende soziale Unsicherheit, die sich auf alle Strategien der Haushaltsreproduktion auswirkt, ist für die postindustrielle Arbeiterklasse zur neuen Norma-

34 Gaston Bachelard: Die Bildung des wissenschaftlichen Geistes. Beitrag zu einer Psychoanalyse der objektiven Erkenntnis. Übersetzt von Michael Bischoff, Frankfurt a. M. 1978 [1938], S. 46.

35 Wacquant: Die Verdammten der Stadt, Kap. 8; Paugam: Le Salarié de la précarité; Robert Castel/Klaus Dörre (Hrsg.): Prekarität, Abstieg, Ausgrenzung. Die soziale Frage am Beginn des 21. Jahrhunderts, Frankfurt a. M. 2009; Arne L. Kalleberg: Good Jobs, Bad Jobs. The Rise of Polarized and Precarious Employment Systems in the United States, 1970s to 2000s, New York 2011; Standing: Prekariat; Marc Doussard: Degraded Work. The Struggle at the Bottom of the Labor Market, Minneapolis (MN) 2013.

lität geworden. Selbst in ihrer ökonomistischsten Version ignoriert das Märchen von der »Unterklasse« *das Aufkommen des Prekariats.*

2. Der *massive Zustrom neuer Migrantinnen* in die Vereinigten Staaten hat die Funktionsweise sowohl *der Arbeits- als auch der Wohnungsmärkte* am unteren Ende der metropolitanen Ordnung verändert, und zwar nicht nur in den Gateway-Städten (in denen die Zuwanderer als erstes landen, Anm. d. Ü.). Die im Ausland geborene Bevölkerung des Landes wuchs von 9,7 Millionen im Jahr 1970 auf 31,1 Millionen im Jahr 2000, was fast der gesamten schwarzen Bevölkerung entspricht (heute sind es über 40 Millionen, ein Drittel davon ohne Papiere). Die neuen Migrantinnen haben den Niedriglohnsektor überschwemmt und stellen für die Arbeitgeber eine gefügige Arbeitskraft dar, mit der sich die Gelegenheitsarbeit weiter ausweiten ließ.[36] Sie haben sich auch in den am wenigsten wünschenswerten Vierteln der Stadt niedergelassen, oft am Rande der historischen Gettos, sowie in gemischten »Ethnovierteln«, die sowohl demografische Dynamik als auch Armut in die Peripherie der Metropole gebracht haben. Zusammen mit dem katastrophalen Anstieg der Mietbelastung unter einkommensschwachen Haushalten haben der Anstieg der Nachfrage von Migrantinnen nach Mietwohnungen zwischen 1970 und 2000 (als der Anteil der im Ausland geborenen Haushalte bereits bei 17 Prozent aller Mieterinnen lag) und die hohe Betroffenheit dieser Gruppe von Zwangsräumungen und Vertreibungen die räumliche Struktur der Armut in einer Weise verändert, die der »Unterklassen«-Theorie völlig entgangen ist.[37]
3. *Das explosive Wachstum und die große Reichweite des Strafvollzugs:* Man sucht vergeblich nach einer »Unterklassen«-Analyse, in der die enorme Ausweitung der Strafjustiz berücksichtigt wird, die durch selektive Polizeiarbeit direkt auf die Bewohner des Hypergettos abzielte, ihre Lebensbahnen aus dem Gleis warf, ihre Familien und Netzwerke zersetzte und dazu beitrug, ihre Viertel zu zerstören.[38] Um

36 Roger Waldinger/Michael I. Lichter: How the Other Half Works. Immigration and the Social Organization of Labor, Berkeley (CA) 2003; Milkman: Immigrant Labor and the New Precariat.

37 Dowell Myers/Cathy Yang Liu: The Emerging Dominance of Immigrants in the US Housing Market 1970–2000, in: Urban Policy and Research, Vol. 23 (2005), Nr. 3, S. 347–366; Matthew Desmond: Heavy is the House: Rent Burden among the American Urban Poor, in: International Journal of Urban and Regional Research, Vol. 42 (2018), Nr. 1, S. 160–170; Matthew Desmond/Tracy Shollenberger: Forced Displacement from Rental Housing: Prevalence and Neighborhood Consequences, in: Demography, Vol. 52 (2015), Nr. 5, S. 1751–1772.

38 Loïc Wacquant: Tödliche Symbiose. Wenn Ghetto und Gefängnis sich verbinden [2001]. Aus dem Englischen von Lars Heinemann und Rolf Eickelpasch, in: Uwe H. Bittlingmayer/Rolf Eickelpasch/Jens Kastner/Claudia Rademacher (Hrsg.): Theorie als Kampf? Zur politischen Soziologie Pierre Bourdieus, Wiesbaden 2002, S. 269–317; Bruce Western: Punishment and Inequality, New York 2006; Megan L. Comfort: Punishment Beyond the Legal Offender, in: Annual Review of Law and Social Science, Vol. 3 (2007), S. 271–296; Todd Clear: Imprisoning Communities. How Mass Incarceration Makes Disadvantaged Neighborhoods Worse, New York 2009; Sara Wakefield/Christopher Wildeman: Children of the Prison Boom. Mass Incarceration and the Future

eine Vorstellung von dem Eindringen des Strafstaates in dieses Territorium zu bekommen, betrachten wir den Fall von North Lawndale, einem Stadtteil der West Side von Chicago: Im Jahr 1999 nahm die Polizei dort 17 059 Personen fest, bei einer Gesamtbevölkerung von 47 000 (davon 99 Prozent Schwarze, 44 Prozent unter der Armutsgrenze, 60 Prozent in Haushalten mit nur einem Elternteil und drei Prozent mit einem Hochschulabschluss), ein Drittel davon wegen Drogendelikten. Fast 3000 Männer wurden in jenem Jahr in die Obhut des Illinois Department of Corrections (Gefängnisbehörde) übergeben, woraufhin die Gesamtzahl der Männer über 18 Jahren in North Lawndale, die eine Haftstrafe verbüßten (9800), fast so hoch war wie die Zahl derer, die sich noch im Viertel aufhielten (10 600), von denen über 80 Prozent auf Bewährung waren, eine Vorstrafe hatten oder schon im Bezirksgefängnis gesessen hatten.

Der Aufbau eines gigantischen und gefräßigen Strafvollzugsapparats, der in seinem Umfang und seiner Reichweite in der Weltgeschichte beispiellos ist – *während der Hochphase von »Unterklasse«* –, gehört zu der Ablösung des keynesianischen Wohlfahrtsstaates der 1960er-Jahre durch den neoliberalen Zentaurenstaat der 1990er-Jahre, der an der Spitze einen Laissez-faire-Liberalismus und an der Basis einen strafenden Paternalismus praktiziert.39 Dies macht den Staat – und nicht den Markt, die Familie, die Kultur oder die Nachbarschaft – zum Epizentrum der Produktion und Verteilung von Hypermarginalität in den polarisierten Metropolen. Das Konstrukt »Unterklasse« schweigt eisern, wenn es um Bestrafung und staatliche Transformation geht.

4. Hinter den verschiedenen Verkörperungen von »Unterklasse« lauert ein historischer Bruch, der unbemerkt blieb, und ein soziologischer Gegenstand, der nie benannt wurde: der *Zusammenbruch des dunklen Gettos*, der sich durch die Welle der Riots in den 1960er-Jahren ankündigte, und seine *Ersetzung durch eine neue duale sozialräumliche Struktur der ethnorassialen Schließung*. Diese doppelte sozialräumliche Formation besteht auf der einen Seite aus den segregierten schwarzen Mittelklassevierteln und auf der anderen Seite aus dem Hypergetto, das doppelt nach »Rasse« und Klasse segregiert ist, keine wirtschaftliche Funktion mehr hat und in dem die Rahmenbedingungen des Lebens durch die sozialen Kontrollinstitutionen des Staates vorgegeben sind: Polizei, Gerichte, Gefängnis, Bewährungshilfe, Sozialhilfe und Kinderschutz, Bezirkskrankenhaus, öffentlicher Wohnungsbau und öffentliches Schulwesen. Da die Analysten von »Unterklasse« über keinen soliden soziologischen Begriff des Gettos verfügten und

of American Inequality, New York 2013; Reuben Jonathan Miller: Halfway Home. Race, Punishment, and the Afterlife of Mass Incarceration, Boston (MA) 2021.

39 Wacquant: Bestrafen der Armen, und ders.: Der neoliberale Leviathan.

sich stattdessen auf die gängige volkstümliche Vorstellung (von einem armen und segregierten Stadtteil) verließen, konnten sie nicht erkennen, dass das Getto tot und begraben war und dass das Gebiet der Verwahrlosung und Verzweiflung, das es hinterließ, ein ganz anderes städtisches »Tier« war.[40]

Die Entstehung des postindustriellen Prekariats, die steigende Zuwanderung und die Wohnungsknappheit, die Bestrafung der Armut und der Tod des Gettos: Diese vier tiefgreifenden *institutionellen Transformationen der Hypermarginalität* in der dualen Metropole wurden durch eine Verschiebung der Machtverhältnisse zwischen den Klassen in Wirtschaft und Staat herbeigeführt, die beide zur Erosion der sozialen Staatsbürgerschaft in den unteren Regionen des sozialen und physischen Raums beitrugen. Keine statistische Analyse der Armutsquote in der Nachbarschaft, der von Frauen geführten Haushalte, der Schwangerschaften von Teenagern oder der Gewaltkriminalität gibt uns Aufschluss über diese Veränderungen. Nur eine Theorie der sich entwickelnden Verflechtung von Klassenfragmentierung, ethnorassialer Spaltung und staatlicher Umstrukturierung in der neoliberalen Stadt kann uns helfen, diese Veränderungen und die daraus resultierende Konsolidierung einer *strafenden Armutspolitik* am Ende des Jahrhunderts zu erfassen und zu erklären.[41]

Modebegriffe, Spekulationen und schlüsselfertige Konzepte

Drei Ausdrücke, die im vorliegenden Buch herangezogen wurden, um die Bemühungen um die »Unterklasse« als einer Phantomgruppe auseinanderzunehmen, können uns helfen, den Gebrauch und Missbrauch anderer sozialwissenschaftlicher Begriffe zu analysieren und kollektiv eine bessere Begriffshygiene zu betreiben. Lemmingeffekte, begriffliche Spekulationsblase und schlüsselfertige Problematik sind als *sensibilisierende Begriffe* gedacht, um den Wert der im Umlauf befindlichen analytischen Konstrukte zu beurteilen.[42] Zugegebenermaßen überschneiden sie sich, hybridisieren und gehen ineinander über; und sie können mit dem normalen Lebenszyklus eines Begriffs oder Forschungsprogramms verwechselt werden (so war der Niedergang des Strukturfunktionalismus in den 1960er-Jahren nicht rückwirkend ein Hinweis auf eine Begriffsblase, sondern das Ergebnis der Erschöpfung eines Paradigmas im kuhnschen Sinne). Aber pragmatisch eingesetzt können sie uns auf die falsche

40 Loïc Wacquant: Die Gestaltung städtischer Abschließung im 21. Jahrhundert. Aus dem amerikanischen Englisch von Benedikt Kuhnen, in: Geographica Helvetica, Vol. 69 (2014), S. 89–97.

41 Loïc Wacquant: Marginalität, Ethnizität und Strafen in der neoliberalen Stadt. Eine analytische Kartographie [2014]. Aus dem Englischen von Jan Wielgohs, in: Berliner Debatte Initial, Jg. 25 (2014), Nr. 1, S. 87–105.

42 Zum Gegensatz zwischen »sensibilisierenden« *(sensitizing)* und »bestimmenden« *(definitive)* Begriffen vgl. Herbert Blumer: What is Wrong with Social Theory?, in: American Sociological Review, Vol. 19 (1954), Nr. 1, S. 3–10, hier S. 7–8.

Anwendung, den Missbrauch oder die Mängel von Begriffen aufmerksam machen.

Der *Lemmingeffekt* bezeichnet einen Zug begeisterter Wissenschaftlerinnen, die sich massenhaft auf einen Begriff stürzen, weil alle um sie herum diesen Begriff verwenden, nur um dann in einen wissenschaftlichen Abgrund zu stürzen, weil dieser Begriff fehlerhaft oder für das vorliegende Phänomen unpassend war. (Für das zoologische Protokoll sei angemerkt, dass Lemminge in Wirklichkeit nicht blindlings ihren Anführern in die Gefahr folgen und kollektiven Selbstmord begehen, indem sie von Klippen springen.) Die Formel hierfür liefert Christopher Jencks' freimütiges Eingeständnis: »Da aber fast alle anderen inzwischen von der Unterklasse sprechen statt von der unteren Klasse, werde ich das auch tun«, obwohl keine Veränderung in der sozialen Wirklichkeit diesen Wechsel rechtfertige (siehe das vollständige Zitat oben, S. 90–91).

Dies ist eine treffende Charakterisierung der zunehmenden Verwendung von Carl Schmitts »Ausnahmezustand« in der Politikwissenschaft und Giorgio Agambens »nacktem Leben« in der Anthropologie – auch Gilles Deleuzes »Assemblage« und Homi Bhabhas »Hybridität« kommen mir in den Sinn. Ausnahmezustände haben sich in den unterschiedlichsten Kontexten so rasant vermehrt, dass sie zur Regel zu werden drohen, was den Begriff des Politischen selbst verarmt, den Schmitt bereichern sollte.[43] Gerade Anthropologen sollten wissen, dass das Leben nie »nackt« ist: Ihre reich strukturierten ethnografischen Untersuchungen zeigen immer wieder, dass selbst unter den entbehrungsreichsten Umständen wie Hunger, Krieg oder der radikalen Entbehrung und Orientierungslosigkeit von Migrantinnen, die eine tödliche Grenzwüste durchqueren, die schiere biologische Tatsache des Lebens *(zoë)* nie völlig von einer Lebensweise *(bios)* abgelöst wird, wie Agamben es ausdrücken würde.[44] Lemmingeffekte sind besonders stark, wenn die Autorin oder der Autor, auf die oder den die jeweiligen Begriffe zurückgehen, jüngst (wieder-)entdeckt oder auf einmal kanonisiert wird (wie es zurzeit mit W. E. B. Du Bois geschieht), oder wenn ein neues Phänomen am gesellschaftlichen Horizont aufgetaucht zu sein scheint. Disziplinen, die ihre Theorien von ihren Nachbarn übernehmen, sind für diese Effekte besonders anfällig.

---

43 Jef Huysmans: The Jargon of Exception – On Schmitt, Agamben and the Absence of Political Society, in: International Political Sociology, Vol. 2 (2008), Nr. 2, S. 165–183; Benno Gerhard Teschke: Fatal Attraction: A Critique of Carl Schmitt's International Political and Legal Theory, in: International Theory, Vol. 3 (2011), Nr. 2, S. 179–227.

44 Kristin Phillips zeigt dies durch die Entwicklung des Begriffs der »Subsistenzbürgerschaft« in ihrem Buch: An Ethnography of Hunger. Politics, Subsistence, and the Unpredictable Grace of the Sun, Bloomington (IN) 2018. Jason De Leóns faszinierende Reise durch »das Land der offenen Gräber« ist insofern paradox, als seine detaillierten Daten der Analytik von »nacktem Leben« widersprechen, auf die er sich beruft: The Land of Open Graves. Living and Dying on the Migrant Trail, Berkeley (CA) 2015. Ähnlich verhält es sich bei Mariane C. Ferme: Out of War. Violence, Trauma, and the Political Imagination in Sierra Leone, Berkeley (CA) 2018. Ihre reichhaltigen Beobachtungen passen nicht dazu, dass sie auf Agamben zurückgreift.

Entsprechende Finanzierungsströme, Medienaufmerksamkeit und politische Aktualität verstärken ihre Kraft und Häufigkeit.

Eine *begriffliche Spekulationsblase* entsteht, wenn ein unausgereifter, nicht festgelegter oder unfertiger Begriff, der oftmals dem politischen Diskurs und Handeln entlehnt ist, herangezogen wird, um eine immer größere Bandbreite historischer Realitäten zu erfassen, bevor seine Semantik gefestigt ist – in der Sprache von Giovanni Sartori wächst seine »Extension« (das Universum der Fälle, auf die er angewandt wird) überproportional zu seiner »Intension« (der Bedeutung, die er hervorruft).[45] Epistemische Spekulation unterscheidet sich vom epistemischen Mitläufertum darin, dass ihr Mechanismus kognitiv ist, während Lemmingeffekte durch Netzwerke von Wissenschaftlern aktiviert werden, die sich gegenseitig beobachten, lesen und imitieren; aber zugegebenermaßen überlagern sich in vielen Fällen beide Dynamiken.

Das Phänomen der Vorwegnahme künftiger kognitiver Gewinne, ob empirisch oder theoretisch, zu denen es dann nicht kommt, lässt uns auch die außerordentliche Verbreitung und Streuung des Begriffs »Diaspora« seit den 1980er-Jahren verstehen. In seiner luziden Analyse der »Diaspora des Diaspora-Begriffs« innerhalb und außerhalb der Wissenschaft widerlegt Rogers Brubaker die Ansicht, der Begriff habe sich verbreitet, weil er eine neuartige analytische Perspektive verkörpert und/oder eine grundlegend neue Phase der historischen Entwicklung erfasst habe. Sein erstaunlicher Erfolg – wenn wir ihn so nennen wollen – beruht auf der überstürzten Jagd nach neuen Verwendungen, die angeheizt wurde durch die ständige Verwechslung von einem analytischem und einem volkstümlichen Verständnis des Begriffs und den aktivistischen Mobilisierungen, die sich auf den Begriff beriefen.[46]

In ähnlicher Weise hat Julian Go darauf hingewiesen, dass der Bezug auf »racial capitalism« (rassialer Kapitalismus) in jüngster Zeit quer durch die Fachgebiete boomt, obwohl seine Definitionen bei den verschiedenen Autorinnen unklar, unvollständig und uneinheitlich bleiben. Seine Anwender haben es versäumt, die grundlegenden Bestandteile des Begriffs zu spezifizieren: Was ist mit »Rasse« gemeint (und kann ein solches Konstrukt universalisiert werden), was ist mit Kapitalismus gemeint, und warum muss »Rasse« und nicht ein anderes soziales Krite-

45 Diese Unterscheidung wurde von Giovanni Sartori in seinem klassischen Aufsatz eingeführt: Concept Misformation in Comparative Politics, in: American Political Science Review, Vol. 64 (1970), Nr. 4, S. 1033–1053; und weiter ausgeführt bei: David Collier/James E. Mahon Jr.: Conceptual »Stretching« Revisited: Adapting Categories in Comparative Analysis, in: American Political Science Review, Vol. 87 (1993), Nr. 4, S. 845–855.

46 Rogers Brubaker: Die Diaspora des Diaspora-Konzepts [2005]. Übersetzt von Christoph Mansel, in: Marion Müller/Dariuš Zifonun (Hrsg.): Ethnowissen. Soziologische Beiträge zu ethnischer Differenzierung und Migration, Wiesbaden 2010, S. 289–309. Ich stimme mit Brubaker darin überein, dass seine doppelte Entleerung des Begriffs auf eine ganze Familie von verwandten Begriffen wie »Transnationalismus, Postnationalismus, Globalisierung, Deterritorialisierung, Postkolonialismus, Kreolisierung und Postmoderne« angewandt werden könnte.

rium (Religion, Staatsbürgerschaft, Geschlecht usw.) genutzt werden, um die Räder der kapitalistischen Ausbeutung zu schmieren? Doch überraschenderweise bläst Go die spekulative Blase noch weiter auf, wenn er empfiehlt, den Begriff »racial capitalism« trotz seiner gegenwärtigen eklatanten Mängel »besser aufzugreifen, als ihn aufzugeben« – vermutlich als politische Wette auf seine künftigen kognitiven Erträge. Sollten wir nicht lieber innehalten und den Begriff einer weiteren Prüfung und Ausarbeitung unterziehen, statt ihn einfach weiterzuverwenden?[47]

Vier Faktoren verstärken die antizipative Bewertung von Begriffen: der akademische oder politische Erfolg intellektueller Führungspersönlichkeiten, die Gründung spezieller wissenschaftlicher Zeitschriften und professioneller Netzwerke, neue Wege der Forschungsfinanzierung und der Druck sozialer Bewegungen oder die Anziehungskraft politischer Akteurinnen, die ein ureigenes Interesse an der wissenschaftlichen Legitimation eines bestimmten Ausdrucks haben (wie bei dem inflationären Gebrauch von »struktureller Rassismus« in der akademischen und öffentlichen Debatte der jüngsten Zeit). Ich möchte an dieser Stelle nicht über die möglichen Faktoren spekulieren, die das Platzen von Begriffsblasen auslösen, sondern lediglich darauf hinweisen, dass dies plötzlich geschehen und zum sofortigen Bankrott eines Forschungsprogramms führen kann, in das eine ganze Generation von Wissenschaftlern ihre gesamten wissenschaftlichen Ersparnisse investiert hat. Denken wir nur an die plötzliche Diskreditierung oder mitunter das völlige Verschwinden von derart einflussreichen Begriffen wie »Massengesellschaft«, »Rolle« und »Bezugsgruppen« in den 1960er-Jahren, »Kultur der Armut« und »Artikulation von Produktionsweisen« in den 1970er-Jahren, »Strukturationstheorie« und »Neue Klasse« in den 1980er-Jahren, »Postmoderne« und »Globalismus« in den 2000er-Jahren und »Kreolisierung« in den 2010er-Jahren. Und es gibt verräterische Anzeichen dafür, dass die Blase des »Kosmopolitismus« in diesem Jahrzehnt platzen könnte.

Drittens besteht für Sozialwissenschaftlerinnen immer die Gefahr, dass sie auf eine *schlüsselfertige Problematik (turnkey problematic)*[48] hereinfallen, das heißt auf eine Reihe von vorgefertigten Kategorien, Fragen, methodischen Vorgehensweisen und Datenbanken, die unter einem Begriff zusammengefasst sind. Solch eine Problematik wird oft von Forschungseinrichtungen, öffentlichen Behörden, politischen Beamten und privaten Philanthropen im Sinne ihrer eigenen Zwecke in Umlauf gebracht oder durch die bloße Routine der professoralen Reproduktion

47 Julian Go: Three Tensions in the Theory of Racial Capitalism, in: Sociological Theory, Vol. 39 (2021), Nr. 1, S. 38–47, hier S. 44; vgl. auch die unter Bezug auf die historische Soziologie von Orlando Patterson formulierte Kritik von Michael Ralph/Maya Singhal: Racial Capitalism, in: Theory & Society, Vol. 48 (2019), Nr. 6, S. 851–881.

48 Anm. d. Ü.: Im Englischen liegt eine feine Ironie im Wort »turnkey«, weil es auch den Schließer im Gefängnis bezeichnet.

vorangetrieben. Ein Turnkey unterscheidet sich von der disziplinierten Anwendung paradigmatischer Prinzipien dadurch, dass er zur routinemäßigen und unreflektierten Umsetzung einer rhetorischen und technischen Formel einlädt, deren soziale Parameter von Wissenschaftlerinnen und Beamten gleichermaßen als selbstverständlich angesehen werden. Zwei auffallende Themen im 21. Jahrhundert sind »urbane Resilienz« und die »kreative Stadt«, zwei der vielen Visionen der schönen neuen neoliberalen Metropole.[49]

In seinem kühnen Buch »Shaking Up the City. Ignorance, Inequality, and the Urban Question« (Die Stadt aufrütteln. Unwissenheit, Ungleichheit und die urbane Frage) erzählt der Geograf Tom Slater, wie der aus der Ökologie und dem Ingenieurwesen entlehnte Begriff der »Resilienz« von der Rockefeller Foundation durch den Wettbewerb »100 Resilient Cities« weltweit propagiert wurde. Mit ihm wurden Städte finanziell dabei unterstützt, »ihre eigenen Kapazitäten aufzubauen, um sich auf Schocks und Stress vorzubereiten, ihnen zu widerstehen und sich schnell von ihnen zu erholen«.[50] Wissenschaftler, die sich in diesem Politikbereich mit Themen wie schrumpfenden Städten, grüner Infrastruktur, Energiesystemen und Katastrophenschutz befassen, haben die Terminologie, die Grenzen, die Indikatoren und den Zweck von »Resilienz« akzeptiert – ein Konstrukt, das die sozialen Folgen der Marktherrschaft naturalisiert, den Staat entlastet, indem es die Verantwortung auf die kommunale, die Stadtteil- und sogar die individuelle Ebene überträgt, und die allgemeine Verkleinerung der Stadtverwaltung nach dem Finanzcrash von 2008 begrüßt. Indem sie sich mit Haut und Haaren in eine Planungspraxis einkaufen, die sich an diesem Begriff orientiert, haben es die Forscherinnen versäumt, sich die elementare Frage zu stellen: »Resilienz für wen und gegen was?«[51] Die Beantwortung dieser Frage verdeutlicht die grundlegend konservative, wenn nicht gar reaktionäre Ausrichtung von »Resilienz« in Bezug auf die historische Realität: Der Begriff geht davon aus, dass die Rückkehr zu einem etablierten urbanen Muster, statt seiner Umwälzung, notwendigerweise eine gute Sache sei.

Die Wende zur Ausrichtung auf die städtische Oberschicht wird von all jenen Stadtforschern blindlings unterstützt, die sich in ihrer Arbeit an Richard Floridas internationalem Bestseller »The Rise of the Cre-

49 Siehe die überblicksartige Kritik von Tali Hatuka/Issachar Rosen-Zvi/Michael Birnhack/Eran Toch/Hadas Zur: The Political Premises of Contemporary Urban Concepts: The Global City, the Sustainable City, the Resilient City, the Creative City, and the Smart City, in: Planning Theory & Practice, Vol. 19 (2018), Nr. 2, S. 160–179.

50 Tom Slater: Shaking Up the City. Ignorance, Inequality, and the Urban Question, Berkeley (CA) 2021, Kap. 4, S. 24. Eine repräsentative Auswahl aus diesem Forschungsbereich bietet Michael A. Burayidi/Adriana Allen/John Twigg/Christine Wamsler (Hrsg.): The Routledge Handbook of Urban Resilience, New York 2019.

51 Lawrence J. Vale: The Politics of Resilient Cities: Whose Resilience and Whose City?, in: Building Research & Information, Vol. 42 (2014), Nr. 2, S. 191–201, hier S. 191.

ative Class« (Der Aufstieg der kreativen Klasse) (2002) orientieren, der eine ganze Industrie von Forschungen und politischen Empfehlungen hervorgebracht hat. In diesem Modell konkurrieren »kreative Städte« darum, die mobilen »Talente« der »kreativen Klasse« (mit Wissen und Gestaltung verbundene Berufe) anzuziehen, indem sie Kunst, Kultur und ihr historisches Erbe aufwerten und ein Klima der Toleranz, Diversität und Hipness fördern. Dieser Gedanke hat zu einer Fülle von Studien geführt, die die Vorgeschichte, die Dimensionen und die Folgen der städtischen Ansammlung von Kulturschaffenden dokumentieren, einschließlich unzähliger Rangkorrelationen zwischen dem »Talent-Index«, dem »Melting-Pot-Index«, dem »Bohemien-Index« und dem »Gay-Index«.[52] Diese Studien lassen die zweifelhafte Annahme ungeprüft, dass wir in ein »post-knappes, post-materielles« Stadium des Kapitalismus eingetreten seien, in dem die »Kreativen« eine wohlwollende herrschende Klasse bilden, Mobilität ein intrinsischer Wert ist, Wettbewerb zwischen Städten und Gentrifizierung öffentliche Güter sind und der freie Markt und Selbstverwirklichung miteinander in Einklang stehen. Ganz zu schweigen davon, dass sich ein Großteil der unter diesem Label durchgeführten Untersuchungen wie eine geschwätzige Tautologie liest: Coole Städte ziehen die Kreativen an, weil sie eine hohe Dichte an Kreativen beherbergen – und die unkreativen zwei Drittel der Stadt seien verdammt.[53] Ironischerweise hat gerade der Erfolg des Modells der kreativen Stadt zu seiner Anprangerung geführt, da es die Klassenspaltung vertiefe und die Kosten für den kollektiven Konsum und die soziale Reproduktion in die Höhe treibe.[54]

Schlüsselfertige Problematiken sind besonders häufig in den angewandten Bereichen der Sozialwissenschaften zu finden, wie zum Beispiel in der öffentlichen Politik, der Stadtplanung und dem Management, in denen Wissenschaft auf professionelles Handeln trifft und sich Möglichkeiten für externe Lehrtätigkeit und Beratung ergeben. Aber sie entwickeln sich auch in den eher autonomen Bereichen der Soziologie, in denen die methodologische Normalisierung, die Verwendung großer administrativer Datensätze und eine Vielzahl von analytischen»Plug-and-Play«-Ver-

52 Eine kompakte Darstellung ist Richard Florida: Cities and the Creative Class, in: City & Community, Vol. 2 (2003), Nr. 1, S. 3–19; Beispiele für die Verwendung des Begriffs finden sich bei David E. Andersson/Åke E. Andersson/Charlotta Mellander (Hrsg.): Handbook of Creative Cities, London 2011.

53 Jamie Peck: Struggling with the Creative Class, in: International Journal of Urban and Regional Research, Vol. 29 (2005), Nr. 4, S. 740–770, hier S. 758.

54 So hat sich der Tonfall von Richard Florida innerhalb eines kurzen Jahrzehnts dramatisch verändert. 2002 feierte er den »Aufstieg der kreativen Klasse«: The Rise of the Creative Class. And How It's Transforming Work, Leisure, Community, and Everyday Life, New York 2002. 2012 sah er den Untergang kommen: The New Urban Crisis. How our Cities are Increasing Inequality, Deepening Segregation, and Failing the Middle Class – And What we Can Do about it, New York 2012. Beide Darstellungen, die euphorische und die dysphorische, werden mit ein und demselben Begriff umrahmt: Kopf, ich gewinne – Zahl, du verlierst.

fahren eine sichere Formel für die routinemäßige Replikation von Forschungsergebnissen bieten (wie auf dem Gebiet der »Rückfälligkeit von entlassenen Strafgefangenen«). Turnkeys finden auch ein fruchtbares Terrain in den Bereichen der Sozialwissenschaften, die mit zivilgesellschaftlichen Mobilisierungen in Kontakt kommen, wie die jüngste Verbreitung von»Intersektionalität« (die ihrerseits von der »Post-Intersektionalität« herausgefordert wird) innerhalb und außerhalb der Wissenschaft zeigt.

Der Politikwissenschaftler John Gerring betont zu Recht, dass Begriffsbildung immer mit einer Abwägung zwischen wünschenswerten Eigenschaften verbunden ist.[55] Dies bedeutet, dass wir die Suche nach dem »einen perfekten Begriff« aufgeben und stattdessen versuchen sollten, Begriffe zu entwickeln, die *gut genug* oder besser als die sind, die wir erben und vorfinden. Denn analytische Konstrukte sollten nicht nur abstrakt nach einer Reihe formaler Kriterien bewertet werden, sondern auch pragmatisch, *in Bezug auf ihren Zweck und im Vergleich zu konkurrierenden Begriffen*, die dazu dienen, Erkenntnisse, Daten und Theorien über denselben Bereich der historischen Realität zu generieren. Der hier vorgeschlagene epistemische Abakus sollte in diesem Sinne eingesetzt werden. Denn Begriffe sind lebende und atmende semantisch-logisch-heuristische Kreaturen; sie reifen und werden geboren; sie wachsen und verändern sich; sie gewinnen neue Verwendungen, paaren sich mit anderen Begriffen und bringen Nachwuchs hervor.[56] Einige Begriffe werden wie guter Wein besser, je älter und beständiger sie sind – so Marx' Kapitalismus, Durkheims Arbeitsteilung und Webers Bürokratie. Andere nutzen sich ab, bringen schnell abnehmende Erträge und werden sogar zu Hindernissen für die Erkenntnis. Einige lassen sich »zum Reinigen geben« und »dann wieder in den Verkehr einführen«,[57] andere müssen in den Ruhestand versetzt und beerdigt werden. Dies ist der Fall bei »Unterklasse«: *requiescat in pace*.

55 Für Gerring geht es bei den Abwägungen um acht Kriterien, die er Vertrautheit, Resonanz, Sparsamkeit, Kohärenz, Differenzierung, Tiefe, theoretischen Nutzen und praktischen Nutzen nennt. John Gerring: What Makes a Concept Good? A Criterial Framework for Understanding Concept Formation in the Social Sciences, in: Polity, Vol. 31 (1999), Nr. 3, S. 357–393.

56 Georges Canguilhem: Idéologie et rationalité dans l'histoire des sciences de la vie. Nouvelles études d'histoire et de philosophie des sciences, Paris 1981.

57 »Man muss manchmal einen Ausdruck aus der Sprache herausziehen, ihn zum Reinigen geben – und kann ihn dann wieder in den Verkehr einführen.« Ludwig Wittgenstein: Vermischte Bemerkungen, in: ders.: Werkausgabe. Bd. 8, Frankfurt a. M. 1984, S. 445–573, hier S. 504.

Coda: Eine Lösung für das Problem mit »Rasse« im 21. Jahrhundert

»Man sieht, es lässt sich mit Rassentheorien beweisen und widerlegen, was man mag.«

Max Weber, Verhandlungen des Zweiten Deutschen Soziologentages, vom 20.–22. Oktober 1912 in Berlin, Tübingen 1913, S. 188

»Rasse« *(race)* ist wohl die störendste und unbeständigste Kategorie in den Sozialwissenschaften zu Beginn des 21. Jahrhunderts – oder wie Zora Neale Hurston es ausdrückt, das Wort brennt »wie Feuer auf den Zungen der Menschen«. Soll es in Anführungszeichen gesetzt werden oder nicht? Verbinden wir es mit Ethnizität, um seinen Geltungsbereich zu präzisieren oder seine Reichweite zu vergrößern? Verwendst du den Begriff als Substantiv (als ob es sich um ein »Ding« da draußen in der Welt handeln würde) oder als Adjektiv (rassial, rassialisiert, rassialistisch oder anklagend rassistisch – *racial, racialized, racialistic, racist),* das eine Wahrnehmung, Überzeugung, Handlung oder Institution charakterisiert? Beruht »Rasse« auf Abstammung, Phänotyp oder Hautfarbe? Aber was ist mit so unterschiedlichen sozialen Eigenschaften wie Rechtsstatus, Region, Sprache, Migration und Religion, die als Vektoren der Rassialisierung gedient haben?[1] Was ist die Beziehung zwischen der gesellschaftlichen Auffassung von »Rasse« und der genetischen und neurologischen Bestimmung dieser Kategorie? Ist der Begriff »Rasse« eine sich selbst antreibende soziale Kraft oder leitet sie sich von anderen kausalen Kräften ab (z. B. Klasse oder Nationalität)? Ist der Begriff ein historisches Konstrukt, das nur in bestimmten Gesellschaften von Nutzen ist, wie etwa für imperiale Mächte im Verhältnis zu ihren Kolonien, oder ist er ein abstraktes Konstrukt von universeller Reichweite? Noch dringlicher ist die Frage, ob es sich bei dieser Kategorie um eine (mit der Besitzsklaverei verbundene) »Sünde des Westens« handelt, wie viele Forscher und Aktivistinnen zu »Rasse« lauthals verkünden, oder ob sie zivilisationsübergreifend wirkt? Die Prinzipien, nach denen die begriffliche Autopsie von »Unterklasse« als einer rassialisierten Kategorie durchgeführt wurde, könnten uns

1 Der erhellende, aber wenig bekannte Aufsatz von Charles Wagley reicht aus, um die Variabilität von ethnorassialen Grundlagen zu demonstrieren: On the Concept of Social Race in the Americas [1958], in: Dwight B. Heath/Richard N. Adams (Hrsg.): Contemporary Cultures and Societies in Latin America, New York 1965, S. 531–545. Neuere empirische Belege aus verschiedenen Ländern finden sich bei Marisol De La Cadena: Indigenous Mestizos. The Politics of Race and Culture in Cuzco, Peru, 1919–1991, Durham (NC) 2000; Gi-Wook Shin: Ethnic Nationalism in Korea. Genealogy, Politics, and Legacy, Stanford (CA) 2006; John Lie: Multiethnic Japan, Cambridge (MA) 2009; Edward Telles: Pigmentocracies. Ethnicity, Race, and Color in Latin America, Chapel Hill (NC) 2014.

vielleicht helfen, in diesen Fragen etwas Klarheit und Bodenhaftung zu gewinnen.

Erstens: *Historisierung!* Die Schwierigkeiten mit »Rasse« im Westen haben nicht in diesem oder im vorigen Jahrhundert begonnen. Sie gehören zur Lebensgeschichte dieses Worts, das seit seiner Herausbildung in der Mitte des 18. Jahrhunderts ständig von der *Komplizenschaft zwischen gesundem Menschenverstand und Wissenschaft* profitiert hat. Die Naturalisten jener Epoche, von denen die Idee stammt, die Menschheit könne in biophysikalische Kategorien eingeteilt werden (Carolus Linnaeus' vier »Rassen«, weiß, schwarz, gelb, rot, entsprechend den vier Körpersäften und den vier Kontinenten der Erde, die sich bis heute erhalten haben), die später als inhärent ungleich deklariert werden sollten, kodifizierten einerseits ein umfangreiches Spektrum alltäglicher vormoderner Auffassungen und beteiligten sich andererseits an einer wissenschaftlichen Revolution, die zum ersten Mal die Frage aufwarf, wie menschliche Vielfalt und Hierarchie zusammengebracht werden könnten.[2]

Dieses ursprüngliche Durcheinander hat sich bis heute gehalten und gehört zu der üblichen Verbindung von »Rasse und Ethnie«. Wann immer Sozialwissenschaftler dieses doxische Duett bemühen, *stützen und verstärken sie die definierende symbolische Wirkung von »Rasse«,* nämlich die ideologische Überzeugung, dass es einen grundlegenden Unterschied zwischen beiden gibt. Das Gleiche gilt für die Verknüpfung von »Rasse und Rassismus«: Was ist »Rasse«, wenn nicht ein Hirngespinst des kollektiven Glaubens an ihre autonome Existenz, also Rassismus, warum also die Doppelung? Dieser zweifelhafte Verkehr zwischen gesundem Menschenverstand und Wissenschaft hat drei Jahrhunderte lang ununterbrochen stattgefunden, sodass zahllose präsoziologische Lehren über »Rasse« in den heutigen Sozialwissenschaften überleben, ja sogar gedeihen. In zu vielen rassialen Konstruktivisten steckt ein rassialer Essenzialist, der darum kämpft, aus seinem Essenzialismus herauszukommen.[3]

Zweitens muss der *geografische Rahmen* erweitert werden, um die Diskussion zu dezentrieren. Dazu sind drei Schritte erforderlich. Der erste

2 Ivan Hannaford: Race. The History of an Idea in the West, Baltimore (MD) 1996; Anthony Pagden: The Burdens of Empire. 1539 to the Present; Cambridge 2015, insb. Kap. 3. Ein Vorläufer der modernen Vorstellung von »Rasse« als Trennungspraxis zwischen Ost und West findet sich in der shintoistischen bzw. christlichen Religion: Frank Dikötter: The Discourse of Race in Modern China, New York 1992; George M. Fredrickson: Racism. A Short History, Princeton (NJ) 2002. Religion, nicht »Rasse«, war das Kriterium, das ursprünglich die Versklavung von Afrikanerinnen für den transatlantischen Handel rechtfertigte.

3 Ein anschauliches Beispiel dafür ist Howard Winant: The World is a Ghetto. Race and Democracy since World War II, New York 2001, für den Rasse »eine flexible Dimension der menschlichen Vielfalt ist, die wertvoll und beständig ist«; »Rasse ist überall präsent [...] Rasse hat die moderne Wirtschaft und den Nationalstaat geprägt. Sie hat alle verfügbaren sozialen Identitäten, kulturellen Formen und Bedeutungssysteme durchdrungen«; sie ist in unendlicher Weise Institutionen und Individualität eingeschrieben«; »sie ist die Grundlage jedes Traums von Befreiung [...]. Sie ist eine grundlegende soziale Tatsache! Zu sagen, dass Rasse fortbesteht, bedeutet zu sagen, dass die moderne Welt fortbesteht« (S. xiv, 1, 6).

besteht darin, West und Ost zusammenzubringen, um dem kontinentalen Provinzialismus zu entkommen. Es ist ein merkwürdig eurozentrischer Blick auf die Geschichte, zu glauben, »Rasse« als grundlegendes Prinzip der Klassifizierung und Schichtung sei ein Monopol der westlichen Nationen und Imperien. Japan, um nur ein Beispiel zu nennen, hat nicht auf die Ankunft von Commodore Perry im Jahr 1853 gewartet, um die mittelalterliche Kaste der Eta (»Beschmutzte«) und die kriminelle Klasse der Hinin (»Nicht-Menschen«) zur »unsichtbaren Rasse« der Burakumin (»Sondergemeinde«) zu rassialisieren. Man glaubte, sie seien von Natur aus anders, minderwertig und beschmutzend, und jahrhundertelang und auch noch nach ihrer Emanzipation im Jahr 1871 wurden sie dementsprechend behandelt, obwohl sie sich durch keine phänotypischen Eigenschaften von der übrigen Bevölkerung unterschieden.[4] Der zweite Schritt besteht darin, *die kolonialen und metropolitanen Gebiete zu verbinden*, um Ähnlichkeiten und Unterschiede in der Behandlung der Subalternen des Inneren (Bauernschaft, Arbeiterklasse, ethnische Minderheiten) und der Subalternen des Äußeren (koloniale Subjekte) sowie den wechselseitigen Transfer von rassialisierten Repräsentationen, Subjektivitäten und Regierungstechniken zwischen dem imperialen Zentrum und seiner Peripherie aufzuspüren. Dies ist die Aufgabe einer neuen Generation von Wissenschaftlerinnen, die eine koloniale und postkoloniale Soziologie hervorzubringen verspricht, deren Arbeit sich unmittelbar auf Theorien über »Rasse« (und Gruppenbildung) im Globalen Norden der heutigen Zeit bezieht.[5]

Im dritten räumlichen Schritt muss *den Vereinigten Staaten ihre archimedische Position genommen werden*. So wie das dreiteilige Märchen von der »Unterklasse« eine ausschließlich amerikanische Geschichte war, die von einem virulenten Antiurbanismus und einer überschwänglichen Rassenangst genährt wurde, die durch die schwarze Revolte der 1960er-Jahre ausgelöst worden war, werden akademische und zivilgesellschaftliche Debatten über »Rasse« weltweit von amerikanischen Kategorien, Annahmen und Behauptungen dominiert – wie in jüngster Zeit die internationale Verbreitung von »Intersektionalität« in der Wissenschaft und bei

4 Hiroshi Wagatsuma/George DeVos: Japan's Invisible Race. Caste in Culture and Personality, Berkeley (CA) 2021 [1966]. Zur Geschichte des Ostens, des Nahen Ostens und Afrikas und den in diesen Regionen existierenden ethnorassialen Spaltungen vgl. Frank Dikötter (Hrsg.): The Construction of Racial Identities in China and Japan. Historical and Contemporary Perspectives, Honolulu (HA) 1997; Peter Duus: The Abacus and the Sword. The Japanese Penetration of Korea, 1895–1910, Berkeley (CA) 1998; Gyanendra Pandey: A History of Prejudice. Race, Caste, and Difference in India and the United States, New York 2013; Bernard Lewis: Race and Slavery in the Middle East. An Historical Enquiry, Oxford 1990; und Bruce S. Hall: A History of Race in Muslim West Africa, 1600–1960, Cambridge 2011.

5 Die allgemeinen Parameter dieses Forschungsprogramms werden von George Steinmetz dargelegt: The Sociology of Empires, Colonies, and Postcolonialism, in: Annual Review of Sociology, Vol. 40 (2014), S. 77–103. Zu rassialer Spaltung im Besonderen siehe die von Julian Go besprochene Literatur, die größtenteils noch programmatisch oder deklamatorisch ist: Postcolonial Possibilities for the Sociology of Race, in: Sociology of Race and Ethnicity, Vol. 4 (2018), Nr. 4, S. 439–451.

Black Lives Matter auf der Straße zeigt. Doch die amerikanischen Definitionen von »Rasse« als staatsbürgerliches Verbrechen und von Schwarzsein als öffentliche Schande, das durch eine strikte Abstammungsregel weitergegeben wird, sind historische Sonderfälle.[6] Keine andere ethnische Gruppe in den Vereinigten Staaten wird auf dieser Grundlage eingegrenzt und keine andere Gesellschaft auf dem Planeten definiert Schwarzsein auf diese Weise. Die Begrenztheit der besten Theorien über »Rasse« in den amerikanischen Sozialwissenschaften lässt sich darauf zurückführen, dass sich ihre Erzeuger ausschließlich auf die *Besonderheiten* der nationalen historischen Erfahrung beziehen.[7] So ignoriert die Vorstellung, »Rasse« mit »Farbe« gleichzusetzen, Fälle ethnorassialer Beherrschung, für die andere phänotypische Merkmale verwendet werden (wie Haare, Größe oder Augenfarbe, wie es in China, Zentralafrika und den Anden geschieht); Situationen, in denen kein phänotypischer Unterschied besteht (die Burakumin in Japan, die Dalits in Indien); Fälle, in denen die Rassialisierer selbst eine »farbige« Bevölkerungsgruppe sind (die Imperien Afrikas und Asiens); und, was die letzte Ironie ist, sie umfasst weder die »kanonische Rasse«, Afroamerikanerinnen, die unabhängig von ihrer physischen Erscheinung rein durch ihre Abstammung definiert werden (was wir als Walter-White-Paradoxon bezeichnen könnten), noch erkennt sie die weitverbreitete Farbendiskriminierung unter den People of Color an.[8]

Drittens ist *die Logik des Gerichtsverfahrens zu vermeiden*, mit der die Untersuchung abgekürzt wird, indem Schuld bewiesen oder ein Vorwurf gemacht werden soll, statt sich unermüdlich um die kühle Logik der theoretischen Konstruktion und die empirische Überprüfung zu bemühen, ganz gleich, wohin diese einen führen.[9] Dies impliziert ein striktes,

---

6 Loïc Wacquant: »Rasse« als staatsbürgerliches Verbrechen [2005]. Übersetzung Robert Schmidt, in: Robert Schmidt/Volker Woltersdorff (Hrsg.): Symbolische Gewalt. Herrschaftsanalyse nach Pierre Bourdieu, Konstanz 2008, S. 289–331; und F. James Davis: Who Is Black? One Nation's Definition, University Park (PA) 1990. Eine meisterhafte geografische Dezentrierung des Problems der »Rasse« ist Mara Loveman: National Colors. Racial Classification and the State in Latin America, New York 2014.

7 Mustafa Emirbayer/Matthew Desmond: The Racial Order, Chicago (IL) 2015. Ein überzeugender Gegenentwurf zu dieser nationalen Beschränktheit ist Orlando Patterson: Four Modes of Ethno-Somatic Stratification: The Experience of Blacks in Europe and the Americas, in: Glenn C. Loury/Tariq Modood/Steven M. Teles (Hrsg.): Ethnicity, Social Mobility, and Public Policy. Comparing the USA and UK, Cambridge 2005, S. 67–122.

8 Walter F. White war von 1929 bis 1955 Vorsitzender der NAACP und der Architekt ihrer Strategie, die Rassentrennung auf dem Rechtsweg anzufechten. Er war phänotypisch weiß, mit dünnem blondem Haar und blauen Augen, und er konnte leicht als Weißer »durchgehen« (was er nutzte, um öffentliche Lynchmorde und Rassenpogrome aus erster Hand zu untersuchen). Er war »ein Negro aus freien Stücken«, wie er es selbst ausdrückte. Zum Ausmaß von farblicher Ungleichheit unter Afro-, Hispano- und asiatischen Amerikanern siehe den gewagten Aufsatz von Ellis Monk: The Unceasing Significance of Colorism: Skin Tone Stratification in the USA, in: Daedalus, Vol. 150 (2021), Nr. 2, S. 76–90.

9 Zu den Verlockungen der Logik des Gerichtsverfahrens siehe Loïc Wacquant: For an Analytic of Racial Domination, in: Political Power & Social Theory, Vol. 11 (1997), Nr. 1, S. 221–234, hier S. 225–227. Leicht abgeänderte deutsche Fassung: Für eine Analytik rassischer Herrschaft. Übersetzung aus dem Englischen: Albert Scharenberg und Oliver Schmidtke, in: Anja Weiß/Cornelia Koppetsch/Albert Scharenberg/Oliver Schmidtke (Hrsg.): Klasse und Klassifikation. Die symbolische Dimension sozialer Ungleichheit, Wiesbaden 2001, S. 61–77, hier S. 66–70.

wenn auch vorläufiges, Verbot moralischer Urteile und die durchgehende Ablehnung von Appellen an die Emotionen, die allzu oft die Untersuchung ethnorassialer Ungleichheit vorantreiben – wenn sich etwa die weiße Autorin eines Buchs zu diesem Thema verpflichtet fühlt, in einem Vorwort ihre antirassistische Zuverlässigkeit zur Schau zu stellen, indem sie sich zu ihren Privilegien bekennt und ihre ethnische Solidarität bekräftigt. Eine Soziologin oder ein Soziologe der Klasse, der Familie, des Staates, der Moderne schreibt nicht mechanisch gegen Klasse, Familie, Staat, Moderne an. Warum fühlen sich Soziologen von »Rasse« verpflichtet, gegen »Rasse« zu schreiben, statt über sie? Warum lassen sie es zu, dass der erste Impuls den zweiten überwältigt und Beschimpfungen die Aufklärung ersticken? Damit soll nicht gesagt werden, dass Sozialwissenschaftlerinnen den ethnorassialen Kämpfen um Gleichheit und Gerechtigkeit gleichgültig gegenüberstehen sollten, ganz im Gegenteil. Vielmehr sollten sie sich, wie Max Weber sagt, als Bürger an diesen Kämpfen beteiligen und gleichzeitig sicherstellen, dass sie ihre wissenschaftlichen Aufgaben nach spezifisch wissenschaftlichen Kriterien erfüllen.[10] In der Tat dienen Soziologinnen den historischen Interessen der Beherrschten am besten, wenn sie ihre sozialen Leidenschaften strikt in rigorose Theoriebildung, robuste methodische Designs und gewissenhafte empirische Beobachtung umsetzen, um die komplexen Strukturen ihrer Unterdrückung schlüssig erklären zu können.

Viertens, und damit zusammenhängend, *Abgrenzung: mit dem gesunden Menschenverstand brechen*, dem alltäglichen wie dem wissenschaftlichen, und ein analytisches Konstrukt entwickeln, das weit genug reicht, um die verschiedenen Formen ethnorassialer Herrschaft, die über Zeit und Raum hinweg eingesetzt wurden und werden, erfassen zu können. Hier sind die Grundzüge einer solchen Ausarbeitung. »Rasse« lässt sich am besten als eine *Unterform von Ethnizität* auffassen, wobei Ethnizität, wiederum in Anlehnung an Weber, als ein Prinzip der Klassifizierung und Stratifizierung definiert wird, das durch »eine spezifische, *positive oder negative, soziale Einschätzung der ›Ehre‹ bedingt ist,* die sich an irgendeine gemeinsame Eigenschaft vieler knüpft«. Ehre kann aus einer Vielzahl von Gründen gewährt oder verweigert werden, denn die »bekannte Tendenz zur monopolistischen Abschließung nach außen kann an jedes noch so äußerliche Moment anknüpfen«.[11] Vereinfacht gesagt reicht die Skala der Ethnizität von licht bis dicht, von fließend bis starr, von sozial unbedenk-

10 Max Weber: Wissenschaft als Beruf [1919], in: ders.: Gesammelte Aufsätze zur Wissenschaftslehre, Tübingen 1922, S. 524–555. Wissenschaftliche Kriterien schließen egologische, textuelle und epistemische Reflexivität ein (wie im Prolog, S. X–X, diskutiert) und umfassen somit Effekte der »Positionalität«.

11 Max Weber: Wirtschaft und Gesellschaft. Grundriss der verstehenden Soziologie, Tübingen 1972 [1921], S. 534, 236. Ich folge hier Webers Theorie der »Statusgruppe« (Stand) und nicht seiner Theorie der Ethnizität, die ich weniger klar und hilfreich finde.

lich bis sozial folgenreich. Am einen Ende stehen ethnische Formen, die erklärtermaßen auf der Kultur beruhen, die sich aus der Wahl (Identifikation) ergeben, die flüchtig sind und zur sozialen Horizontalität neigen; am anderen Ende stehen ethnische Formen, die aus Zwang (Kategorisierung) erwachsen, die behaupten, sich aus der Natur abzuleiten, und die eine dauerhafte vertikale Form annehmen – das extremste Beispiel dafür ist das Kastensystem.[12]

Rassialisierung ist der historische Prozess des Wanderns vom einen zum anderen Ende des ethnischen Kontinuums, von der Kultur zur Natur, von der Identifikation zur Kategorisierung, von der Horizontalität zur Vertikalität. »Rasse« wiederum ist *denegierte Ethnizität*, eine dichte, starre und konsequente Art von Ethnizität, die die Besonderheit aufweist, dass sie hartnäckig leugnet, »ethnisch« zu sein: Sie behauptet, in den Notwendigkeiten der Biologie (oder ihrem logischen Analogon, einer Kultur, die als fest verdrahtet und praktisch unveränderlich verstanden wird) und nicht in den Unwägbarkeiten der Geschichte verwurzelt zu sein. Am wichtigsten ist, dass die ethnische Zugehörigkeit (und damit die ethnorassiale Einteilung) letztlich auf *Wahrnehmung und Urteilsvermögen* beruht, im Gegensatz zu anderen kanonischen Prinzipien der sozialen Sichtweise und Einteilung, die alle eine eigenständige materielle Grundlage haben, unabhängig von der Wahrnehmung – Klasse (Produktionsweise), Geschlecht (Reproduktionsweise), Alter (Biologie von Reifung und Tod) und Nationalität (Zugehörigkeit zu einem Staat). Mit anderen Worten: *»Rasse« ist eine reine Modalität symbolischer Gewalt,* die Verbiegung der sozialen Realität, um sie einer mentalen Landkarte der Realität anzupassen, oder noch prägnanter formuliert, ein Grenzfall der *Realisierung von Kategorien,* des Rätsels, das im Zentrum der Soziologie von Pierre Bourdieu steht.[13]

Historisierung, Erweiterung des geografischen Rahmens, Verzicht auf Anklagen und Abgrenzung – eine fünfte Empfehlung lautet: *disaggregieren!* »Unterklasse« entstand aus und profitierte von der Verschmelzung disparater sozialer Beziehungen, die in der Ethnizität, der Geografie, dem

12 Gerald D. Berreman: Race, Caste, and Other Invidious Distinctions in Social Stratification, in: Race, Vol. 23 (1972), Nr. 4, S. 385–414; Loïc Wacquant: Bringing Caste Back In. Unpublished paper, Department of Sociology, University of California, Berkeley 2020.

13 Die Vorlage für diesen analytischen Schritt ist Pierre Bourdieu: À propos de la famille comme catégorie réalisée, in: Actes de la recherche en sciences socials, Nr. 100 (1993), S. 32–36. Eine Erläuterung findet sich in Loïc Wacquant: Symbolische Macht und Gruppenbildung. Zu Pierre Bourdieus Neuformulierung der Klassenfrage [2013]. Aus dem Englischen von Gregor Ritschel, in: Berliner Debatte Initial, Jg. 24 (2013), Heft 2, S. 14–31, hier S. 15–16, 20–21. Eine perfekte Veranschaulichung der von oben durchgesetzten Abbildung des symbolischen Raums auf den gesellschaftlichen und physischen Raum ist die gewaltsame Umstrukturierung einer klassenbasierten in eine rassenbasierte Gesellschaft durch die Nazis, vgl. Michael Burleigh/Wolfgang Wipperman: The Racial State. Germany 1933–1945, Cambridge 1991. Eine Untersuchung zu einer Mobilisierung, die von unten versucht, staatliche Kategorien auf den sozialen Raum abzustimmen, findet sich bei Nancy Grey Postero: Now We Are Citizens. Indigenous Politics in Postmulticultural Bolivia, Stanford (CA) 2007.

Arbeitsmarkt, der Familie und dem Staat verwurzelt sind. Die Kategorie warf verschiedenste Verhältnisse in einen Topf und führte daher zu empirischer Konfusion und theoretischen Problemen. Die Lehre daraus besteht hier darin, ethnorassiale Phänomene in ihre konstituierenden Elemente zu zerlegen, was ich als *elementare Formen rassialer Herrschaft* bezeichne: Kategorisierung (Zuweisung zu einem hierarchischen und naturalisierenden Klassifizierungssystem, das Vorurteile und Stigmatisierungen umfasst), Diskriminierung (unterschiedliche Behandlung aufgrund der tatsächlichen oder vermeintlichen kategorialen Zugehörigkeit), Segregation (unterschiedliche Zuweisung zu einem sozialen und physischen Raum), Gettoisierung (institutionelle Abschottung und Parallelität) und Gewalt, die von Einschüchterung und Übergriffen über Pogrome bis hin zu ethnischen Säuberungen und Völkermord (der ultimativen Form ethnischer Herrschaft) reicht.[14] Diese fünf elementaren Formen ethnorassialer Herrschaft werden in verschiedenen Gesellschaften und zu verschiedenen Zeiten in ein und derselben Gesellschaft unterschiedlich miteinander verwoben und artikuliert. Die Aufgabe der Soziologie ethnischer Herrschaft besteht darin, solche Artikulationen auf dem Papier zu dekonstruieren, um damit zur Entwicklung besserer Instrumente beizutragen, mit denen sie in der Realität abgebaut werden können.

Die Behauptung, dass »Rasse« eine Unterform von Ethnizität ist, sowohl logisch als auch historisch, bedeutet nicht, die brachiale und brutale Realität rassialer Herrschaft zu leugnen. Im Gegenteil: Wir geben uns damit die analytischen Mittel in die Hand, um herauszufinden, unter welchen Bedingungen und aufgrund welcher Mechanismen *gewöhnliche Ethnizität in rassialisierte (denegierte) Ethnizität umgewandelt wird* und welchen Unterschied diese Naturalisierung in verschiedenen Bereichen sozialen Handelns macht – etwa in Bezug auf das Heiraten, in der Schule, auf dem Arbeitsmarkt oder in politischen Mitgliedschaften. Pauschale Begriffe wie »struktureller Rassismus« und »systemischer Rassismus«, die sich zu Beginn der 2020er-Jahre unter dem Einfluss von sozialen Bewegungen für »rassiale« Gerechtigkeit rasant verbreitet haben (zum Teil durch den Einfluss von Thinktanks und philanthropischen Stiftungen, die alte Programme mit dem neuen, angesagten Vokabular zu »Rasse« aufpolieren wollen, ganz zu schweigen vom akademischen Twitter),[15] mögen als politische Mottos gut funktionieren, um Menschen zu mobilisieren und ihnen ein persönliches Gefühl von moralischem

14 Eine Ausarbeitung ist Wacquant: For an Analytic of Racial Domination (dt. Für eine Analytik rassischer Herrschaft).

15 Siehe beispielsweise das »Glossary for Understanding the Dismantling [of] Structural Racism/ Promoting Racial Equity Analysis« (Glossar zum Verständnis des Abbaus [von] strukturellem Rassismus/Förderung der Analyse von rassialer Gleichheit), das vom Aspen Institute erstellt und über seine fünfzehn Standorte in der ganzen Welt verbreitet wird, und die Rubrik »Structural Racism« auf der Website des Urban Institute, unter: www.urban.org/tags/structural-racism.

Eifer und bürgerlichem Wohlwollen zu vermitteln. Sie sind jedoch ein schlechter Leitfaden, um die rassiale Ordnung zu dekonstruieren und dann umzustürzen.

Abgesehen von seiner progressiven Wertigkeit könnte sich die Wiederauferstehung des »strukturellen Rassismus« für die 2020er-Jahre in der Tat als das herausstellen, was die Erfindung von »Unterklasse« für die 1980er-Jahre war: Ein pauschaler Begriff, der die analytische Arbeit genau dort stoppt, wo sie beginnen sollte; der Mechanismen ethnorassialer Herrschaft (selbst rassial und nicht-rassial) durcheinanderbringt und vermengt und somit ein praktisches Hindernis für die chirurgische Beseitigung der wirksamen Quellen rassialer Ungleichheit darstellt. Dies ist beispielsweise der Fall bei verallgemeinernden rhetorischen Angriffen auf den »strukturellen Rassismus in der Strafjustiz«, mit denen die verschiedenen Praktiken der Gesetzgebung, der Polizeiarbeit, der Untersuchungshaft und Bewährungsstrafe, der Anklageerhebung, der Pflichtverteidigung, der Verhandlung von Strafanträgen und der Prozessführung, der Strafzumessung, der Überwachung und der Inhaftierung zusammengeworfen werden. In Wirklichkeit weist jede dieser Praktiken eine Reihe interner rechtlicher und verwaltungstechnischer Komplexitäten auf, die zu sich überlagernden ethnisch bedingten Ungleichheiten führen können oder auch nicht.[16] Der Begriff »struktureller Rassismus« setzt das voraus, was aufgedeckt und nachgewiesen werden muss. Er ersetzt akribische Studien durch oberflächliche Parolen. Dadurch verrät er seinen angeblichen Zweck: die gesellschaftlichen Bedingungen der Möglichkeit von ethnorassialer Gerechtigkeit auszuloten.

Die hier skizzierte Bestimmung des Begriffs der »Rasse« erfüllt die Kriterien, die ein solides analytisches Konstrukt ausmachen (wie oben angegeben, S. 145): Er ist semantisch diskret, klar und neutral; er ist logisch kohärent, spezifisch und sparsam; und er ist insofern heuristisch, als er uns erlaubt, die verschiedenen Formen, die ethnische Ordnungen in der Geschichte und über Kontinente hinweg angenommen haben – ethnoreligiöse, ethnolinguistische, ethnoregionale, ethnonationale und ethnorassiale –, empirisch zu zerlegen und in einen einzigen theoretischen Rahmen einzuordnen.[17] Mit diesem Begriff besteht die zentrale Aufgabe

16 Eine brillante Untersuchung der Kluft zwischen dem Slogan und den kontraintuitiven Realitäten der »Gerichtsreform« ist Malcolm M. Feeley: Court Reform on Trial. Why Simple Solutions Fail, New York 1983.

17 Ein energischer begrifflicher Versuch, diese Kategorien »als eine einzige integrierte Familie von Formen« auf vergleichender und historischer Basis zu vereinheitlichen, ist Rogers Brubaker: Ethnicity, Race, and Nationalism, in: Annual Review of Sociology, Vol. 35 (2009), S. 21–42, und ders.: Grounds for Difference, Cambridge (MA) 2015, Kap. 3. Aber er geht nicht weit genug: Anstatt »Rasse« und Nationalismus *unter Ethnizität* zu subsumieren, als biologisierte Ethnizität bzw. staatszugehörige Ethnizität, behält Brubaker sie als drei gleichwertige kognitive und konative Perspektiven auf die soziale Welt bei. Andreas Wimmer geht weiter in diese Richtung in: Ethnic Boundary Making. Institutions, Power, Networks, New York 2013, insb. S. 7–10, indem er eine vergleichende Analyse ethnischer Formation in globaler Perspektive entwickelt. Aber weder Brubaker noch Wimmer gehen den nächsten Schritt einer Einordnung der Kategorien

einer Soziologie der rassialen Herrschaft darin, herauszufinden, wie ein System ethnorassialer *Klassifizierung* (eine Taxonomie, die sich offen ausgesprochene oder versteckte Übereinstimmungen von natürlichen und sozialen Ordnungen zunutze macht) geschaffen und eingeimpft wird, sich im sozialisierten Körper in Form eines rassialisierten Habitus ablagert und durch die unterschiedliche Verteilung materieller und symbolischer Güter, von Privilegien und Strafen, von Gewinnen und Gefahren im gesellschaftlichen und physischen Raum auf ein System ethnorassialer *Schichtung* »abgebildet« wird.

Die *Genese, Kristallisation und rekursive Transmutation von Klassifizierung in Schichtung und umgekehrt* bilden die zentrale Problematik, mit der sich die Soziologie von »Rasse« als eine besondere Modalität von Gruppenbildung formulieren lässt, ohne in die Falle des »Rassenzentrismus« zu tappen.[18] Ein Dreh- und Angelpunkt ist hier das Ausmaß, in dem die Kategorisierung und die damit verbundene Verteilung von Kapitalformen vom Staat anerkannt, kodifiziert und gefördert oder von anderen maßgeblichen symbolischen Instanzen wie dem Gesetz, der Wissenschaft und der Religion unterstützt werden, und nicht nur vom gesunden Menschenverstand im Alltagsleben. Aufgrund dieser Problematik müssen wir bestimmen, was das Allgemeine und was das Besondere von »Rasse« als einer zu realisierenden Kategorie ist, und herausfinden, wie sie den Status eines beherrschenden »Prinzips der Vorstellung und der Teilung« *(principe de vision et de division)* erlangt (oder nicht erlangt), als Ergebnis von Kämpfen um das, was Pierre Bourdieu plakativ als »symbolisches Königtum« bezeichnet.

Ethnizität, »Rasse« und Nationalismus in eine *allgemeine an Bordieu orientierte Theorie der Gruppenbildung* (unter Einbeziehung von Klasse, Alter, Sexualität, Staatsbürgerschaft, Lokalität usw.), dessen Möglichkeit und Notwendigkeit sie selbst aufzeigen.

18 Vgl. den entscheidenden Aufsatz von Andreas Wimmer: Race-Centrism: A Critique and Research Agenda, in: Ethnic & Racial Studies, Vol. 38 (2015), Nr. 13, S. 2186–2205.

Anhang: Die neun Leben der »Unterklasse«

Welch eine Überraschung: Ihren Absturz in den 1990er-Jahren in der amerikanischen öffentlichen und politischen Debatte hat die »Unterklasse« überlebt. Der Begriff wird weiterhin in den Sozialwissenschaften verwendet, wenn auch hauptsächlich als beschreibender Platzhalter (an der Schnittstelle von »Rasse« und Armut) und zum Teil durch mechanisch wiederholte Zitate (von denen viele auf die Debatte am Ende des Jahrhunderts zurückgehen). Auch in den Medien ist der Begriff, vor allem im Ausland, weit verbreitet, aber die Bilder von der »Gruppe« sind in den verschiedenen Ländern auffallend unterschiedlich.

»Es lässt sich nicht leugnen, dass der Begriff tot ist. Ich glaube nicht, dass irgendein seriöser Sozialwissenschaftler ihn noch verwendet. Dennoch hat einer meiner Kollegen immer noch einen Grundkurs zu Büchern mit dem Titel ›Die urbane Unterklasse‹ auf seiner Liste, obwohl meine anderen Kollegen ziemlich bestürzt darüber sind, dass er noch angeboten werden könnte (auch wenn er schon seit einiger Zeit nicht mehr durchgeführt wurde).« So schrieb ein anonymer Leser des vom Verlag Polity Press in Auftrag gegebenen Manuskripts, der zudem den Autor dieser Zeilen als »Leichenbeschauer von Begriffen« bezeichnete.

»Unterklasse« ist in der Tat aus der öffentlichen Debatte in den Vereinigten Staaten verschwunden, und taucht auch in den fortgeschrittensten Bereichen der Sozialwissenschaften des Landes nicht mehr auf. Diejenigen, die ihn in den 1980er- und 1990er-Jahren propagiert hatten, haben sich von ihm losgesagt (mit der bemerkenswerten Ausnahme von Douglas Massey). Zwei neuere Beurteilungen des aktuellen Stands der Armutsforschung in Amerika und der Theorien über Armut im internationalen Vergleich, die in der Zeitschrift *Annual Review of Sociology* erschienen, erwähnen den Begriff nicht einmal, und ein dritter Bericht über »Armutspolitik« nennt ihn nur, um auf die Arbeit von Wilson hinzuweisen.[1] Laut Googles Ngram-Viewer stieg die Zahl der Erwähnungen

1 Matthew Desmond/Bruce Western: Poverty in America: New Directions and Debates, in: Annual Review of Sociology, Vol. 44 (2018), S. 305–318; David Brady: Theories of the Causes of Poverty, in: Annual Review of Sociology, Vol. 45 (2019), S. 155–175; Nicole P. Marwell/Shannon L. Morrissey: Organizations and the Governance of Urban Poverty, in: Annual Review of Sociology, Vol. 46 (2020), S. 233–250.

von »underclass« in Büchern von 1977 bis 1996 stark an (und erreichte das 3,7-fache des Zitationsmaximums für »culture of poverty« im Jahr 1970), bevor sie in diesem Jahrhundert einen steilen und stetigen Rückgang erfuhr. Das Schicksal des Begriffs ist besiegelt.

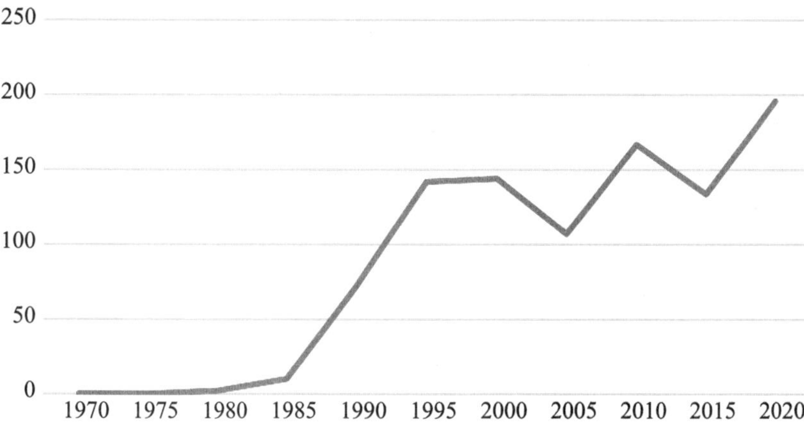

Abb. 5: Erwähnungen von »underclass« im Social Science Citation Index, 1970–2020

Oder doch nicht? Wie die sprichwörtliche Katze hat auch »Unterklasse« mehr als nur ein Leben. Die bibliometrischen Daten des Social Science Citation Index zeigen, dass der Begriff in der Tat einen Aufschwung und einen Niedergang erlebt hat, aber weiterhin häufig erwähnt wird. Aus Abb. 5 ist ersichtlich, dass die Gesamtzahl der Erwähnungen von »Unterklasse« 1987 zu steigen begann und 1996 mit etwa 160 Zitierungen ihren Höhepunkt erreichte, dann bis 2002 abrupt auf etwa 60 Zitierungen zurückging, aber danach ein langsamer, jedoch stetiger Aufwärtstrend bis zur Gegenwart einsetzte, um wieder den Höchststand zu erreichen. Wie viele dieser Zitierungen stammen aus neuen Arbeiten über die »Unterklasse« und sind nicht nur Verweise auf frühere Veröffentlichungen zu diesem Thema? Wie aus Abb. 6 hervorgeht, nahmen die Artikel, die sich mit der »Unterklasse« befassen (d. h. den Begriff im Titel, in der Zusammenfassung oder in den Schlüsselwörtern erwähnen), ab 1987 zu und erreichten 1993 mit 68 Artikeln ihren Höchststand, der dann bis 2002 abrupt auf ein Dutzend Artikel zurückging, um danach wieder zwischen 15 und 25 zu liegen.

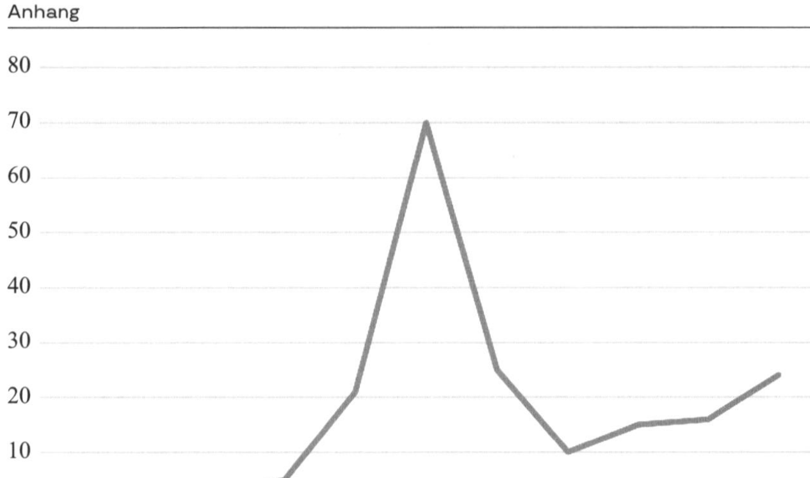

Abb. 6: Publikationen zu »underclass« im Social Science Citation Index, 1970–2020

Der Begriff hat sich auch in verschiedenen Disziplinen erhalten: In den 2010er-Jahren stammte ein Viertel der Aufsätze zu »Unterklasse« aus der Soziologie, ein weiteres Viertel aus den Urban Studies und den Ethnic Studies, der Rest verteilte sich auf Anthropologie, Politikwissenschaft, Kriminologie und Pädagogik (jeweils 7 Prozent). Wissenschaftlerinnen im Vereinigten Königreich rivalisieren mit ihren amerikanischen Kollegen als produktivste Produzentinnen von »Unterklasse«-Artikeln mit 31 bzw. 37 Prozent, vor Australien (9 Prozent) und Kanada (6 Prozent), während China mit fünf Prozent das Schlusslicht bildet. Auch bei den Dissertationen zu »Unterklasse« zeigt sich ein Muster des steilen Anstiegs und anschließenden Rückgangs: Ihre Zahl stieg von 3 in den 1970er-Jahren über 55 in den 1980er-Jahren auf 171 in den 1990er-Jahren, bevor sie in den 2000er-Jahren auf 147 und in den 2010er-Jahren auf erstaunlich solide 117 zurückging.

Obwohl »Unterklasse« in den Vereinigten Staaten nicht mehr so häufig Schlagzeilen macht wie in den 1990er-Jahren, ist das Wort nach wie vor in den US-Zeitungen präsent, aber auch insbesondere in anderen Ländern (siehe Abb. 7). Amerikanische Zeitungen verwenden den Begriff nach wie vor recht häufig (die *New York Times* 27-mal und die *Washington Post* 28-mal im vergangenen Jahr [2021]), ebenso wie ihre australischen Pendants nach 2000. Englischsprachige Zeitungen in Asien griffen den Begriff in diesem Jahrhundert auf: In Hongkong und China fürchtet man, dass die aus den ärmeren Migranten zusammengesetzte »Unterklasse«

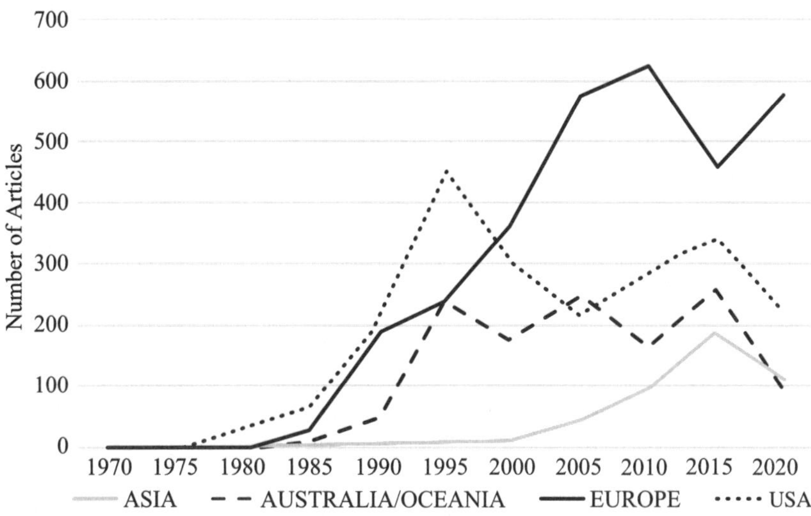

Abb. 7: Erwähnung von »Unterklasse« in wichtigen nationalen Tageszeitungen, 1970–2020 (Quelle: Lexis-Nexis)

anwachsend, permanent, unterdrückt und unsichtbar sei.[2] Am auffälligsten ist der starke Anstieg der Verwendung des Begriffs in europäischen Zeitungen, vor allem im Vereinigten Königreich, wo er als Reaktion auf die Riots in London 2011, die der britische Justizminister öffentlich einer »verwilderten Unterklasse« zuschrieb, wieder auf die Titelseiten der öffentlichen Debatte gelangte.[3]

Die vergleichende Ikonografie der »Unterklasse« offenbart, was die kulturelle Bourgeoisie eines jeden Landes (Akademikerinnen, Politiker und Journalistinnen) als die größte Bedrohung für die soziale Integration, die moralische Ordnung und die politische Stabilität in der Metropole ansieht. In den Vereinigten Staaten sind die von Sozialhilfe abhängigen jungen Mütter und der arbeitslose, zur Kriminalität neigende Mann an der Straßenecke die beiden Aushängeschilder dieser Kategorie vor dem Hintergrund der innerstädtischen Verwahrlosung und Gefährdung. Im

2 Jane H. Johnson/Alan Partington: »Underclass« in the English-Language Press: Who Are They, How Do They Behave, and Who Is to Blame for Them?, in: Eric Friginal (Hrsg.): Studies in Corpus-Based Sociolinguistics, New York 2017, S. 293–318, hier S. 310.

3 Imogen Tyler: The Riots of the Underclass? Stigmatisation, Mediation and the Government of Poverty and Disadvantage in Neoliberal Britain, in: Sociological Research Online, Vol. 18 (2013), Nr. 4, S. 25–35; Paul Michael Garrett: »Castaway Categories«: Examining the Re-emergence of the »Underclass« in the UK, in: Journal of Progressive Human Services, Vol. 30 (2019), Nr. 1, S. 25–45. Nach den Riots wurde das erstmals 2006 bei Continuum erschienene Buch von John Welshman »Underclass: A History of the Excluded Since 1880« von Bloomsbury Academic 2013 in einer aktualisierten Ausgabe neu aufgelegt. In diesem Buch wird »Unterklasse« bezeichnenderweise als Oberbegriff verwendet, der »das Residuum«, die »Problemfamilie«, die »Kultur der Armut«, den »Kreislauf der Benachteiligung«, die »gestörte Familie«, die eigentliche »Unterklasse« in ihren US-amerikanischen und britischen Varianten und die »Ausgegrenzten« umfasst.

Vereinigten Königreich wird die »Unterklasse« von einer dysfunktionalen und parasitären weißen Familie verkörpert, die in den berüchtigten »sozialen Brennpunkten« und »Sozialhilfegettos« der städtischen Peripherie lebt. In China geht die Bedrohung von der »wandernden Bevölkerung« junger männlicher Migranten aus, die zu zig Millionen vom Land in die Megastädte strömen, um die Fabriken zu betreiben und die Armenviertel zu bevölkern, die aber aufgrund ihres undokumentierten Aufenthaltsstatus von Bildung, Sozialhilfe und Wohnraum ausgeschlossen sind.

Die große *epistemische Kluft*, die in den Sozialwissenschaften zwischen Vorreitern und Nachfolgern zu beobachten ist, wurde durch die allmähliche *epistemische Zersetzung* von »Unterklasse« noch verstärkt: Der Begriff wurde semantisch und logisch inkohärenter, je weiter er verbreitet wurde, und verlor sowohl intensiv (in Bezug auf seine Kernattribute) als auch extensiv (in Bezug auf die Fälle, die er umfasst) jede Spezifik.[4] In den 2010er-Jahren bezog er sich auf die schwarzen oder immobilen Armen in der Innenstadt, die Langzeitarbeitslosen, die abwärts mobilen oder immobilen Fraktionen der Arbeiterklasse, die Bewohner stigmatisierter Wohnsiedlungen oder »Slums«, Arbeiterinnen in der informellen Wirtschaft, ausländische Migranten ohne Papiere und Binnenmigrantinnen aus ländlichen Gebieten, Bettler und Obdachlose, Dienstboten und Hausangestellte, »gestörte Familien«, die durch kulturelle und moralische Defizite definiert werden, Kinder in Pflegefamilien, Jugendliche, die zu Plünderungen und Krawallen neigen, Straßenkriminelle und Bandenmitglieder, eine allgemeine Kategorie von untergeordneten Menschen, die nicht zu ihrem Recht kommt (auf Einkommen, Wohnung, Bildung, Bürgerrechte und neuerdings auch Impfstoffe), Not leidende und gefährliche Stadtviertel, ein Diskurs der Verunglimpfung oder Entpolitisierung und vieles mehr. Diese unvollständige Liste deutet darauf hin, dass *das Wort überlebt hat und sogar gedeiht, der Begriff aber gestorben ist.*

4 Giovanni Sartori: Concept Misformation in Comparative Politics, in: American Political Science Review, Vol. 64 (1970), Nr. 4, S. 1033–1053.

Danksagungen

Es bräuchte ein weiteres Buch, um meine Dankbarkeit gegenüber all den Lehrerinnen, Studenten und Kolleginnen zum Ausdruck zu bringen, die diese Studie in den letzten Jahrzehnten auf große und kleine Weise geprägt haben, oft ohne dass sie sich dessen bewusst waren, indem sie mein Denken über urbane Marginalität und soziale Epistemologie beeinflusst haben – ein seltsames Paar, sofern es je eines war. Zwei Personen verdienen eine besondere Erwähnung für ihre Rolle als Mentoren und Freunde: Pierre Bourdieu hat meine Vorliebe für erkenntnistheoretische Reflexivität, die ich zunächst als Leser von Gaston Bachelard und Marc Bloch in der Schule erworben hatte, unermüdlich genährt (ich habe den kryptischen Satz nicht vergessen, den mein damaliger Philosophielehrer an die Tafel schrieb: *»les faits sont faits«);* Bill Wilson teilte mit mir seine Leidenschaft für die Kenntnis des Gettos und sein Engagement für soziale Gerechtigkeit für seine Bewohnerinnen. Ohne ihre intellektuelle Anleitung und persönliche Unterstützung wäre das vorliegende Buch nicht zustande gekommen. Ein besonderer Ort und seine Menschen verdienen es, erwähnt zu werden: der Fachbereich Soziologie in Berkeley, wo das Handwerk geschätzt und kühne intellektuelle Bemühungen gefördert werden.

Von den Menschen, die großzügig ihre kostbare Zeit geopfert haben, um ihre Reaktionen, Vorschläge, Zweifel und Kritik an diesem Manuskript mit mir zu teilen, gilt mein besonderer Dank Javier Auyero, Sara Brothers, Rogers Brubaker, Jenae Carpenter, Matt Desmond, Jason Ferguson, Marion Fourcade, Chris Herring, Cathy Hu, Ellis Monk, Chris Muller, Orlando Patterson, Khoi Quach, Victor Lund Shammas, David Showalter, Alan Sica, Andreas Wimmer, Bill Wilson (ja, schon wieder), und Michael Zanger-Tischler. Ich danke auch Eli Martinez für seine geduldige und inspirierende Hilfe bei der Gestaltung des Covers. Die drei anonymen Leser von Polity Press verabreichten mir eine Motivationsspritze, als ich sie dringend brauchte (zusätzlich zu meiner Covid-19-Impfung). John Thompson hat sich als so standhaft und geduldig erwiesen, wie man es sich von einem Verleger nur wünschen kann.

Ebenso möchte ich Raphaël G., Fabrice R. und Sara S. sowie meiner Familie in Frankreich und den Vereinigten Staaten für ihre unermüdliche Liebe und Unterstützung in den letzten fünf Jahren danken, mit besonderen Umarmungen für Mumusse, Little Leo für die kleinen Freuden des Big-Big-Fields, Sophie pour sa présence et son affection de tous les instants et Megan pour être la lumière de ma vie malgré tout.

Literatur

Abercrombie, Nicholas/John Urry: Capital, Labour, and the Middle Classes, London 1983.

Abrahams, Roger D.: Down in the Jungle. Negro Narrative Folklore from the Streets of Philadelphia. 2. Aufl., New York 1970.

Adler, Jeffrey S.: The Dynamite, Wreckage, and Scum in our Cities. The Social Construction of Deviance in Industrial America, in: Justice Quarterly, Vol. 11 (1994), Nr. 1, S. 33–49.

Alesina, Alberto/Edward L. Glaeser: Fighting Poverty in the US and Europe. A World of Difference, New York 2004.

Andersen, John: The Underclass Debate: A Spreading Disease?, in: Jørgen Elm Larsen/John Andersen (Hrsg.): Social Integration and Marginalisation, Kopenhagen 1995, S. 147–182.

Anderson, David C.: Crime and the Politics of Hysteria. How the Willie Horton Story Changed American Justice, New York 1995.

Anderson, Elijah: Streetwise. Race, Class, and Change in an Urban Community, Chicago (IL) 1990.

Anderson, Elijah: Code of the Street. Decency, Violence, and the Moral Life of the Inner City, New York 1999.

Andersson, David E./Åke E. Andersson/Charlotta Mellander (Hrsg.): Handbook of Creative Cities, London 2011.

Aponte, Robert: Definitions of the Underclass. A Critical Analysis, in: Martha White Riley (Hrsg.): Sociology in America, Newbury Park (CA) 1990, S. 117–137.

Armacost, Michael H.: Preface, in: Lawrence M. Mead (Hrsg.): The New Paternalism. Supervisory Approaches to Poverty, Washington (DC) 1997, S. vii–viii.

Auletta, Ken: The Underclass, New York 1982 (2. überarb. Aufl. 1999).

Avenel, Cyprien: La question de l'»underclass« des deux côtés de l'Atlantique, in: Sociologie du travail, Vol. 97 (1997), S. 211–234.

Bachelard, Gaston: Der neue wissenschaftliche Geist. Übersetzt von Michael Bischoff, Frankfurt a. M. 1988 [1934].

Bachelard, Gaston: Die Bildung des wissenschaftlichen Geistes. Beitrag zu einer Psychoanalyse der objektiven Erkenntnis. Übersetzt von Michael Bischoff, Frankfurt a. M. 1978 [1938].

Bagguley, Paul/Kirk Mann: Idle Thieving Bastards? Scholarly Representations of the »Underclass«, in: Work, Employment & Society, Vol. 6 (1992), Nr. 1, S. 113–126.

Beauregard, Robert A.: Voices of Decline. The Postwar Fate of US Cities, Cambridge, MA 1993.

Beckett, Katherine: Making Crime Pay. Law and Order in Contemporary American Politics, New York 1999.

Bell, Daniel: The End of Ideology. On the Exhaustion of Political Ideas, Glencoe (IL) 1960.

Bell, Derrick: Faces at the Bottom of the Well. The Permanence of Racism, New York 1993.

Berger, Dan: Captive Nation. Black Prison Organizing in the Civil Rights Era, Chapel Hill (NC) 2014.

Berreman, Gerald D.: Race, Caste, and Other Invidious Distinctions in Social Stratification, in: Race, Vol. 23 (1972), Nr. 4, S. 385–414.

Black, Timothy/Sky Keyes: It's A Setup. Fathering from the Social and Economic Margins, New York 2020.

Blumer, Herbert: What is Wrong with Social Theory?, in: American Sociological Review, Vol. 19 (1954), Nr. 1, S. 3–10.

Bonilla-Silva, Eduardo: Feeling Race: Theorizing the Racial Economy of Emotions, in: American Sociological Review, Vol. 84 (2019), Nr. 1, S. 1–25.

Bourdieu, Pierre: Die zwei Gesichter der Arbeit. Interdependenzen von Zeit- und Wirtschaftsstrukturen am Beispiel einer Ethnologie der algerischen Übergangsgesellschaft. Aus dem Französischen übersetzt und mit einem Nachwort von Franz Schultheis, Konstanz 2000 [1977].

Bourdieu, Pierre: Die feinen Unterschiede. Kritik der gesellschaftlichen Urteilskraft. Übersetzt von Bernd Schwibs und Achim Russer, Frankfurt a. M. 1987 [1979].

Bourdieu, Pierre: Der Tote packt den Lebenden [1980]. Übersetzung Jürgen Bolder, in: ders.: Der Tote packt den Lebenden. Schriften zu Politik & Kultur 2. Herausgegeben von Margareta Steinrücke, Hamburg 1997, S. 18–58.

Bourdieu, Pierre: Was heißt sprechen? Zur Ökonomie des sprachlichen Tausches. Übersetzt aus dem Franösischen von Hella Beister. 2., erw. und überarb. Aufl., Wien 2005 [1982].

Bourdieu, Pierre (2018): Homo academicus. Übersetzt von Bernd Schwibs, Frankfurt a. M. 1988 [1984].

Bourdieu, Pierre: The Social Space and the Genesis of Groups [1984], in: Theory & Society, Vol. 14 (1985), Nr. 6, S. 723–744.

Bourdieu, Pierre: Wie eine soziale Klasse entsteht [1987]. Aus dem Englischen übersetzt von Jürgen Bolder, in: ders.: Der Tote packt den Lebenden. Schriften zu Politik & Kultur 2. Herausgegeben von Margareta Steinrücke, Hamburg 1997, S. 102–129.

Bourdieu, Pierre: Der Staatsadel. Aus dem Französischen von Franz Hector und Jürgen Bolder, Konstanz 2004 [1989].

Bourdieu, Pierre: Über die »scholastische Ansicht« [1989]. Aus dem Französischen von Bernhard Dieckmann, in: Gunter Gebauer/ Christoph Wulf (Hrsg.): Praxis und Ästhetik. Neue Perspektiven im Denken Pierre Bourdieus, Frankfurt a. M. 1993, S. 341–356.

Bourdieu, Pierre: The Peculiar History of Scientific Reason, in: Sociological Forum Vol. 6 (1991), No. 1, S. 3–26.

Bourdieu, Pierre: Staatsgeist. Genese und Struktur des bürokratischen Felds [1993], in: ders.: Praktische Vernunft. Zur Theorie des Handelns. Aus dem Französischen von Hella Beister, Frankfurt a. M. 1998, S. 91–125.

Bourdieu, Pierre: À propos de la famille comme catégorie réalisée, in: Actes de la recherche en sciences socials, Nr. 100 (1993), S. 32–36.

Bourdieu, Pierre: The Field of Cultural Production. Essays on Art and Literature, New York 1993.

Bourdieu, Pierre: Politik, Sozialwissenschaften und Journalismus [1996]. Übersetzt von Eva Kessler, in: ders.: Politik. Schriften zur Politischen Ökonomie 2. Herausgegeben von Franz Schultheis und Stephan Egger, Konstanz 2010, S. 265–290.

Bourdieu, Pierre: Teilnehmende Objektivierung [2000], in: ders.: Schwierige Interdisziplinarität. Zum Verhältnis von Soziologie und Geschichtswissenschaft. Herausgegeben von Elke Ohnacker und Franz Schultheis, Münster 2004, S. 172–186.

Bourdieu, Pierre: Science de la science et réflexivité, Paris 2001.

Bourdieu, Pierre: Champ du pouvoir et division du travail de domination, in: Actes de la recherche en sciences socials, Nr. 190 (2011), S. 126–139.

Bourdieu, Pierre: Über den Staat. Vorlesungen am Collège de France 1989-1992. Herausgegeben von Patrick Champagne, Remi Lenoir, Franck Poupeau und Marie-Christine Revière. Aus dem Französischen von Horst Brühmann und Petra Willim, Frankfurt a. M. 2014 [2012].

Bourdieu, Pierre: Sociologie générale. Cours du Collège de France 1981–1983, Bd. 1, Paris 2015.

Bourdieu, Pierre/Jean-Claude Chamboredon/Jean-Claude Passeron: Soziologie als Beruf. Wissenschaftstheoretische Voraussetzungen soziologischer Erkenntnis. Deutsche Ausgabe herausgegeben von Beate Krais. Übersetzt von Hella Beister, Reinhard Blomert und Bernd Schwibs, Berlin/New York 1991 [1968].

Bourdieu, Pierre/Loïc J. D. Wacquant: Reflexive Anthropologie. Übersetzt von Hella Beister, Frankfurt a. M. 1996 [1992].

Bourdieu, Pierre/Loïc Wacquant: From Ruling Class to Field of Power, in: Theory, Culture & Society, Vol. 10 (1993), Nr. 3, S. 19–44.

Bourdieu, Pierre/Loïc Wacquant: Die List der imperialistischen Vernunft [1998]. Übersetzung von Daniela Böhmler, in: Pierre Bourdieu (Hrsg.): Eingrenzungen – Ausgrenzungen – Entgrenzungen (Liber Jahrbuch, Bd. 2), Konstanz 1999, S. 3–20.

Bourgois, Philippe: In Search of Respect. Selling Crack in El Barrio, New York 1995.

Boyer, Paul S.: Urban Masses and Moral Order in America, 1820–1920, Cambridge (MA) 1978.

Brady, David: Rich Democracies, Poor People. How Politics Explain Poverty, New York 2009.

Brady, David: Theories of the Causes of Poverty, in: Annual Review of Sociology, Vol. 45 (2019), S. 155–175.

Brubaker, Rogers: Ethnizität ohne Gruppen. Aus dem Englischen von Gabriele Gockel und Sonja Schuhmacher, Hamburg 2007 [2004].

Brubaker, Rogers: Die Diaspora des Diaspora-Konzepts [2005]. Übersetzt von Christoph Mansel, in: Marion Müller/Darius̆ Zifonun (Hrsg.): Ethnowissen. Soziologische Beiträge zu ethnischer Differenzierung und Migration, Wiesbaden 2010, S. 289–309.

Brubaker, Rogers: Ethnicity, Race, and Nationalism, in: Annual Review of Sociology, Vol. 35 (2009), S. 21–42.

Brubaker, Rogers: Grounds for Difference, Cambridge (MA) 2015.

Bryant, Christopher G.A.: Positivism in Social Theory and Research. New York 1985.

Burayidi, Michael A./Adriana Allen/John Twigg/Christine Wamsler (Hrsg.): The Routledge Handbook of Urban Resilience, New York 2019.

Burke, Kenneth: Language as Symbolic Action, Berkeley, CA, 1966.

Burleigh, Michael/Wolfgang Wipperman: The Racial State. Germany 1933–1945, Cambridge 1991.

Burns, Sarah: The Central Park Five. The Untold Story behind One of New York City's Most Infamous Crimes, New York 2012.

Bussard, Robert L.: The »Dangerous Class« of Marx and Engels. The Rise of the Idea of the Lumpenproletariat, in: History of European Ideas, Vol. 8 (1987), Nr. 6, S. 675–692.

Canguilhem, Georges: Die Erkenntnis des Lebens. Aus dem Französischen von Till Bardoux, Berlin/Köln 2009 [1952].

Canguilhem, Georges: Die Herausbildung des Reflexbegriffs im 17. und 18. Jahrhundert. Aus dem Französischen übersetzt und durch ein Vorwort eingeleitet von Henning Schmidgen, München 2008 [1955].

Canguilhem, Georges: Idéologie et rationalité dans l'histoire des sciences de la vie. Nouvelles études d'histoire et de philosophie des sciences, Paris 1981.

Castel, Robert: La »guerre à la pauvreté« et le statut de l'indigence dans une société d'abondance, in: Actes de la recherche en sciences socials, Vol. 19 (1978), S. 47–60.

Castel, Robert: Die Metamorphosen der sozialen Frage. Eine Chronik der Lohnarbeit. Aus dem Französischen von Andreas Pfeuffer, Konstanz 2000 [1995].

Castel, Robert: Au-delà du salariat ou en deçà de l'emploi? L'institutionnalisation du précariat?, in: Serge Paugam (Hrsg.): Repenser la solidarité. L'apport des sciences sociale, Paris 2007, S. 416–433.

Castel, Robert/Klaus Dörre (Hrsg.): Prekarität, Abstieg, Ausgrenzung. Die soziale Frage am Beginn des 21. Jahrhunderts, Frankfurt a. M. 2009.

Castells, Manuel: Networks of Outrage and Hope. Social Movements in the Internet Age, Cambridge 2015.

Chevalier, Louis: Labouring Classes and Dangerous Classes. In Paris During the First Half of the Nineteenth Century. Translated from the French by Frank Jellinek, London 1973 [1958].

Chicago Commission on Race Relations: The Negro in Chicago. A Study of Race Relations and a Race Riot, Chicago (IL) 1923.

Chicago Tribune: The American Millstone. An Examination of the Nation's Permanent Underclass, Chicago (IL) 1986.

Cingolani, Patrick: La Précarité, Paris 2006.

Clark, Kenneth B.: Schwarzes Getto. Übertragung aus dem Amerikanischen, Düsseldorf/Wien 1967 (Originaltitel: Dark Ghetto. Dilemmas of Social Power. Vorwort von Gunnar Myrdal, New York/Evanston/London 1965).

Clark, Kenneth B.: The Black Plight, Race or Class?, in: New York Times Magazine, 5.10.1980.

Clear, Todd R.: Imprisoning Communities. How Mass Incarceration Makes Disadvantaged Neighborhoods Worse, New York 2009.

Cleaver, Eldridge: Seele auf Eis. Aus dem amerikanischen Englisch übersetzt von Céline Bastian und Heiner Bastian, München 1969 [1968].

Cohen, Stanley: Folk Devils and Moral Panics. The Creation of the Mods and Rockers, 3. Aufl., Oxford 1987 [1972].

Collier, David/Robert Adcock: Democracy and Dichotomies: A Pragmatic Approach to Choices about Concepts, in: Annual Review of Political Science, Vol. 2 (1999), S. 537–565.

Collier, David/James E. Mahon Jr.: Conceptual »Stretching« Revisited: Adapting Categories in Comparative Analysis, in: American Political Science Review, Vol. 87 (1993), Nr. 4, S. 845–855.

Comfort, Megan L.: Punishment Beyond the Legal Offender, in: Annual Review of Law and Social Science, Vol. 3 (2007), S. 271–296.

Condliffe Lagemann, Ellen: The Politics of Knowledge. The Carnegie Corporation, Philanthropy, and Public Policy, Chicago (IL) 1992.

Conley, Dalton: Being Black, Living in the Red. Race, Wealth, and Social Policy in America, Berkeley (CA) 2000 (neue Aufl. 2010).

Conn, Steven: Americans Against the City. Anti-Urbanism in the Twentieth Century, New York 2014.

Contreras, Randol: The Stickup Kids. Race, Drugs, Violence, and the American Dream, Berkeley (CA) 2012.

Crane, Stephen G.: The Trial of Bernhard Goetz, in: Cornell Law Forum, Vol. 16 (1990), Nr. 3, S. 2–6.

Daly, Mary/Hilary Silver: Social Exclusion and Social Capital: A Comparison and Critique, in: Theory & Society, Vol. 37 (2008), Nr. 6, S. 537–566.

Dangschat, Jens S.: Concentration of Poverty in the Landscapes of »Boomtown« Hamburg. The Creation of a New Urban Underclass?, in: Urban Studies, Vol. 31 (1994), Nr. 7, S. 1133–1147.

Dash, Leon: When Children Want Children. The Urban Crisis of Teenage Childbearing, New York 1989.

Davis, F. James: Who Is Black? One Nation's Definition, University Park (PA) 1990.

Davis, Peter: If You Came This Way. A Journey Through the Lives of the Underclass, New York 1995.

Deckard, Faith M./Javier Auyero: Poor People's Survival Strategies: Two Decades of Research in the Americas, in: Annual Review of Sociology, Vol. 48 (2022), S. 373–395.

De La Cadena, Marisol: Indigenous Mestizos. The Politics of Race and Culture in Cuzco, Peru, 1919–1991, Durham (NC) 2000.

De León, Jason: The Land of Open Graves. Living and Dying on the Migrant Trail, Berkeley (CA) 2015.

Deparle, Jason: What to Call the Poorest Poor?, in: New York Times, 26.8.1990.

Desmond, Matthew: Evicted. Poverty and Profit in the American City, New York 2016.

Desmond, Matthew: Heavy is the House: Rent Burden among the American Urban Poor, in: International Journal of Urban and Regional Research, Vol. 42 (2018), Nr. 1, S. 160–170.

Desmond, Matthew/Tracy Shollenberger: Forced Displacement from Rental Housing: Prevalence and Neighborhood Consequences, in: Demography, Vol. 52 (2015), Nr. 5, S. 1751–1772.

Desmond, Matthew/Bruce Western: Poverty in America: New Directions and Debates, in: Annual Review of Sociology, Vol. 44 (2018), S. 305–318.

Devine, Joel A./James D. Wright: The Greatest of Evils. Urban Poverty and the American Underclass, Hawthorne (NY) 1993.

Dikötter, Frank: The Discourse of Race in Modern China, New York 1992.

Dikötter, Frank (Hrsg.): The Construction of Racial Identities in China and Japan. Historical and Contemporary Perspectives, Honolulu (HA) 1997.

Douglas, Mary: Reinheit und Gefährdung. Eine Studie zu Vorstellungen von Verunreinigung und Tabu. Aus dem Amerikanischen übersetzt von Brigitte Luchesi, Berlin 1985 [1966].

Doussard, Marc: Degraded Work. The Struggle at the Bottom of the Labor Market, Minneapolis (MN) 2013.

Drake, St. Clair/Horace R. Cayton: Black Metropolis. A Study of Negro Life in a Northern City. Expanded Edition, Chicago 1993 [1945].

Du Bois, W. E. B.: On Sociology and the Black Community. Edited by Dan S. Green and Edwin D. Driver, Chicago 1978 [1904].

Duncan, Cynthia M.: Worlds Apart. Why Poverty Persists in Rural America, New Haven (CT) 1999 (erw. Aufl. 2014).

Durkheim, Émile: Die Regeln der soziologischen Methode. Herausgegeben und eingeleitet von René Kölnig, Neuwied 1970 [1895].

Duster, Troy: Crime, Youth Unemployment, and the Black Urban Underclass, in: Crime & Delinquency, Vol. 33 (1987), Nr. 2, S. 300–316.

Duus, Peter: The Abacus and the Sword. The Japanese Penetration of Korea, 1895–1910, Berkeley (CA) 1998.

Edin, Kathryn/Laura Lein: Making Ends Meet. How Single Mothers Survive Welfare and Low-Wage Work, New York 1997.

Edsall, Thomas B.: »Underclass« Term Falls from Favor. Leading Poverty Researcher May Abandon Politically Charged Word, in: The Washington Post, 13.8.1990.

Edsall, Thomas Byrne/Mary D. Edsall: Chain Reaction. The Impact of Race, Rights, and Taxes on American Politics, New York 1991.

Elias, Norbert: Gruppencharisma und Gruppenschande. Vortrag am 15. Deutschen Soziologentag in Heidelberg, 28.–30.4.1964, in: ders.: Gruppencharisma und Gruppenschande. Mit einer biografischen Skizze von Hermann Korte. Herausgegeben von Erik Jentges, Marbach am Neckar 2014 [1964], S. 6–32.

Emirbayer, Mustafa/Matthew Desmond: The Racial Order, Chicago (IL) 2015.

Engels, Friedrich: Die Lage der arbeitenden Klasse in England. Nach eigner Anschauung und authentischen Quellen [1845], in: Karl Marx/Friedrich Engels: Werke [MEW], Berlin 1956 ff., Bd. 2, S. 225–506.

Esping-Andersen, Gøsta: The Three Worlds of Welfare Capitalism. Princeton (NJ) 1990.

Fassin, Didier: Exclusion, underclass, marginalidad. Figures contemporaines de la pauvreté urbaine en France, aux États-Unis et en Amérique latine, in: Revue française de sociologie, Vol. 37, Nr. 1, S. 37–75.

Feeley, Malcolm M.: Court Reform on Trial. Why Simple Solutions Fail, New York 1983.

Ferme, Mariane C.: Out of War. Violence, Trauma, and the Political Imagination in Sierra Leone, Berkeley (CA) 2018.

Fisher, Donald: The Role of Philanthropic Foundations in the Reproduction and Production of Hegemony: Rockefeller Foundations and the Social Sciences, in: Sociology, Vol. 17 (1983), Nr. 2, S. 206–233.

Fishman, Robert: Bourgeois Utopias. The Rise and Fall of Suburbia, New York 1988.

Fletcher, George P.: A Crime of Self-Defense. Bernhard Goetz and the Law On Trial, Chicago (IL) 1990.

Florida, Richard: The Rise of the Creative Class. And How It's Transforming Work, Leisure, Community and Everyday Life, New York 2002.

Florida, Richard: Cities and the Creative Class, in: City & Community, Vol. 2 (2003), Nr. 1, S. 3–19.

Florida, Richard: The New Urban Crisis. How our Cities are Increasing Inequality, Deepening Segregation, and Failing the Middle Class – And What we Can Do about It, New York 2012.

Fogelson, Robert M.: White on Black: A Critique of the McCone Commission Report on the Los Angeles Riots, in: Political Science Quarterly, Vol. 82 (1967), Nr. 3, S. 337–367.

Fogelson, Robert M.: Bourgeois Nightmares. Suburbia, 1870–1930, New Haven (CT) 2007.

Foster, Carly Hayden: The Welfare Queen: Race, Gender, Class, and Public Opinion, in: Race, Gender & Class, Vol. 15 (2008), Nr. 3–4, S. 162–179.

Fraser, Nancy/Linda Gordon: A Genealogy of *Dependency:* Tracing a Keyword of the US Welfare State, in: Signs: Journal of Women in Culture and Society, Vol. 19 (1994), Nr. 2, S. 309–336.

Fredrickson, George M.: Racism. A Short History, Princeton (NJ) 2002.

Fried, Morris L.: Review of Ken Auletta, The Underclass, in: Contemporary Sociology, Vol. 12 (1983), Nr. 4, S. 460–461.

Galbraith, John Kenneth: Gesellschaft im Überfluß. Übersetzt aus dem Amerikanischen von Rudolf Mühlfenzl, München 1958 [1958].

Gans, Herbert J.: Deconstructing the Underclass. The Term's Danger as a Planning Concept, in: Journal of the American Planning Association, Vol. 56 (1990), Nr. 3, S. 271–277.

Gans, Herbert J.: People, Plans, and Policies. Essays on Poverty, Racism, and Other National Urban Problems, New York 1991.

Gans, Herbert J.: Positive Functions of the Undeserving Poor: Uses of the Underclass in America, in: Politics & Society, Vol. 22 (1994), Nr. 3, S. 269–283.

Gans, Herbert J.: The War Against the Poor. The Underclass and Anti-Poverty Policy, New York 1995.

Gans, Herbert J.: From »Underclass« to »Undercaste«: Some Observations about the Future of the Post-Industrial Economy and its Major Victims, in: Enzo Mingione (Hrsg.): Urban Poverty and the Underclass. A Reader, Cambridge (MA) 1995, S. 141–152.

Garrett, Paul Michael: »Castaway Categories«: Examining the Re-emergence of the »Underclass« in the UK, in: Journal of Progressive Human Services, Vol. 30 (2019), Nr. 1, S. 25–45.

Gephart, Martha A.: Neighborhoods and Communities in Concentrated Poverty, in: Items (Social Science Research Council), Vol. 43 (1989), Nr. 4, S. 84–92.

Gephart, Martha A./Robert W. Pearson: Contemporary Research on the Urban Underclass: A Selected Review of the Research that Underlies a New Council Program, in: Items (Social Science Research Council), Vol. 42 (1988), Nr. 1–2, S. 1–10.

Geremek, Bronisław: Geschichte der Armut. Elend und Barmherzigkeit in Europa. Aus dem Polnischen von Friedrich Griese, München/Zürich 1988 [1978].

Gerring, John: What Makes a Concept Good? A Criterial Framework for Understanding Concept Formation in the Social Sciences, in: Polity, Vol. 31 (1999), Nr. 3, S. 357–393.

Giddens, Anthony: Die Klassenstruktur fortgeschrittener Gesellschaften. Übersetzt von Cora Stephan, Frankfurt a. M. 1979 [1973].

Gilbert, Alan: The Return of the Slum: Does Language Matter?, in: International Journal of Urban and Regional Research, Vol. 31, Nr. 4, S. 697–713.

Gilens, Martin: Why Americans Hate Welfare. Race, Media, and the Politics of Antipoverty Policy, Chicago (IL) 2009.

Gilens, Martin: Affluence and Influence. Economic Inequality and Political Power in America, Princeton (NJ) 2012.

Glasgow, Douglas: The Black Underclass. Poverty, Unemployment, and Entrapment of Ghetto Youth, New York 1980.

Glazer, Nathan/Daniel Patrick Moynihan: Beyond the Melting Pot. The Negroes, Puerto Ricans, Jews, Italians and Irish of New York City, Cambridge (MA) 1963.

Go, Julian: Postcolonial Possibilities for the Sociology of Race, in: Sociology of Race and Ethnicity, Vol. 4 (2018), Nr. 4, S. 439–451.

Go, Julian: Three Tensions in the Theory of Racial Capitalism, in: Sociological Theory, Vol. 39 (2021), Nr. 1, S. 38–47.

Goertz, Gary: Social Science Concepts and Measurements, Princeton (NJ) 2020.

Goetz, Edward G.: Clearing the Way. Deconcentrating the Poor in Urban America, Washington (DC) 2003.

Gooding-Williams, Robert (Hrsg.): Reading Rodney King, Reading Urban Uprising, New York 2013.

Gould-Wartofsky, Michael A.: The Occupiers. The Making of the 99 Percent Movement, New York 2015.

Graeber, David: Inside Occupy. Aus dem Englischen von Bernhard Schmid, Frankfurt a. M./New York 2012.

Grossman, James R.: Land of Hope. Chicago, Black Southerners, and the Great Migration, Chicago 1989.

Guillory, Monique/Richard C. Green (Hrsg.): Soul: Black Power, Politics, and Pleasure, New York 1998.

Gurr, Ted Robert/Desmond S. King: The State and the City, Chicago (IL) 1987.

Gutting, Gary (Hrsg.): Continental Philosophy of Science, Oxford 2008.

Hacker, Andrew: The Lower Depths, in: New York Review of Books, 12.8.1982.

Hagedorn, John M.: People and Folks. Gangs, Crime, and the Underclass in a Rustbelt City, Chicago (IL) 1988.

Hall, Bruce S.: A History of Race in Muslim West Africa, 1600–1960, Cambridge 2011.

Hall, Peter: Cities of Tomorrow. An Intellectual History of Urban Planning and Design Since 1880. 4. Auflage, Malden (MA) 2014.

Hancock, Ange-Marie: The Politics of Disgust. The Public Identity of the Welfare Queen, New York 2004.

Hannaford, Ivan: Race. The History of an Idea in the West, Baltimore (MD) 1996.

Hannerz, Ulf: The Rhetoric of Soul: Identification in Negro Society, in: Race, Vol. 9 (1968), Nr. 4, S. 453–465.

Hannerz, Ulf: Soulside. Inquiries into Ghetto Culture and Community, New York 1969.

Hannerz, Ulf: Afterword: Soulside Revisited, in: ders.: Soulside. Inquiries into Ghetto Culture and Community. Neuauflage, Chicago (IL) 2004 [1969], S. 211–220.

Harrington, Brooke: Capital without Borders. Wealth Managers and the One Percent, Cambridge (MA) 2017.

Harrington, Michael: Das andere Amerika. Die Armut in den Vereinigten Staaten. Ins Deutsche übertragen von Emi Ehm, München 1964 [1962].

Hatuka, Tali/Issachar Rosen-Zvi/Michael Birnhack/Eran Toch/Hadas Zur: The Political Premises of Contemporary Urban Concepts: The Global City, the Sustainable City, the Resilient City, the Creative City, and the Smart City, in: Planning Theory & Practice, Vol. 19 (2018), Nr. 2, S. 160–179.

Häußermann, Hartmut: Armut in den Großstädten – eine neue städtische Unterklasse?, in: Leviathan, Vol. 25 (1997), Nr. 1, S. 12–27.

Haveman, Robert H.: Poverty Policy and Poverty Research. The Great Society and the Social Sciences, Madison (WI) 1987.

Hays, Sharon: Flat Broke with Children. Women in the Age of Welfare Reform, New York 2004.

Henderson, Vivian: Race, Economics, and Public Policy, in: Crisis, Nr. 82 (1975), S. 50–55.

Herpin, Nicolas: L'»urban underclass« chez les sociologues américains: exclusion sociale et pauvreté, in: Revue française de sociologie, Vol. 34 (1993), Nr. 4, S. 421–439.

Herring, Chris: Concentrated Poverty, in: Anthony M. Orum (Hrsg.): The Wiley Blackwell Encyclopedia of Urban and Regional Studies, Malden (MA) 2019, S. 1–10.

Himmelfarb, Gertrude: The Idea of Poverty. England in the Early Industrial Age, New York 1983.

Hirsch, Arnold R.: Making the Second Ghetto. Race and Housing in Chicago 1940–1960. New expanded edition, Chicago 1998 [1983].

Hirschman, Albert O.: Abwanderung und Widerspruch. Reaktionen auf Leistungsabfall bei Unternehmungen, Organisationen und Staaten. Übersetzt von Leonhard Walentik, Tübingen 1974 [1970].

Hirschman, Albert O.: Denken gegen die Zukunft. Die Rhetorik der Reaktion. Aus dem Amerikanischen von Daniel von Recklinghausen, München/Wien 1992 [1991].

Horton, John: Time and Cool People, in: Trans-Action, Vol. 4 (1967), Nr. 5, S. 5–12.

Hovden, Jan Fredrik: Profane and Sacred. A Study of the Norwegian Journalistic Field. Bergen 2008.

Huysmans, Jef: The Jargon of Exception – On Schmitt, Agamben and the Absence of Political Society, in: International Political Sociology, Vol. 2 (2008), Nr. 2, S. 165–183.

Hyra, Derek S.: The New Urban Renewal. The Economic Transformation of Harlem and Bronzeville, Chicago (IL) 2008.

Iceland, John/Erik Hernandez: Understanding Trends in Concentrated Poverty: 1980–2014, in: Social Science Research, Vol. 62 (2017), S. 75–95.

Innis, Leslie/Joe R. Feagin: The Black »Underclass« Ideology in Race Relations Analysis, in: Social Justice, Vol. 16 (1989), Nr. 4, S. 12–34.

Irwin, John: The Jail. Managing the Underclass in American Society, Berkeley (CA) 1985.

Jackson, Kenneth T.: Crabgrass Frontier. The Suburbanization of the United States, New York 1987.

Jackson, Walter A.: Gunnar Myrdal and America's Conscience. Social Engineering and Racial Liberalism, 1938–1987, Chapel Hill (NC) 1990 (Neuauflage 2014).

Jacobs, James B.: The Eternal Criminal Record, Cambridge (MA) 2015.

Jargowsky, Paul A.: Concentration of Poverty in the New Millennium, Rutgers (NJ) 2013.

Jargowsky, Paul A./Mary-Jo Bane: Ghetto Poverty: Basic Questions, in: Laurence E. Lynn/Michael G.H. McGeary (Hrsg.): Inner-City Poverty in the United States, Washington (DC) 1990, S. 16–67.

Jargowsky, Paul A./Rebecca Yang: The »Underclass« Revisited. A Social Problem in Decline, in: Journal of Urban Affairs, Vol. 28 (2006), Nr. 1, S. 55–70.

Jencks, Christopher: Is the American Underclass Growing?, in Christopher Jencks/Paul E. Peterson (Hrsg.): The Urban Underclass, Washington (DC) 1991, S. 28–100.

Jencks, Christopher: Rethinking Social Policy. Race, Poverty, and the Underclass, Cambridge (MA) 1992.

Jencks, Christopher/Paul E. Peterson (Hrsg.): The Urban Underclass, Washington (DC) 1991.

Jencks, Christopher/Lawrence M. Mead/Isabel Sawhil: GAO Features: The Issue of Underclass, in: GAO Journal, Nr. 5 (1989), S. 15–22.

Johnson, Jane H./Alan Partington: »Underclass« in the English-Language Press: Who Are They, How Do They Behave, and Who Is to Blame for Them?, in: Eric Friginal (Hrsg.): Studies in Corpus-Based Sociolinguistics, New York 2017, S. 293–318.

Johnson, Matthew (Hrsg.): Precariat. Labour, Work and Politics, London 2016.

Joint Economic Committee: The Underclass, Hearing Before the Joint Economic Committee of the 101st Congress of the United States, 25 May 1989, Washington (DC) 1989.

Jones, Gareth Stedman: Outcast London. A Study in the Relationship between Classes in Victorian Society, New York 1971.

Jones, Jacqueline: The Dispossessed. America's Underclasses from the Civil War to the Present, New York 1992.

Jones, Nikki: Between Good and Ghetto. African American Girls and Inner-City Violence, New Brunswick (NJ) 2010.

Kahlenberg, Richard D. (Hrsg.): Affirmative Action for the Rich. Legacy Preferences in College Admissions, Washington (DC) 2010.

Kalifa, Dominique: Les Bas-fonds. Histoire d'un imaginaire, Paris 2013

Kalleberg, Arne L.: Good Jobs, Bad Jobs. The Rise of Polarized and Precarious Employment Systems in the United States, 1970s to 2000s, New York 2011.

Kantor, Harvey/Barbara Brenzel: Urban Education and the »Truly Disadvantaged«. The Historical Roots of the Contemporary Crisis, 1945–1990, in: Michael B. Katz (Hrsg.): The »Underclass« Debate. Views from History, Princeton (NJ) 1993, S. 366–402.

Kasarda, John D.: Urban Underclass Database. An Overview and Machine-Readable File Documentation, New York 1992.

Katz, Michael B.: The Undeserving Poor. From the War on Poverty to the War on Welfare, New York 1989.

Katz, Michael B. (Hrsg.): The »Underclass« Debate. Views from History, Princeton (NJ) 1993.

Katz, Michael B.: The Urban Underclass as a Metaphor of Social Transformation, in: ders. (Hrsg.): The »Underclass« Debate. Views from History, Princeton (NJ) 1993, S. 3–23.

Katz, Michael B.: In the Shadow of the Poorhouse. A Social History of Welfare in America, New York 1996.

Katz, Michael B.: Improving Poor People. The Welfare State, the »Underclass«, and Urban Schools as History, Princeton (NJ) 1997.

Katz, Michael B.: From Underclass to Entrepreneur: New Technologies of Poverty Work in Urban America, in: ders.: Why Don't American Cities Burn? Philadelphia (PA) 2012, S. 101–150.

Keil, Charles: Urban Blues, Chicago (IL) 1966.

Keister, Lisa A.: The One Percent, in: Annual Review of Sociology, Vol. 40 (2014), S. 347–367.

Kelso, William A.: Poverty and the Underclass. Changing Perceptions of the Poor in America, New York 1994.

Kennedy, Randall: Nigger. The Strange Career of a Troublesome Word, New York 2008.

Kerner Commission: The Kerner Report. The 1968 Report of the National Advisory Commission on Civil Disorders, New York 1989 [1968].

Killewald, Alexandra/Fabian T. Pfeffer/Jared N. Schachner: Wealth Inequality and Accumulation, in: Annual Review of Sociology, Vol. 43 (2017), S. 379–404.

Kloosterman, Robert C.: The Making of the Dutch Underclass? A Labour Market View. Paper presented at the Workshop on Social Policy and the Underclass, University of Amsterdam, the Netherlands 1990.

Kornblum, William: Lumping the Poor. What is the Underclass?, in: Dissent, Vol. 31 (1984), Nr. 3, S. 295–302.

Koselleck, Reinhart: Begriffsgeschichte und Sozialgeschichte (1972), in: Reinhart Koselleck: Vergangene Zukunft. Zur Semantik geschichtlicher Zeiten, Frankfurt a. M. 1979, S. 107–129.

Koselleck, Reinhart: Zur historisch-politischen Semantik asymmetrischer Gegenbegriffe [1975], in: Reinhart Koselleck: Vergangene Zukunft. Zur Semantik geschichtlicher Zeiten, Frankfurt a. M. 1979, S. 211–259.

Koselleck, Reinhart: The Practice of Conceptual History. Timing History, Spacing Concepts. Translated by Todd Samuel Presner and Others. Foreword by Hayden White, Stanford, CA 2002.

Koselleck, Reinhart: Stichwort: Begriffsgeschichte [2002], in: Reinhart Koselleck: Begriffsgeschichten. Studien zur Semantik und Pragmatik der politischen und sozialen Sprache, Frankfurt a. M. 2006, S. 99–102.

Koselleck, Reinhart/Javiér Fernández Sebastián/Juan Francisco Fuentes: Conceptual History, Memory, and Identity. An Interview with Reinhart Koselleck, in: Contributions to the History of Concepts, Vol. 2 (2006), No. 1, S. 99–127.

Kronauer, Martin: Armut, Ausgrenzung, Unterklasse, in: Hartmut Häußermann (Hrsg.): Großstadt. Soziologische Stichworte, Opladen 1998, S. 13–27.

Labbens, Jean: Le Quart-monde. La condition sous-prolétarienne, Paris 1969.

Labbens, Jean: Sociologie de la pauvreté. Le tiers-monde et le quart-monde, Paris 1978.

Lagrée Jean-Charles: Exclusion sociale ou formation d'une underclass?, in: Frank Bouchoyer (Hrsg.): Trajectoires sociales et inégalités. Recherches sur les conditions de vie, Paris 1995, S. 297–325.

Lawson, Bill E. (Hrsg.): The Underclass Question. Preface by William Julius Wilson, Philadelphia (PA) 1992.

Lees, Andrew: Cities Perceived. Urban Society in European and American Thought, 1820–1840, New York 1985.

Lemann, Nicholas: The Origins of the Underclass, in: Atlantic Monthly, Juni 1986, S. 31–55; Juli 1986, S. 54–68.

Levin, Josh: The Queen. The Forgotten Life behind an American Myth, Boston (MA) 2019.

Levy, Frank: How Big Is the American Underclass? Working paper, Urban Institute, Washington (DC) 1977.

Levy, Peter B.: The Great Uprising. Race Riots in Urban America during the 1960s, New York 2018.

Lewis, Bernard: Race and Slavery in the Middle East. An Historical Enquiry, Oxford 1990.

Lewis, Oscar: Five Families. Mexican Case Studies in the Culture of Poverty, New York 1959.

Lewis, Oscar: La Vida. Eine puertoricanische Familie in der Kultur der Armut. San Juan & New York. Übertragung aus dem Amerikanischen: Mieke Lang, Düsseldorf/Wien 1971 [1966].

Lewis, Oscar: The Culture of Poverty, in: Scientific American, Vol. 215 (1966), Nr. 4, S. 19–25.

Lie, John: Multiethnic Japan, Cambridge (MA) 2009.

Lis, Catharina/Hugo Soly: Poverty and Capitalism in Pre-industrial Europe, Brighton 1979.

Litwack, Leon F.: Trouble in Mind. Black Southerners in the Age of Jim Crow, New York 1999.

Logan, John R./Harvey L. Molotch: Urban Fortunes. The Political Economy of Place, Berkeley (CA) 2007 [1987].

Loury, Glenn: An American Tragedy. The Legacy of Slavery Lingers in our Cities' Ghettos, in: The Brookings Review, Vol. 16 (1998), No. 2, S. 38–42.

Loveman, Mara: National Colors. Racial Classification and the State in Latin America, New York 2014.

Luker, Kristin: Dubious Conceptions. The Politics of Teenage Pregnancy, Cambridge (MA) 1996.

Lukes, Steven: Émile Durkheim, his Life and Work. A Historical and Critical Study, Stanford (CA) 1973.

Lybarger, Jeremy: The Price You Pay: On the Life and Times of the Woman Known as the Welfare Queen, in: The Nation, 19.7.2019.

Lynn, Laurence E./Michael G.H. McGeary (Hrsg.): Inner-City Poverty in the United States, Washington (DC) 1990.

Magnet, Myron: The Dream and the Nightmare. The Sixties, Legacy to the Underclass, New York 1993.

Marks, Carole: The Urban Underclass, in: Annual Review of Sociology, Vol. 17 (1991), S. 445–466.

Marwell, Nicole P./Shannon L. Morrissey: Organizations and the Governance of Urban Poverty, in: Annual Review of Sociology, Vol. 46 (2020), S. 233–250.

Marx, Karl: Zur Kritik der Politischen Ökonomie. Erstes Heft. Berlin 1859, in: Karl Marx/Friedrich Engels: Werke [MEW], Berlin 1956 ff., Bd. 13, S. 3–160.

Massey, Douglas S.: Latinos, Poverty, and the Underclass. A New Agenda for Research, in: Hispanic Journal of Behavioral Sciences, Vol. 15 (1993), Nr. 4, S. 449–475.

Massey, Douglas S.: Race, Class, and Markets. Social Policy in the 21st Century, in: David B. Grusky/Ravi Kanbur (Hrsg.): Poverty and Inequality Stanford (CA) 2006, S. 117–132.

Massey, Douglas S.: Categorically Unequal. The American Stratification System, New York 2007.

Massey, Douglas/Nancy A. Denton: American Apartheid. Segregation and the Making of the Underclass, Cambridge (MA) 1993.

Matza, David: The Disreputable Poor, in: Neil J. Smelser/Seymour Martin Lipset (Hrsg.): Social Structure and Mobility in Economic Development, New Brunswick (NJ) 1966, S. 310–339.

McCraw, Benjamin W.: Appeal to the People, in: Robert Arp/Steven Barbone/Michael Bruce (Hrsg.): Bad Arguments. 100 of the Most Important Fallacies in Western Philosophy, New York 2018, S. 112–114.

McDonald, John F.: The Deconcentration of Poverty in Chicago: 1990–2000, in: Urban Studies, Vol. 41 (2004), Nr. 11, S. 2119–2137.

Mead, Lawrence M.: Beyond Entitlement. The Obligations of Citizenship, New York 1986.

Mead, Lawrence M.: The New Politics of Poverty. The Nonworking Poor in America, New York 1992.

Mead, Lawrence M. (Hrsg.): The New Paternalism. Supervisory Approaches to Poverty, Washington (DC) 1997.

Mears, Ashley: Very Important People. Status and Beauty in the Global Party Circuit, Princeton (NJ) 2020.

Medvetz, Thomas: Think Tanks in America, Chicago (IL) 2012.

Merton, Robert K.: Socio-Economic Duration: A Case Study of Concept Formation in Sociology, in: Walter W. Powell/Richard Robbins (Hrsg.): Conflict and Consensus. A Festschrift in Honor of Lewis A. Coser, New York 1984, S. 262–282.

Merton, Robert K./ Elinor Barber: The Travels and Adventures of Serendipity. A Study in Sociological Semantics and the Sociology of Science, Princeton (NJ) 2004.

Milkman, Ruth: A New Political Generation: Millennials and the Post-2008 Wave of Protest, in: American Sociological Review, Vol. 82 (2017), Nr. 1, S. 1–31.

Milkman, Ruth: Immigrant Labor and the New Precariat, Cambridge 2020.

Miller, Reuben Jonathan: Halfway Home. Race, Punishment, and the Afterlife of Mass Incarceration, Boston (MA) 2021.

Mincy, Ronald B.: Paradoxes in Black Economic Progress. Incomes, Families, and the Underclass, in: The Journal of Negro Education, Vol. 58 (1989), Nr. 3, S. 255–269.

Mincy, Ronald B.: Underclass Variations by Race and Place. Have Large Cities Darkened Our Picture of the Underclass?, Research Paper Urban Institute, Washington (DC) 1991.

Mincy, Ronald B.: The Underclass. Concept, Controversy and Evidence, in: Sheldon H. Danziger/Gary D. Sandefur/Daniel H. Weinberg (Hrsg.): Poverty and Public Policy. What Do We Know? What Should We Do?, Cambridge (MA) 1994, S. 109–146.

Mincy, Ronald B./Isabel V. Sawhill/Douglas A. Wolf: The Underclass. Definition and Measurement, in: Science, Vol. 248 (1990), Nr. 4954, S. 450–453.

Mingione, Enzo (Hrsg.): Urban Poverty and the Underclass. A Reader, Cambridge (MA) 1995.

Monk Jr., Ellis.: The Unceasing Significance of Colorism: Skin Tone Stratification in the United States, in: Daedalus, Vol. 150 (2021), Nr. 2, S. 76–90.

Monkkonen, Erik H.: Walking to Work. Tramps in America, 1790–1935, Lincoln (NE) 1984.

Moore, Joan/Raquel Pinderhughes (Hrsg.): In the Barrio. Latinos and the Underclass Debate, New York 1993.

Moore, Robert: Rediscovering the Underclass, in: Robert Burgess/ Anne Murcott (Hrsg.): Developments in Sociology, London 2014, S. 301–325.

Morris, Lydia D.: Is There a British Underclass?, in: International Journal of Urban and Regional Research, Vol. 17 (1993), Nr. 3, S. 404–412.

Morris, Lydia: Dangerous Classes. The Underclass and Social Citizenship, London 1994.

Morris, Michael: From the Culture of Poverty to the Underclass. An Analysis of a Shift in Public Language, in: The American Sociologist, Vol. 20 (1989), Nr. 2, S. 123–133.

Moynihan, Daniel Patrick: The Negro Family. The Case for National Action. Office of Policy Planning and Research, US Department of Labor, Washington (DC) 1965.

Muhammad, Khalil Gibran: The Condemnation of Blackness. Race, Crime, and the Making of Modern Urban America, Cambridge (MA) 2010.

Munck, Ronaldo: The Precariat: A View from the South, in: Third World Quarterly, Vol. 34 (2013), Nr. 5, S. 747–762.

Murray, Charles: Losing Ground. American Social Policy, 1950–1980, New York 1984.

Murray, Charles: The Coming White Underclass, in: Wall Street Journal, 29.10.1993.

Murray, Charles: The Emerging White Underclass and How to Save It, in: Philadelphia Inquirer, 15.11.1993.

Murray, Charles: The Coming White Underclass, Washington (DC) 1993.

Murray, Charles: The Underclass Revisited, Washington (DC) 1999.

Musterd, Sako: A Rising European Underclass?, in: Built Environment, Vol. 20 (1994), Nr. 3, S. 185–192.

Myers, Dowell/Cathy Yang Liu: The Emerging Dominance of Immigrants in the US Housing Market 1970–2000, in: Urban Policy and Research, Vol. 23 (2005), Nr. 3, S. 347–366.

Myrdal, Gunnar: An American Dilemma. The Negro Problem and Modern Democracy. 2 Bände, New York 1944.

Myrdal, Gunnar: Challenge to Affluence, New York 1963.

Myrdal, Gunnar: Twisted Terminology and Biased Ideas, in: ders.: Against the Stream. Critical Essays on Economics, New York 1973, S. 158–166.

Myrdal, Gunnar: The Essential Gunnar Myrdal. Edited by Örjan Appelqvist and Stellan Andersson, New York 2005.

Nadasen, Premilla: Welfare Warriors. The Welfare Rights Movement in the United States, New York 2004.

Neckerman, Kathryn M.: The Emergence of »Underclass« Family Patterns, 1900–1940, in: Michael B. Katz (Hrsg.): The »Underclass« Debate. Views from History, Princeton (NJ) 1993, S. 194–219.

Newman, Katherine S.: Falling from Grace. Downward Mobility in the Age of Affluence, New York 1988.

O'Connor, Alice: Poverty Research and Policy for the Post-Welfare Era, in: Annual Review of Sociology, Vol. 26 (2000), S. 547–562.

O'Connor, Alice: Poverty Knowledge. Social Science, Social Policy, and the Poor in Twentieth-Century US History, Princeton 2001.

O'Connor, Alice: Social Science for What? Philanthropy and the Social Question in a World Turned Rightside Up, New York 2007.

Oliver, Melvin L./Thomas M. Shapiro: Black Wealth, White Wealth. A New Perspective on Racial Inequality, New York 2006.

Olsen, Niklas: History in the Plural. An Introduction to the Work of Reinhart Koselleck, New York 2012.

Pagden, Anthony: The Burdens of Empire. 1539 to the Present, Cambridge 2015.

Page, Benjamin I./James R. Simmons: What Government Can Do. Dealing with Poverty and Inequality, Chicago (IL) 2002.

Page, Benjamin I./Jason Seawright/Matthew J. Lacombe: Billionaires and Stealth Politics, Chicago (IL) 2018.

Pager, Devah: Marked. Race, Crime, and Finding Work in an Era of Mass Incarceration. Chicago (IL) 2007.

Paik, Leslie: Trapped in a Maze. How Social Control Institutions Drive Family Poverty and Inequality, Berkeley (CA) 2021.

Pandey, Gyanendra: A History of Prejudice. Race, Caste, and Difference in India and the United States, New York 2013.

Park, Robert E./Ernest W. Burgess/Roderick D. McKenzie: The City, Chicago (IL) 1923.

Patterson, James: America's Struggle Against Poverty in the Twentieth Century. 4. Aufl., Cambridge (MA) 2000.

Patterson, James T.: Freedom Is Not Enough. The Moynihan Report and America's Struggle over Black Family Life – From LBJ to Obama, New York 2010.

Patterson, Orlando: Four Modes of Ethno-Somatic Stratification: The Experience of Blacks in Europe and the Americas, in: Glenn C. Loury/Tariq Modood/Steven M. Teles (Hrsg.): Ethnicity, Social Mobility, and Public Policy. Comparing the USA and UK, Cambridge 2005, S. 67–122.

Patterson, Orlando: The Denial of Slavery in Contemporary American Sociology, in: Theory & Society, Vol. 48 (2019), Nr. 6, S. 903–914.

Pattillo, Mary: Black on the Block. The Politics of Race and Class in the City, Chicago (IL) 2007.

Paugam, Serge (Hrsg.): L'Exclusion. L'état des saviors, Paris 1996.

Paugam, Serge: Le Salarié de la précarité, Paris 2000.

Paugam, Serge/Bruno Cousin/Camila Giorgetti/Jules Naudet: Ce que les riches pensent des pauvres, Paris 2017.

Pearson, Robert W.: Economy, Culture, Public Policy, and the Urban Underclass, in: Items (Social Science Research Council), Vol. 43 (1989), Nr. 1–2, S. 23–29.

Pearson, Robert W.: Social Statistics and an American Urban Underclass. Improving the Knowledge Base for Social Policy in the 1990s, in: Journal of the American Statistical Association, Vol. 86 (1991), Nr. 414, S. 504–512.

Peck, Jamie: Struggling with the Creative Class, in: International Journal of Urban and Regional Research, Vol. 29 (2005), Nr. 4, S. 740–770.

Perrin, Évelyne: Chômeurs et précaires au coeur de la question sociale, Paris 2004.

Phillips, Kevin: Wealth and Democracy. A Political History of the American Rich, New York 2003.

Phillips, Kristin: An Ethnography of Hunger. Politics, Subsistence, and the Unpredictable Grace of the Sun, Bloomington (IN) 2018.

Philpott, Thomas Lee: The Slum and the Ghetto. Neighborhood Deterioration and Middle-Class Reform, New York 1978.

Pickering, Kathleen Ann/Mark H. Harvey/David Mushinsky: Welfare Reform in Persistent Rural Poverty. Dreams, Disenchantments, and Diversity, University Park (PA) 2006.

Pierson, Paul: Dismantling the Welfare State? Reagan, Thatcher and the Politics of Retrenchment, Cambridge 1994.

Pimpare, Stephen: The New Victorians. Poverty, Politics, and Propaganda in Two Gilded Ages, New York 2004.

Pinçon, Michel/Pinçon-Charlot: Le Président des riches, Paris 2011.

Pinkney, Alphonso: The Myth of Black Progress, New York 1986.

Piven, Frances Fox/Richard Cloward: Aufstand der Armen. Aus dem Amerikanischen von Ulf Damann und Peter Tergeist, Frankfurt a. M. 1986 [1977].

Piven, Frances Fox/Richard A. Cloward/Fred Block: The Mean Season. The Attack on the Welfare State, New York 1987.

Pontusson, Jonas: Inequality and Prosperity. Social Europe vs. Liberal America, Ithaca (NY) 2005.

Postero Grey, Nancy: Now We Are Citizens. Indigenous Politics in Postmulticultural Bolivia, Stanford (CA) 2007.

Proctor, Robert N./Londa Schiebinger (Hrsg.): Agnotology. The Making and Unmaking of Ignorance, Stanford (CA) 2008.

Purser, Gretchen/Brian Hennigan: Disciples and Dreamers: Job Readiness and the Making of the US Working Class, in: Dialectical Anthropology, Vol. 42 (2018), Nr. 2, S. 149–161.

Quadagno, Jill S.: The Color of Welfare. How Racism Undermined the War on Poverty, New York 1994.

Rainwater, Lee: Behind Ghetto Walls. Black Family Life in a Federal Slum, New York 1970.

Rainwater, Lee/William L. Yancey (Hrsg.): The Moynihan Report and the Politics of Controversy, New Brunswick (NJ) 1967.

Ralph, Michael/Maya Singhal: Racial Capitalism, in: Theory & Society, Vol. 48 (2019), Nr. 6, S. 851–881.

Raymond, Chris: Scholars Examining the Plight of the Urban Poor Broaden Scope of Research on the »Underclass«, in: Chronicle of Higher Education, 29.11.1989.

Raymond, Chris: American Underclass Grew from 1970 to 1980, Study Indicates, in: The Chronicle of Higher Education, 9.5.1990.

Reed, Adolph L., Jr.: The »Underclass« as Myth and Symbol. The Poverty of Discourse about Poverty, in: Radical America, Vol. 24 (1992), No. 1, S. 21–40.

Reese, Ellen: Backlash Against Welfare Mothers Past and Present, Berkeley (CA) 2005.

Rex, John: The Ghetto and the Underclass. Essays on Race and Social Policy, Aldershot 1988.

Rex, John/Sally Tomlinson: Colonial Immigrants in a British City. A Class Analysis, London 1979.

Rheinberger, Hans-Jörg: Historische Epistemologie zur Einführung, Hamburg 2007.

Ricketts, Erol R.: The Underclass. Causes and Responses, in: George C. Galster/Edward W. Hill (Hrsg.): The Metropolis in Black and White. Place, Power and Polarization, New Brunswick (NJ) 1992, S. 216–235.

Ricketts, Erol R./Ronald B. Mincy: Growth of the Underclass: 1970–80, in: The Journal of Human Resources, Vol. 25 (1990), Nr. 1, S. 137–145.

Ricketts, Erol R./Isabel V. Sawhill: Defining and Measuring the Underclass, in: Journal of Policy Analysis and Management, Vol. 7 (1988), Nr. 2, S. 316–325.

Rieder, Jonathan: Canarsie. The Jews and Italians of Brooklyn Against Liberalism, Cambridge (MA) 1985.

Rockefeller Foundation: Annual Report 1992, New York 1992.

Rodman, Hyman: Culture of Poverty. The Rise and Fall of a Concept, in: The Sociological Review, Vol. 25 (1977), Nr. 4, S. 867–876.

Roelandt, Theo/Justus Veenman: An Emerging Ethnic Underclass in the Netherlands? Some Empirical Evidence, in: New Community, Vol. 19 (1992), Nr. 1, S. 129–141.

Roelofs, Joan: Foundations and Public Policy. The Mask of Pluralism, Albany (NY) 2003.

Room, Graham (Hrsg.): Beyond the Threshold. The Measurement and Analysis of Social Exclusion, Bristol 1995.

Room, Graham/Roger Lawson/Frank Laczko: »New Poverty« in the European Community, in: Policy & Politics, Vol. 17 (1989), Nr. 2, S. 165–176.

Rose, Tricia: Black Noise. Rap Music and Black Culture in Contemporary America, Middletown (CT) 1994.

Rowbottom, Jacob: Democracy Distorted. Wealth, Influence and Democratic Politics, Cambridge 2010.

Royce, Edward: Poverty and Power. The Problem of Structural Inequality, Lanham (MD) 2018.

Rubin, Lillian B.: Quiet Rage. Bernie Goetz in a Time of Madness, Berkeley (CA) 1986.

Rusche, Georg/Otto Kirchheimer: Sozialstruktur und Strafvollzug. Übersetzt von Helmut und Susan Kapczynski, Frankfurt a. M./Köln 1974 [1939].

Russell, George: The American Underclass. Destitute and Desperate in the Land of Plenty, in: Time Magazine, 20.8.1977, S. 14–27.

Ryan, William: Blaming the Victim, New York 1971.

Sampson, Robert J.: Great American City. Chicago and the Enduring Neighborhood Effect, Chicago (IL) 2012.

Sampson, Robert J.: Neighbourhood Effects and Beyond: Explaining the Paradoxes of Inequality in the Changing American Metropolis, in: Urban Studies, Vol. 56 (2019), Nr. 1, S. 3–32.

Sampson, Robert J./Jeffrey D. Morenoff/Thomas Gannon-Rowley: Assessing »Neighborhood Effects«. Social Processes and New Directions in Research, in: Annual Review of Sociology, Vol. 28 (2002), S. 443–478.

Sánchez-Jankowski, Martín: Islands in the Street. Gangs in Urban American Society, Berkeley (CA) 1991.

Sandefur, Gary D.: American Indian Reservations: The First Underclass Areas?, in: Focus, Vol. 12 (1989), Nr. 1, S. 37–41.

Sartori, Giovanni: Concept Misformation in Comparative Politics, in: American Political Science Review, Vol. 64 (1970), Nr. 4, S. 1033–1053.

Sartori, Giovanni (Hrsg.): Social Science Concepts. A Systematic Analysis, Beverly Hills (CA) 1984.

Sawhill, Isabel V.: What About America's Underclass?, in: Challenge, Vol. 31 (1988), Nr. 3, S. 27–36.

Sawhill, Isabel: The Behavioral Aspects of Poverty, Brookings Institution, 2003, unter: www.brookings.edu/articles/the-behavioral-aspects-of-poverty/.

Scheve, Kenneth/David Stasavage: Wealth Inequality and Democracy, in: Annual Review of Political Science, Vol. 20 (2017), S. 451–468.

Schmitter Heisler, Barbara: A Comparative Perspective on the Underclass. Questions of Urban Poverty, Race, and Citizenship, in: Theory & Society, Vol. 19 (1991), Nr. 4, S. 455–484.

Seim, David L.: Rockefeller Philanthropy and Modern Social Science, London 2013.

Shapiro, Thomas M.: The Hidden Cost of Being African American. How Wealth Perpetuates Inequality, New York 2004.

Sherman, Rachel: Uneasy Street. The Anxieties of Affluence, Princeton (NJ) 2017.

Shin, Gi-Wook: Ethnic Nationalism in Korea. Genealogy, Politics, and Legacy, Stanford (CA) 2006.

Showalter, David: Steps Toward a Theory of Place Effects on Drug Use: Risk, Marginality, and Opportunity in Small and Remote California Towns, in: International Journal of Drug Policy, Vol. 85 (2020), S. 102–119.

Silver, Christopher: Neighborhood Planning in Historical Perspective, in: Journal of the American Planning Association, Vol. 51 (1985), Nr. 2, S. 161–174.

Simon, Jonathan: Poor Discipline. Parole and the Social Control of the Underclass, 1890–1990, Chicago (IL) 1993.

Slater, Tom: The Invention of the »Sink Estate«: Consequential Categorisation and the UK Housing Crisis, in: The Sociological Review, Vol. 66 (2018), Nr. 4, S. 877–897.

Slater, Tom: Shaking Up the City. Ignorance, Inequality and the Urban Question, Berkeley (CA) 2021.

Sloop, John: The Cultural Prison. Discourse, Prisoners, and Punishment, Tuscaloosa (AL) 2001.

Small, Mario Luis: Villa Victoria. The Transformation of Social Capital in a Boston Barrio, Chicago (IL) 2004.

Small, Mario Luis/Katherine Newman: Urban Poverty After *The Truly Disadvantaged:* The Rediscovery of the Family, the Neighborhood, and Culture, in: Annual Review of Sociology, Vol. 27 (2001), S. 23–45.

Smucker, Jonathan: Hegemony How-To. A Roadmap for Radicals, Chico (CA) 2017.

Social Science Research Council: A Proposal for the Establishment of a Program of Research on the Urban Underclass, New York 1988.

Spear, Allan H.: Black Chicago. The Making of a Negro Ghetto, 1890–1920, Chicago 1967.

Stallybrass, Peter: Marx and Heterogeneity: Thinking the Lumpenproletariat, in: Representations, Nr. 31 (1990), S. 69–95.

Standing, Guy: Prekariat. Die neue explosive Klasse. Aus dem Englischen übersetzt von Sven Wunderlich, Münster 2015 [2011].

Standing, Guy: The Precariat: The New Dangerous Class, in: Working-Class Perspectives, 27.10.2014, unter: workingclassstudies.wordpress.com/2014/10/27/the-precariat-the-new-dangerous-class.

Standing, Guy: Eine Charta des Prekariats. Von der ausgeschlossenen zur gestaltenden Klasse. Aus dem Englischen von Sven Wunderlich, Münster 2016 [2014].

Steinmetz, George: The Sociology of Empires, Colonies, and Postcolonialism, in: Annual Review of Sociology, Vol. 40 (2014), S. 77–103.

Sugrue, Thomas J.: Sweet Land of Liberty. The Forgotten Struggle for Civil Rights in the North, New York 2008.

Swedberg, Richard: The Art of Social Theory, Princeton (NJ) 2014.

Swedberg, Richard: On the Use of Definitions in Sociology, in: European Journal of Social Theory, Vol. 23 (2020), Nr. 3, S. 431–445.

Szélényi, Iván/Bill Martin: Three Waves of New Class Theory, in: Theory & Society, Vol. 17 (1988), No. 5, S. 645–667.

Tarkowska, Elżbieta: In Search of an Underclass in Poland, in: Polish Sociological Review, Nr. 125 (1999), S. 3–16.

Taylor, Keeanga-Yamahtta: Von #BlackLivesMatter zu Black Liberation. Übersetzung von Gabriel Kuhn, Münster 2017 [2016].

Taylor, Keeanga-Yamahtta: Race for Profit. How Banks and the Real Estate Industry Undermined Black Homeownership, Chapel Hill (NC) 2019.

Taylor, Jonathan B./Joseph P. Kalt: American Indians on Reservations. A Databook of Socioeconomic Change between the 1990 and 2000 Censuses, Cambridge (MA) 2005.

Teaford, Jon C.: The Rough Road to Renaissance. Urban Revitalization in America, 1940–1985, Baltimore (MD) 1990.

Telles, Edward: Pigmentocracies. Ethnicity, Race, and Color in Latin America, Chapel Hill (NC) 2014.

Teltsch, Kathleen: Charity to Focus on Underclass, in: New York Times, 22.1.1989.

Teschke, Benno Gerhard: Fatal Attraction: A Critique of Carl Schmitt's International Political and Legal Theory, in: International Theory, Vol. 3 (2011), Nr. 2, S. 179–227.

Thelen, Kathleen: The American Precariat: US Capitalism in Comparative Perspective, in: Perspectives on Politics, Vol. 17 (2019), Nr. 1, S. 5–27.

Therborn, Görän: The Killing Fields of Inequality, Cambridge 2014.

Thompson, Heather Ann: Blood in the Water. The Attica Prison Uprising of 1971 and Its Legacy, New York 2016.

Tonry, Michael: Malign Neglect. Race, Crime and Punishment in America, New York 1995.

Tonry, Michael (Hrsg.): Youth Violence, Chicago (IL) 1998.

Topalov, Christian: The City as *Terra Incognita:* Charles Booth's Poverty Survey and the People of London, 1886–1891 [1991], in: Planning Perspective, Vol. 8 (1993), Nr. 4, S. 395–425.

Trotter, Joe William, Jr.: Black Milwaukee. The Making of an Industrial Proletariat, 1915–45, Chicago (IL) 1985.

Trounstine, Jessica: Segregation by Design. Local Politics and Inequality in American Cities, New York 2018.

Tuttle, William M.: Race Riot. Chicago in the Red Summer of 1919, Urbana (IL) 1970.

Tyler, Imogen: The Riots of the Underclass? Stigmatisation, Mediation and the Government of Poverty and Disadvantage in Neoliberal Britain, in: Sociological Research Online, Vol. 18 (2013), Nr. 4, S. 25–35.

Useem, Bert/Peter Kimball: States of Siege. US Prison Riots, 1971–1986, New York 1991.

Vale, Lawrence J.: Purging the Poorest. Public Housing and the Design Politics of Twice-Cleared Communities, Chicago (IL) 2013.

Vale, Lawrence J.: The Politics of Resilient Cities: Whose Resilience and Whose City?, in: Building Research & Information, Vol. 42 (2014), Nr. 2, S. 191–201.

Valentine, Charles A.: Culture and Poverty, Chicago (IL) 1968.

Van Deburg, William L.: New Day in Babylon. The Black Power Movement and American Culture, 1965–1975, Chicago (IL) 1992.

Van Parijs, Philippe/Yannick Vanderborght: Basic Income. A Radical Proposal for a Free Society and a Sane Economy, Cambridge (MA) 2017.

Venkatesh, Sudhir Alladi: American Project. The Rise and Fall of a Modern Ghetto, Cambridge (MA) 2000.

Vergara, Camilo José: The New American Ghetto, New Brunswick (NJ) 1995.

Visher, Christy A./Jeremy Travis: Transitions from Prison to Community. Understanding Individual Pathways, in: Annual Review of Sociology, Vol. 29 (2003), S. 89–113.

Wacquant, Loïc: For an Analytic of Racial Domination, in: Political Power & Social Theory, Vol. 11 (1997), Nr. 1, S. 221–234. Leicht abgeänderte deutsche Fassung: Für eine Analytik rassischer Herrschaft. Übersetzung aus dem Englischen: Albert Scharenberg und Oliver Schmidtke, in: Anja Weiß/Cornelia Koppetsch/Albert Scharenberg/Oliver Schmidtke (Hrsg.): Klasse und Klassifikation. Die symbolische Dimension sozialer Ungleichheit, Wiesbaden 2001, S. 61–77.

Wacquant, Loïc: Elend hinter Gittern. Aus dem Französischen von Jörg Ohnacker, Konstanz 2000 [1999].

Wacquant, Loïc: Leben für den Ring. Boxen im amerikanischen Ghetto. Aus dem Französischen von Jörg Ohnacker, Konstanz 2003 [2001].

Wacquant, Loïc: Tödliche Symbiose. Wenn Ghetto und Gefängnis sich verbinden [2001]. Aus dem Englischen von Lars Heinemann und Rolf Eickelpasch, in: Uwe H. Bittlingmayer/Rolf Eickelpasch/Jens Kastner/Claudia Rademacher (Hrsg.): Theorie als Kampf? Zur politischen Soziologie Pierre Bourdieus, Wiesbaden 2002, S. 269–317.

Wacquant, Loïc: Scrutinizing the Street: Poverty, Morality, and the Pitfalls of Urban Ethnography, in: American Journal of Sociology, Vol. 107 (2002), Nr. 6, S. 1468–1532.

Wacquant, Loïc: Bestrafen der Armen. Zur neoliberalen Regierung der sozialen Unsicherheit. 2., durchgesehene Aufl. Aus dem Französischen von Hella Beister, Opladen/Berlin/Toronto 2013 [2004].

Wacquant, Loïc: »Rasse« als staatsbürgerliches Verbrechen [2005]. Übersetzung Robert Schmidt, in: Robert Schmidt/Volker Woltersdorff (Hrsg.): Symbolische Gewalt. Herrschaftsanalyse nach Pierre Bourdieu, Konstanz 2008, S. 289–331.

Wacquant, Loïc: Die Verdammten der Stadt. Eine vergleichende Soziologie fortgeschrittener Marginalität. Übersetzung von Alexander Frings, Wiesbaden 2018 [2008].

Wacquant, Loïc: The Body, the Ghetto and the Penal State, in: Qualitative Sociology, Vol. 32 (2009), Nr. 1, S. 101–129.

Wacquant, Loïc: Prisons of Poverty. Erw. Aufl., Minneapolis (MN) 2009.

Wacquant, Loïc: Noch einmal: Die Verzahnung von workfare und prisonfare. Ein Interview mit Loïc Wacquant. Aus dem Englischen übersetzt von Hella Beister, Berliner Debatte Initial, Jg. 23 (2012), Heft 1, S. 60–76.

Wacquant, Loïc: A Janus-Faced Institution of Ethnoracial Closure: A Sociological Specification of the Ghetto, in: Ray Hutchison/Bruce D. Haynes (Hrsg.): The Ghetto. Contemporary Global Issues and Controversies, Boulder (CO) 2012, S. 1–31. (Gekürzte deutsche Fassung: Das Janusgesicht des Ghettos. Zur Konstruktion eines soziologischen Konzepts. Aus dem amerikanischen Englisch von Sabine Nuss, in: ders.: Das Janusgesicht des Ghettos und andere Essays, Basel 2006, S. 128–143).

Wacquant, Loïc: Der neoliberale Leviathan. Eine historische Anthropologie des gegenwärtigen Gesellschaftsregimes [2012]. Übersetzung aus dem Englischen von Ulf Kadritzke, in: PROKLA, Heft 169, 42. Jg. (2012), Nr. 4, 677–698.

Wacquant, Loïc: Symbolische Macht und Gruppenbildung. Zu Pierre Bourdieus Neuformulierung der Klassenfrage [2013]. Aus dem Englischen von Gregor Ritschel, in: Berliner Debatte Initial, Jg. 24 (2013), Heft 2, S. 14–31.

Wacquant, Loïc: Die Gestaltung städtischer Abschließung im 21. Jahrhundert. Aus dem amerikanischen Englisch von Benedikt Kuhnen, in: Geographica Helvetica, Vol. 69 (2014), S. 89–97.

Wacquant, Loïc: Marginalität, Ethnizität und Strafen in der neoliberalen Stadt. Eine analytische Kartographie [2014]. Aus dem Englischen von Jan Wielgohs, in: Berliner Debatte Initial, Jg. 25 (2014), Nr. 1, S. 87–105.

Wacquant, Loïc: Bringing Caste Back In. Unpublished paper, Department of Sociology, University of California, Berkeley 2020.

Wagatsuma, Hiroshi/George DeVos: Japan's Invisible Race. Caste in Culture and Personality, Berkeley (CA) 2021 [1966].

Wagley, Charles: On the Concept of Social Race in the Americas [1958], in: Dwight B. Heath/Richard N. Adams (Hrsg.): Contemporary Cultures and Societies in Latin America, New York 1965, S. 531–545.

Wakefield, Sara/Christopher Wildeman: Children of the Prison Boom. Mass Incarceration and the Future of American Inequality, New York 2013.

Waldinger, Roger/Michael I. Lichter: How the Other Half Works. Immigration and the Social Organization of Labor, Berkeley (CA) 2003.

Ward, David: Poverty, Ethnicity, and the American City, 1840–1925. Changing Conceptions of the Slum and the Ghetto, Cambridge (MA) 1989.

Weaver, R. Kent: Ending Welfare As We Know It, Washington (DC) 2000.

Weber, Max: Die Objektivität sozialwissenschaftlicher und sozialpolitischer Erkenntnis [1904], in: ders.: Gesammelte Aufsätze zur Wissenschaftslehre, Tübingen 1922, S. 146–214.

Weber, Max: Diskussionsbeitrag, 2. Verhandlungstag, in: Verhandlungen des Zweiten Deutschen Soziologentages, vom 20.–22.Oktober 1912 in Berlin, Tübingen 1913, S. 188–191.

Weber, Max: The Methodology of the Social Sciences, New York 1947 (Anm. d. Ü.: Dieser Sammelband enthält die Übersetzungen von drei Aufsätzen, die alle in »Gesammelte Aufsätze zur Wissenschaftslehre« enthalten sind: Die Objektivität sozialwissenschaftlicher und sozialpolitischer Erkenntnis [1904], S. 146–214; Kritische Studien auf dem Gebiet der kulturwissenschaftlichen Logik [1905], S. 215–290; Der Sinn der »Wertfreiheit« der soziologischen und ökonomischen Wissenschaften [1917], S. 451–502.)

Weber, Max: Wissenschaft als Beruf [1919], in: ders.: Gesammelte Aufsätze zur Wissenschaftslehre, Tübingen 1922, S. 524–555.

Weber, Max: Wirtschaft und Gesellschaft. Grundriss der verstehenden Soziologie, Tübingen 1972 [1921].

Welshman, John: Underclass: A History of the Excluded Since 1880, London 2006; zweite aktualisierte Auflage, London 2013.

West, Cornell: Keeping Faith. Philosophy and Race in America, New York 1993.

Westergaard, John: About and Beyond the »Underclass«. Some Notes on Influences of Social Climate on British Sociology Today, in: Sociology, Vol. 26 (1992), Nr. 4, S. 575–587.

Western, Bruce: Punishment and Inequality in America, New York 2006.

Whelan, Christopher: Marginalization, Deprivation, and Fatalism in the Republic of Ireland. Class and Underclass Perspectives, in: European Sociological Review, Vol. 12 (1996), Nr. 1, S. 33–51.

White, Morton Gabriel/Lucia White: The Intellectual Versus the City. From Thomas Jefferson to Frank Lloyd Wright, Cambridge, MA 1962.

Wilentz, Sean: The Age of Reagan. A History, 1974–2008, New York 2008.

Williams, Lee E.: Anatomy of Four Race Riots. Racial Conflict in Knoxville, Elaine (Arkansas), Tulsa, and Chicago, 1919–1921, Jackson (MI) 2008.

Wilson, James Q.: Redefining Equality: The Liberalism of Mickey Kaus, in: Public Interest, Nr. 109 (1992), S. 101–108.

Wilson, William Julius: The Declining Significance of Race. Blacks and Changing American Institutions. 2. überarb. Aufl., Chicago 1980 [1978].

Wilson, William Julius: The Truly Disadvantaged. The Inner City, the Underclass and Public Policy, Chicago 1987.

Wilson, William Julius: The American Underclass. Inner-City Ghettos and the Norms of Citizenship. The Godkin Lecture, John F. Kennedy School of Government, Harvard University, 26.4.1988 (Mitschrift des Vortrags).

Wilson, William Julius: Studying Inner-City Social Dislocations. The Challenge of Public Agenda Research. 1990 Presidential Address, in: American Sociological Review, Vol. 56 (1991), Nr. 1, S. 1–14.

Wilson, William Julius: Public Policy Research and »The Truly Disadvantaged«, in: Christopher Jencks/Paul E. Peterson (Hrsg.): The Urban Underclass, Washington (DC) 1991, S. 460–481.

Wilson, William Julius (Hrsg.): The Ghetto Underclass. Social Science Perspectives, Newbury Park (CA) 1993.

Wilson, William Julius (Hrsg.): Sociology and the Public Agenda, Newbury Park (CA) 1993.

Wilson, William Julius: When Work Disappears. The World of the New Urban Poor, New York 1996.

Wilson, William Julius: The Bridge over the Racial Divide. Rising Inequality and Coalition Politics, Berkeley (CA) 1999.

Wilson, William Julius: Social Theory and the Concept Underclass, in: David B. Grusky/Ravi Kanbur (Hrsg.): Poverty and Inequality, Stanford (CA) 2006, S. 103–116.

Wilson, William Julius: More than Just Race. Being Black and Poor in the Inner City, New York 2009.

Wilson, William Julius: Reflections on Responses to *The Truly Disadvantaged,* in: ders.: The Truly Disadvantaged. 2. erw. Aufl., Chicago (IL) 2012, S. 251–309.

Wimmer, Andreas: Ethnic Boundary Making. Institutions, Power, Networks, New York 2013.

Wimmer, Andreas: Race-Centrism: A Critique and Research Agenda, in: Ethnic & Racial Studies, Vol. 38 (2015), Nr. 13, S. 2186–2205.

Winant, Howard: The World is a Ghetto. Race and Democracy Since World War II, New York 2001.

Winkler, Karen J.: Researcher's Examination of California's Poor Latin Population Prompts Debate over the Traditional Definitions of the Underclass, in: Chronicle of Higher Education, 10.10.1990.

Wittgenstein, Ludwig: Philosophische Untersuchungen, Frankfurt a. M. 1971 [1953].

Wittgenstein, Ludwig: Vermischte Bemerkungen, in: ders.: Werkausgabe. Bd. 8, Frankfurt a. M. 1984, S. 445–573.

Woodall, Ann M.: What Price the Poor? William Booth, Karl Marx and the London Residuum, London 2005.

Wright, Erik Olin: Interrogating Inequality. Essays on Class Analysis, Socialism, and Marxism, London 1994.

Wright, Erik Olin (Hrsg.): Approaches to Class Analysis, Cambridge 2005.

Wright, Erik Olin: Is the Precariat a Class?, in: Global Labour Journal, Vol. 7 (2016), Nr. 2, S. 123–135.

Young Jr., Alford A.: The Minds of Marginalized Black Men. Making Sense of Mobility, Opportunity, and Future Life Chances, Princeton (NJ) 2011.

Young, Cristobal: The Myth of Millionaire Tax Flight. How Place Still Matters for the Rich, Stanford (CA) 2017.

Zacka, Bernardo: When the State Meets the Street. Public Service and Moral Agency, Cambridge (MA) 2017.

Zucman, Gabriel: Global Wealth Inequality, in: Annual Review of Economics, Vol. 11 (2019), S. 109–138.

Abbildungen